आदिवासी संस्कार गीतों का सौन्दर्यशास्त्र

आदिवासी संस्कार गीतों का सौन्दर्यशास्त्र

सुधा गोस्वामी

परिक्रमा प्रकाशन
दिल्ली-110094

ISBN : 978-81-8021-036-5

प्रकाशक :
रोहित चौधरी
परिक्रमा प्रकाशन
डी. 1/13, अमर कालोनी, पूर्वी गोकलपुर,
लोनी रोड, दिल्ली-110094
e-mail : parikramaprkn@gmail.com
Mob. 09818628554, 07840885309

शब्द संयोजन :
नीरू ग्राफिक्स
हर्ष विहार-110093

मुद्रक :
पूजा ऑफसैट प्रिंटर्स
जगतपुरी, दिल्ली-110093

प्रथम संस्करण : 2016

मूल्य : ₹ 450.00

प्रस्तावना

सुधा सिन्हा कृत आदिवासी संस्कार गीतों का सौन्दर्यशास्त्र संकलन में लेखिका ने बड़ी ही विद्वता पूर्ण शैली में, सहज और सरल भाषा में झारखंड के चारों प्रभा–मंडलों के निवासी कुर्मि, महतो, संथाल, कोल ,भील और अन्य सभी के संस्कारगत जीवन–परिचय की संरचना बड़े ही प्रभावी ढंग से की है।

जहाँ पर उन्होंने इन आदिवासियों की जीवन–शैली की व्याख्या की है वहीं पर इनके शारीरिक विकास , मानसिक और बौद्धिक दर्शन का भी बड़े ही मार्मिक ढंग से चित्रण किया है। इन के संस्कारों का जीवन के प्रति दायित्व और आवश्यकताओं पर बल देते हुए कहा है कि संस्कार विशुद्ध जीवन शैली प्राप्त करने का एक अद्वितीय माध्यम है। संस्कार ही जीवन को जीने के अर्थ देते हैं।

संस्कारों की गणना के आधार पर भिन्न मतों के अनुसार दस, तेरह और सोलह संस्कारों का वर्णन है । प्रायः ये देखा गया है कि संस्कार समाज की वो आवश्यकता है जिसे वो स्वयं ग्रहण करता है और स्वेच्छा से उसे अमल में लाता है। जन्म से लेकर मृत्यु तक के संस्कार –गर्भाधान से लेकर त्रेताग्नि–संग्रह तक जाते हैं । इन्हें ग्राह्य करने में इनके चलन, प्रथायें ,रीति–रिवाज और खान–पान सभी सहायक होते हैं । यहाँ तक कि इनके संस्कारों से जुड़े इनके तीज–त्यौहार, मेले–ठेले, लोकगीत –संगीत और उनका अपना अनूठा काव्य इनके जीवन को जीने की उमंग बाँटता है। इनके अपने आनंद हैं, सुख हैं, साम्राज्य हैं, जो इन्हें इनके संस्कारगत जीवन से ही मिलते हैं।

जाति–भेद, वर्ग–भेद और प्रांत और प्रकृति का भी असर इनकी जीवन शैली में परिलक्षित होता है । इनके आपसी सम्बन्ध और कुल–गोत्र भी इनके जीवन में महत्वपूर्ण होते हैं। अपने ही एक दायरे में ये अपने जीवन को पूर्णता प्रदान कर अपनी संतति के लिये संदेश छोड़ते हैं – जिन्हें हम इनकी परंपरायें कह सकते हैं।

इन्ही परंपराओं के अंर्तगत आते हैं इनके लोकनृत्य, लोकगीत और लोकनाटय्। इनकी शैली अति प्राचीन और प्रकृति जन्य होती है। रस विवेचना के आधार पर इनके गीत–संगीत भव्य भावनाओं से ओत–प्रोत होते हैं। नितांत स्वाभाविक इनकी संगीत शैली और गायन इतना प्रभावी होता है कि स्वर लहरी के साथ–साथ पूरा चराचर ही झूम उठता है।

झारखंड आमतौर पर पहाड़ी प्रदेश है। वनांतर में रहने वाले ये आदिवासी आधुनिक सभ्यता से दूर ही रहते रहे हैं। इनके अपने ही आमोद–प्रमोद इन्हें अभी तक प्रभावित करते रहे हैं। खेती–बाड़ी, पशु पालन और छोटें–मोटे काम धंधों के अलावा और कोई इनका व्यवसाय नहीं है।

कहा जाता है कि इनके पुरखे कभी मुगलों के डर से तो कभी स्थानीय राजों–रजवाड़ों से तंग आकर बन में चले आये थे और अपनी स्वछन्द जीवन शैली को स्थापित कर अपने बनाये इन स्वर्गों में रहने लगे थे। लेकिन जब आधुनिकीकरण की हवा उड़ी तो पता चला कि इन वन प्रदेशों में विपुल खनिज संपदा दबी पड़ी है। अचानक ही इनका जमाने की आँख के नीचे आ जाना स्वाभाविक ही था। अब झारखंड पिछड़ा आदिवासियों का प्रदेश न रहकर एक उन्नत और औद्योगिक क्षेत्र बनने जा रहा है। और जो हवा चली है, उसने इन आदिवासियों के बेसिक जीवन–मूल्यों को बदला है और बदलाव आता ही जा रहा है।

ये परिवर्तन अपनी प्रकिया में अनवरत इनके संस्कारों और जीवन मूल्यों को प्रभावित कर रहा है। जीवन से लेकर मृत्यु तक – अब गर्भाधान से लेकर त्रेताग्नि–संग्रह तक कितने संस्कार शेष रहते हैं – भविष्य की बात है।

मेजर कृपाल वर्मा

अनुक्रम

1 अध्याय

आदिवासी संस्कार गीत–गवेषणा

संस्कार ही भारतीय जीवन की आधारशिला है। शास्त्रों में उनको शारीरिक, मानसिक तथा बौद्धिक गुणाधान की प्रक्रिया के रूप में ही ग्रहण किया गया है। **संस्कुर्वन्त्यनेन इति संस्कार :** (सम्+कृ+घअ)। उनके द्वारा प्राकृत जन्मजात शरीर में प्राकृत भावों के दोनों पक्षों तन और मन को अभिनव रूप में सुशोभित किया जाता है। जैसे सोने या चाँदी के मूल द्रव्य को आग में तपाकर उनका संस्कार किया जाता है, जिससे उनका चमत्कृत धातु–पिंड प्रकट हो जाता है, वैसे ही जन्मगत तथा गर्भजनित जो अपदार्थ होते हैं, उन्हें दूर करने के लिए मानव–जीवन में भी संस्कारों की कल्पना की गई है, जिससे शरीर और मन दोनों ही विधूतपाप्मा हो सकें। संस्कारों द्वारा ही मनुष्य जन्मजात शूद्रत्व या जड पशुत्व से ऊपर उठकर द्विजत्व अथवा शिष्ट मनुष्यत्व को प्राप्त करता है। संस्कारों का विधान इसी दृष्टि से किया गया है।

विवाह, ब्रह्मचर्य और अंत्येष्टि–संस्कार के उल्लेख हमें वैदिक साहित्य से ही मिलने लगते हैं, परन्तु उनकी विशेष चर्चा श्रौतसूत्रों और गृहसूत्रों में ही पाई जाती है। गृहसूत्रों में विवाह, गर्भाधान, पुंसवन, सीमंतोन्नयन, जातकर्म, नामकरण, निष्क्रमणा, अन्नप्राशन, चूड़ाकर्म, उपनयन, वेदाध्ययन और समावर्तन का निर्विशेष रूप से विधान किया गया है। गृहसूत्रों में संस्कारों के अनन्तर धर्मसूत्रों में संस्कारों का विस्तृत विवेचन मिलता है। गृहसूत्रों में संस्कारों की पद्धति और विधान है और धर्मसूत्रों में उनके सामाजिक पक्ष का विवेचन है। इनके बाद मनु, याज्ञवल्क्य आदि स्मृतियों में संस्कारों का विस्तारपूर्वक निरूपण हुआ है और सामाजिक दृष्टि से उनकी महत्ता प्रतिपादित की गई है। स्मृतियों के युग में ये संस्कार प्रत्येक व्यक्ति के लिए अपरिहार्य हो चुके थे। यदि किसी कारणवश किसी व्यक्ति के जीवन में ये संस्कार अविहित रह गये, तो वह प्रायश्चित्त का भागी होता था अथवा ऐसा न करने पर व्रात्य वा समाज से बहिष्कृत माना जाता था। आज के प्रचलित प्रायः सभी संस्कार स्मृतियों तथा परवर्ती निबन्ध–ग्रन्थों के आधार पर प्रतिष्ठित हैं। परन्तु, इनकी संख्या के सम्बन्ध में उनमें भेद पाया जाता है।

आश्वलायन गृहसूत्र में केवल 11 संस्कार दिये गये हैं। याज्ञवल्क्य ने केवल बारह संस्कारों का निरूपण किया है। पारस्कर गृहसूत्र तथा मनुस्मृति में इनकी संख्या तेरह दी गई है। महाभारत के वनपर्व में भी केवल तेरह दिए गए हैं।

1. **(क) संस्कारो नाम स भवति, यस्मिञ्ज्ञायते पदार्थो भवति योग्यः कस्यचिदर्थरय।**

– शाबरभाष्य, जैमिनीय न्यायमाला, 3–1–3 ।

(ख) योग्यतां चादधानाः क्रियाः संस्कारा इत्युच्यन्ते। *–तन्त्रवार्तिक।*

(ग) संस्कारो हि नाम गुणाधानेन वा स्याद् दोषापनयनेन वा!

–वेदान्तसूत्र, शाड़करभाष्य, 1–1–4 ।

2. **गोर्भेर्होमैर्जातकर्मचौडमोन्जीनिबन्धनैः।**
गार्भिकं वैजिकं चैनो द्विजानामपसश्ज्यते।।
वैदिकैः कर्मभिः पुणयैर्निषेकादिद्विंजन्मनाम्। *–मनुस्मृति, पृ. 81 ।*

संस्कारों की गणना की गई है। इसके विपरीत गौतम ने दैवयज्ञों को सम्मिलित करके कुल 48 संस्कारों का उल्लेख किया है। आजकल जो षोडश संस्कारों की परम्परा प्रचलित है, उनका निरूपण हमें व्यासस्मृति में मिलता है। आतूकणर्य ने भी षोडश संस्कार ही दिये हैं, पर उनकी सूची व्यास की सूची से कुछ भिन्न है। बाद, आर्यसमाज शर्मा के कर्म–कलाप में भी सोलह संस्कारों का ही वर्णन है।

सूरसागर में भी निम्नलिखित षोडश संस्कारों का उल्लेख है– गर्भाधान, पुंसवन, सीमंतोन्नयन, जातकर्म, नामकरण, निष्कमण, अन्नप्राशन, चूडाकरण, कर्णभेद, उपनयन, वेदारंभ, समावर्तन, विवाह, गृहस्थ, वानप्रस्थ और संन्यास।

मध्यकालीन निबन्धों तथा स्मृतियों के टीका–ग्रन्थों में पुराणों को ही उपजीव्य बनाया गया है। क्योंकि पुराणों में भी संस्कारों के विधान मिलते हैं।

इनके अतिरिक्त स्मृतियों तथा गृहसूत्रों में कुछ ऐसी प्रथाओं और परम्परा–प्राप्त रीतियों के भी संकेत मिलते हैं, जो संस्कारों के रूप में परिगणित न होते हुए भी उन्हीं के साथ जुड़ी हुई हैं। ये अशास्त्रीय रीति–प्रथाएं भी समाज में चिरकाल से चली आ रही थीं और इनमें से कुछ तो काल–स्थानकृत मानी जा सकती है और कुछ वंश–शाखाकृत। आश्वलायन गृहसूत्र में स्पष्ट उल्लेख है–

अथ खलूच्चावचा जनपदधर्मा–
ग्रामधर्माश्व तान् विवाहे प्रतीयाते।

इसी प्रकार आपस्तम्ब–धर्मसूत्र में भी कहा गया है– **यत् स्त्रिय आहुस्तत्कुर्युः।**

इसी प्रकार संस्कार के दो पक्ष हमारे सामने आते हैं– एक शास्त्रीय पक्ष और दूसरा लोकपक्ष। शास्त्रीय पक्ष के कई विधान अब लुप्त से हो चुके हैं। उदाहरणार्थ, गर्भाधान का विधान अब नहीं होता। इसी प्रकार पुंसवन और सीमंतोन्नयन के संस्कार भी अब नहीं होते। जातकर्म–संस्कार में भी बहुत परिवर्तन हो चुके हैं। जन्म के बाद छठे दिन छठी–पूजा का प्रचलन अवश्य है, जो जातकर्म का अवशेष है। अन्नप्राशन और निष्क्रमण संस्कार स्थान–स्थान पर थोड़े–बहुत भेद के साथ सम्पन्न किये जाते हैं। चौल, उपनयन, वेदारम्भ और समावर्तन–ये सभी संस्कार, नाटक की लीला के समान, मगही तथा बिहार के दूसरे क्षेत्रों में भी आजकल प्रायः एक ही दिन और एक ही मंडप में सम्पन्न कर दिये जाते हैं। फिर भी अधिकतर उसी दिन सायंकाल या दूसरे दिन विवाह–संस्कार सम्पन्न होता है। यह इन शास्त्रीय संस्कारों के ह्रास का ही एक निदर्शन है। फिर भी इनकी विधियां शास्त्र–निर्दिष्ट मंत्रों के साथ सम्पन्न की जाती है।

1. **मंगलानि च सर्वाणि कौमाराणि त्रयोदश।**
जातिकर्म्मादिकास्तस्य क्रियाश्वके महामुनिः।। *–वनपर्व, 226–13*
/

चूडाकर्म या मुंडन प्रथम, तृतीय या पंचम वर्ष में कभी पृथक् और कभी उपनयन के साथ ही सम्पन्न किया जाता है। ऐसा भी देखा जाता है कि कुछ लोग अपने बच्चों की मनौती मानकर किसी तीर्थस्थान में चूडाकर्म या मुंडन सम्पन्न करते हैं। वहां कोई विधि नहीं होती है, केवल बाल काटकर संकल्प करके तीर्थ–पुरोहित को दक्षिणा दी जाती है। बाल को काटकर शिशु की फुआ और बहन के आंचल में रखा जाता है, जिसे 'लापर लेओल' कहते हैं। इस कार्य के लिए फुआ, बहन आदि को पुरस्कार भी मिलते हैं।

गोदान या केशान्त का विधान अब नहीं है, किन्तु गांवों में अभी ऐसा होता है कि पहले–पहल किशोर की दाढ़ी–मूंछ बनवाने पर नाई अपना पारितोषिक लेता है। वह प्रायः बाछा, बछिया या गाय की मांग करता है और लेता भी है। न मिलने पर सामर्थ्य के अनुसार अन्न, वस्त्र, नकद द्रव्यादि से भी सन्तोष कर लेता है। किन्तु, अब यह भी लुप्त हो रहे हैं और विधि–संस्कार भी लुप्त होते जा रहे हैं।

विवाह के कृत्यों में मधुपर्क, संकल्प, गोत्रोच्चारण, भांवर (लाजाहोम, शिलारोहण, सप्तपदी) इन शास्त्रीय विधियों के अतिरिक्त सिन्दूरदान और चुमावन मुख्य हैं। इस प्रकार की जो लौकिक रीतियां आदिवासी क्षेत्र में प्रचलित हैं तथा सूत्र और स्मृति–ग्रन्थों में विभिन्न संस्कारों के जो उल्लेख

हुए हैं, उनका संक्षिप्त विवरण यहां दिया जा रहा है–

सूत्र और स्मृति–ग्रन्थों में संस्कारों का विवरण–

आश्वलायन गृहसूत्र	पारस्कर गृहसूत्र	बौधायन गृहसूत्र	वाराह गृहसूत्र	वैखानस गृहसूत्र
1. विवाह	1. विवाह	1. विवाह	1. जातकर्म	1. ऋतुसगमन
2. गर्भाधान	2. गर्भाधान	2. गर्भाधान	2. नामकरण	2. गर्भाधान
3. पुंसचन	3. पुंसवन	3. पुंसवन	3. दन्तोद्गमन	3. सीमन्त
4. सीमन्तोन्नयन	4. सीमन्तोन्नयन	4. सीमन्तोन्नयन	4. अन्नप्राशन	4. विष्णुबलि
5. जातकर्म	5. जातकर्म	5. जातकर्म	5. चूड़ाकरण	5. जातकर्म
6. नामकरण	6. नामकरण	6. नामकरण	6. उपनयन	6. उत्थान
7. चूडाकरण	7. निष्क्रमण	7. उपनिष्क्रमण	7. वेदव्रत	7. नामकरण
8. अन्नप्राशन	8. अन्नप्राशन	8. अन्नप्राशन	8. गोदान	8. अन्नप्राशन
9. उपनयन	9. चूडाकरण	9. चूड़ाकरण	9. समावर्तन	9. प्रवासगमन
10. समावर्तन	10. उपनयन	10. कर्णावेध (गृहशेष)	10. विवाह	10. पिण्डवर्धन
11. अन्त्येष्टि	11. केशान्त	11. उपनयन	11. गर्भाधान	11. चौलक
	12. समावर्तन	12. समावर्तन	12. पुंसवन	12. उपनयन
	13. अन्त्येष्टि	13. पितश्मेध	13. सीमन्तोन्नयन	13. पारायण
				14. व्रतबन्ध–विसर्ग
				15. उपाकर्म
				16. उत्सर्जन
				17. समावर्तन
				18. पाणिग्रहण

गौतम–धर्मसूत्र	मनुस्मृति	व्यासस्मृति
1. गर्भाधान	1. गर्भाधान	1. गर्भाधन
2. पुंसवन	2. पुंसवन	2. पुंसवन

3. सीमन्तोन्नयन	3. सीमन्तोन्नयन	3. सीमन्त
गौतम–धर्मसूत्र	**मनुस्मृति**	**व्यासस्मृति**
4. जातकर्म	4. जातकर्म	4. जातकर्म
5. नामकरण	5. नामधेय	5. नामक्रिया
6. अन्नप्राशन	6. निष्क्रमण	6. निष्क्रमण
7. चौल	7. अन्नप्राशन	7. अन्नप्राशन
8. उपनयन	8. चूडाकर्म	8. वपनक्रिया
9–12. चार वेदव्रत	9. उपनयन अथवा	9. कर्णवेध
13. स्नान	मौज्जीबन्धन	10. व्रतादेश
14. सहधर्मचारिणी–संयोग	10. केशान्त	11. वेदारम्भ
15–19. पंचमहायज्ञ	11. समावर्तन	12. केशान्त
20–26. अष्टक, पार्वण, श्राद्ध, आवणी,	12. विवाह	13. स्नान
आग्रहायणी, चैत्री, आश्वयुजी,	13. श्मशान	14. उद्वाह
(सप्त हविर्यज्ञ)		15. विवाहाग्नि–परिग्रह
27–33. अग्न्याधेय, अग्निहोत्र, दर्शपौर्ण–		16. त्रेताग्नि–संग्रह
मास्य, चातुर्मास्य, आग्रायणोष्टि,		
निष्ढ–पशुबन्ध, सौत्रामणि		
(सप्त हविर्यज्ञ)		
34–40. अग्निटोम, अत्यग्निष्टोम, उक्थ,		
षोडशी, वाजपेय, अतिरात्र,		
आप्तोर्याम– (सप्त सोमयज्ञ)		

झारखंड क्षेत्र में चार प्रमण्डल आते हैं–(क) दक्षिण बिहार का संथाल परगना, (ख) उत्तरी पलामू , (ग) उत्तरी छोटानागपुर एवं (घ) दक्षिणी छोटानागपुर प्रमण्डल। इस क्षेत्र के उत्तर में भागलपुर प्रमण्डल व पटना प्रमण्डल, दक्षिण में पश्चिम बंगाल का पुरुलिया व बाँकुड़ा एवं उड़िसा के झारखंड क्षेत्र मयुरभंज, सुन्दरगढ़ आदि जिले आते हैं। पूरब में बंगला देश एवं पश्चिम बंगाल, पश्चिम में उत्तर प्रदेश एवं मध्य प्रदेश आते हैं।

यहाँ के मूल निवासियों में कुर्मि, महतो, संथाल, कोल, भील, मुण्डा, हो, खड़िया, उराँव आदि

जनजाति के अतिरिक्त अन्य जाति जैसे ब्राह्मण, राजपूत, मंडल (सुँड़ी), कुम्हार, डोम, मोची, जुलाहा आदि भी बसते हैं।

झारखंड क्षेत्र पठारी भाग है। इसकी जमीन उबड़–खाबड़ एवं पथरीली है। जिस पर अनेक पहाड़ियाँ हैं। इस पठार को 'छोटानागपुर का पठार' भी कहा जाता है। छोटानागपुर के पठार के पश्चिमोत्तर भाग में कैमूर की पहाड़ियाँ तथा पूर्वोत्तर भाग में राजमहल की पहाड़ियाँ है। उत्तरी छोटानागपुर के गिरिडीह जिले में पारसनाथ का पहाड़ है जो बिहार राज्य का सबसे ऊँचा पहाड़ है तथा इसकी ऊँचाई 1366 मी. है। इस पहाड़ पर जैनों का पारसनाथे मंदिर है।

जलवायु की दृष्टि से यहाँ प्रचुर मात्रा में वर्षा होती है। इस क्षेत्र में अनेक छोटी–छोटी नदियाँ है। ये नदियाँ गर्मी में सूख जाती हैं। दामोदर, स्वर्णरिखा, उत्तरी कोयल, दक्षिणी कोयल, शंख, बराकर आदि नदियाँ प्रमुख हैं।

यहाँ की नदियाँ जल–प्रपात भी बनाती है, जैसे–राँची जिले में हूँड़रू और गौतमधारा (जोन्हा)।

जल–विद्युत उत्पादन के लिए दामोदर घाटी निगम की स्थापना की गई जिसमें पंचेत डैम एवं मैथन डैम परियोजना का निर्माण किया गया है।

इस क्षेत्र की पठारी मिट्टी कंकड़ीली और बलुवाही है। इसका रंग लाल होता है। जिसे लाल मिट्टी कहते हैं। यह मिट्टी बहुत कम उपजाऊ होती है। पठार के ऊँचे भागों में लैटराइट मिट्टी मिलती है। संथाल परगना के राजमहल के पहाड़ी क्षेत्र में काली मिट्टी पाई जाती है। दक्षिण बिहार की मिट्टियों में धान के अतिरिक्त मडुआ, गेहुँ और सुरगुजा की खेती होती है। इसके अलावे राँची तथा संथाल परगना में लाह एवं रेशम के उद्योग हैं।

कृषि के अलावा यह क्षेत्र औद्योगिक क्षेत्र है, जिसमें कोयला, लोहा, तांबा, बॉक्साईट, अबरख, बारूद, डॉलोमाइट, यूरेनियम आदि प्रचुर मात्रा में पाये जाते हैं। देश में सबसे अधिक तांबा हमारे झारखंड क्षेत्र के सिंहभूम जिले में पाया जाता है तथा सिंहभूम जिले के मोसाबनी नामक स्थान पर भारत सरकार द्वारा स्थापित सबसे बड़ा कारखाना है। संसार में सर्वाधिक अबरख झारखंड क्षेत्र के कोडरमा तथा हजारीबाग जिले में पाया जाता है। हमारा झारखंड खनिज सम्पदाओं से सम्पन्न है। इस क्षेत्र को 'बिहार की रीढ़' कहा जाता है।

हमारे झारखंड क्षेत्र के धनबाद जिले के झरिया क्षेत्र में प्रचुर मात्रा में कोयला की खान हैं। लोहा और इस्पात उद्योग सिंहभूम जिले के जमशेदपुर तथा बोकारो जिले में है। बोकारो जिले का लौह–इस्पात कारखाना भारत सरकार द्वारा खोला गया है। यह एशिया के बड़े कारखानों में से एक है तथा राँची जिले के खेलारी, सिंहभूम जिले के झींकपानी और धनबाद जिले के सिंदरी आदि में

अनेक कारखाने हैं। खाद का कारखाना सबसे पहले सिंदरी में झारखंड क्षेत्र के धनबाद जिले में खोला गया।

इसके अतिरिक्त राँची जिले के मूरी क्षेत्र में एल्युमिना निकालने का कारखाना, हजारीबाग जिले के रामगढ़ में दियासलाई और काँच के कारखाने तथा सिंहभूम जिले के जमशेदपुर में ट्रकें और बसें बनाई जाती है।

आज का आदिवासी शब्द अंग्रेजी के ट्राइब शब्द का हिन्दी पर्याय है–जिसे मुख्यतः आदिम जाति या जनजाति कहा जाता है। भारतीय संविधान की धारा 342 (1) के तहत जिन 212 जनजातियों को अनुसूचित जनजाति का दर्जा दिया गया है उसके सम्बन्ध में अनुसूचित जनजातियों की परिभाषा अनुच्छेद 366 (5) में इस प्रकार की गई है–ये ऐसी आदिम जातियों या ऐसे आदिम समाज का अंग या दल है जिसे संविधान के अनुच्छेद 342 के अन्तर्गत संविधान की दृष्टि से अनुसूचित आदिम जनजातियाँ माना गया है। इस आशय की अधिसूचना राष्ट्रपति द्वारा सन् 1950 में की गई है। यह विचारणीय तथ्य है कि जनजाति या आदिवासी किसी एक जाति का बोधक शब्द नहीं है, अपितु अनेक जातियों के समूह को आदिवासी या जनजाति कहा जाता है। भारत के प्राचीन ग्रन्थों में इन जातियों का मूल नाम इस प्रकार था–भील, कोल, किरात, विषात, प्रभृति आदि। विभिन्न जनजातियों की जीवन–शैली, परिवेश आदि के आधार पर मानवशास्त्रियों ने भिन्न–भिन्न परिभाषाएँ दी हैं। गिलिन, रिवर्स, विद्यार्थी, डी. एन. मजुमदार, डॉ. विजय आदि विशेषज्ञों की परिभाषाओं के आधार पर जनजातियों के सम्बन्ध में निम्नांकित बातें कही जा सकती हैं–

1. जनजाति अनेक परिवारों का एक संकलन है।
2. प्रत्येक जनजाति की भाषा, धार्मिक कर्मकाण्ड, परिवार–गोत्र, संस्कार आदि पृथक होती है।
3. इनका एक सर्वमान्य नाम होता है।
4. प्रत्येक जनजाति प्रायः अन्तः विवाही समूह होती है।
5. प्रत्येक जनजाति के पारस्परिक आदान–प्रदान कुछ नियम और निषेध होते हैं, जिनके आधार पर इनके व्यवहार नियंत्रित एवं संचालित होते हैं।

अर्थात् प्रत्येक जनजाति के अपने धार्मिक कर्मकाण्ड, सामाजिक आचार– विचार, विधि–विधान, परिवार–गोत्र, जन्म–मृत्यु, संस्कार और त्योहार आदि होते हैं, जो एक जनजाति की अलग पहचान तय करती है। इनके संरक्षण के लिए संविधान सभा ने सन् 1946 में एक सलाहकार समिति का गठन किया था जिसने यह अनुमोदन किया था कि जनजातियों को अल्पसंख्यक नहीं माना जाय, बल्कि उन्हें विशेष दर्जा देकर संरक्षण प्रदान किया जाये। तदनुसार पठारी क्षेत्र की जनजातियों को संविधान की पाँचवीं अनुसूचि में और पूर्वोत्तर राज्यों की जनजातियों को छठी अनुसूचि में रखा गया।

गिलिन के मतानुसार–स्थानीय आदिम समूहों के किसी भी संग्रह को जो एक सामान्य क्षेत्र में रहता हो, एक सामान्य भाषा बोलता हो और एक सामान्य संस्कृति–परम्परा का अनुसरण करता हो, उसे हम जनजाति कहेंगे। परन्तु डॉ. रिवर्स की परिभाषा गिलिन के क्षेत्र विषयक मत को अस्वीकार करती है। डॉ. मजुमदार के मतानुसार जनजाति एक परिवार या परिवार समूहों का एक संकलित स्वरूप है जिसका एक नाम, एक भाषा, एक सामाजिक नियम होता है जिससे उपयोगी परस्पर निर्भरता की व्यवस्था का विकास होता है।

वस्तुतः अब तक आदिवासी या जनजाति की परिभाषा अपूर्ण है। समाज विज्ञान के शोधों में इसे परिभाषित करने के अनेक प्रयास किये गए हैं, जो अब तक कहीं न कहीं अपूर्णता से जुड़ जाती है।

अब तक मात्र यह स्पष्ट हो चुका है कि आदिवासी मानव विज्ञान का शब्द नहीं है, वरन् यह एक लोक प्रचलन का शब्द है। वस्तुतः आदिवासी अर्थात् मूलवासी, वनवासी, गिरिजन आदिमजन, पर्वतवासी एक आधुनिक सभ्यता से पृथक मानव समुदाय है, जिसकी कुल संख्या लगभग 450 बताई जाती है। झारखंड में कुल 30 आदिवासी समुदाय हैं, जो झारखंड सहित पड़ोसी राज्यों–मध्य प्रदेश, छत्तीसगढ़, उड़ीसा, बंगाल, उत्तर प्रदेश और आसाम में फैली हुई हैं। छोटानागपुर और संथाल परगना में रहने वाली प्रमुख जनजातियाँ हैं–संथाल, उराँव, मुण्डा, हो और खड़िया। अन्य जनजातियों के नाम इस प्रकार हैं–अमुर, बैगा, बंजारा, बथुड़ी, भूमिज, विंझिया, बिरहोर, चेरो, चीक बड़ाईक, विरगिया, गोंड, गोड़ाइत, करमाली, खरवार, खोंड, किसान, कोरा, कोरवा, लोहरा, महली, भाल, पहाड़िया, पड़हिया, सौरिया पहाड़िया (मालेर) और सबर। उपरोक्त समुदायों का वर्गीकरण मानवशास्त्रियों द्वारा किया गया है, जिसका आधार भाषा परिवार क्षेत्र, नस्ल, सांस्कृतिक आधार आदि माना गया है।

आदिवासी जीवन में व्याप्त संस्कारों की आधारशिला

वस्तुतः आदिवासी समुदाय में परम्पराओं का बहुत महत्व है। समाज–संस्कृति का नियमन भी इन्हीं परम्पराओं से होता है। जनजातिय अनुशासन मानवीय सम्बन्ध आदि का संचालन भी इन्हीं परम्पराओं से संचालित होते हैं। जिन प्रमुख कारकों से आदिवासी संस्कारों की उत्पत्ति हुई–वे मुख्यतः निम्नलिखित हैं –

1. **पर्व–त्योहर**–आदिवासी प्रकृति–पूजक एवं उपासक होते हैं। प्रकृति उनका परिवेश है, आलंबन है, उद्दीपन है, जीवन शैली है और जीवन के अधिकांश भाग को प्रमाणित करने वाली जीवन पद्धति भी। प्रकृति से ही वे खाद्यान्न, औषधि, शृंगार सामग्री, गृह सज्जा सामग्री आदि सभी उपकरणों को प्राप्त करते हैं। अतः स्वाभाविक है कि वे प्रकृति–पूजक होते हैं।

झारखंड में आदिवासियों के दो प्रमुख पर्व माने जाते हैं–करमा और सरहुल। अन्य त्योहार भी हैं, जैसे–सोहराई, टुसु आदि। परन्तु करमा और सरहुल सामान्यतः सभी जनजातियों का एक सर्वमान्य त्योहार है। इनमें प्रकृति की उपासना की जाती है। करमा भाईचारे का पर्व है। यह भादो

मास के शुक्ल पक्ष की एकादशी को मनाया जाता है। इस पर्व में सामुदायिक पूजा–अर्चना का प्रचलन है। यह त्योहार मुख्यतया महिलाओं द्वारा सम्पन्न होता है। इसमें करम डाली की पूजा की जाती है। परन्तु सरहुल बसन्त ऋतु में मनाया जाता है, जिसे आदिवासी ज्येष्ठ मास में मनाते हैं। इस त्योहार की पूजा पद्धति विभिन्न जनजातियों में अलग–अलग है, किन्तु उत्सव की मूल भावना समान होती है। कुछ जनजातियाँ इसे बाहा परब, कुछ जोंकोर परब के नाम से भी मनाते हैं।

आदिवासियों में सोहराई भी एक प्रमुख पर्व माना जाता है। यह लक्ष्मी–पूजन का त्योहार है। संथाल जनजाति इसे पाँच दिनों तक मनाती हैं। और भी अनेक ऐसे पर्व हैं, जिसे आदिवासी जनजातियाँ बड़ी धूमधाम से मनाते हैं, जैसे–फगुआ, बुरू, जतरा, कोलोन, सकरात, जापाड़ आदि। इसीलिए इनके संस्कारों में पर्व त्योहारों का विशेष महत्व है। नामकरण, शादी–ब्याह, गोत्र बंधन, मुंडन आदि उत्सवों में प्रकृति की ही प्रधानता होती है। वृक्ष, लता, पशु–पक्षी, चाँद, सूर्य, जंगल, झरना आदि के बिना आदिवासी मन की कल्पना भी नहीं की जा सकती है। अर्थात् आदिवासी परम्परा एवं सस्कारों में प्रकृति की प्रेरणा विद्यमान है।

2. **गोत्र**–गोत्र आदिवासी समाज की सबसे सूक्ष्म संस्था है। इसका शाब्दिक अर्थ चिह्न होता है। इसे टोटम भी कहा जाता है। प्रत्येक जनजाति का अलग–अलग गोत्र होता है। गोत्र चिह्न–पशु–पक्षी, पेड़–पौधा आदि से प्रेरित होती है जिन्हें खाना–मारना या प्रताड़ित करना वर्जित माना जाता है। संतान अपने पूर्वजों से गोत्र–चिह्न धारण करती है। विवाहोपरान्त स्त्री माता–पिता के गोत्र का त्याग कर पति के गोत्र को स्वीकारती है। झारखंड में केवल सौरिया पहाड़िया जनजाति में गोत्र–व्यवस्था नहीं है।

संथालों के प्रमुख गोत्र हैं–मण्डी, सोरेन, बेसरा, मुर्मू आदि। उराँव के गोत्र–टोप्पो, तिर्की, एक्का, खलखो, मिंज आदि। खड़िया के गोत्र–हांसदा, टोपनो, टोप्पो, डुगडुग आदि। मुंडा समाज में दो संगोत्री का प्रावधान है। महली मुंडा को पुरानी शाखा और कोमपत मुंडा को नई शाखा कहा जाता है। पुनः इन शाखाओं को अनेक गोत्रों में विभाजित किया गया है जिसे किली कहा जाता है। किलियों के नाम पशु–पक्षी, पेड़–पौधे और अन्य प्राकृतिक वस्तुओं के नाम पर आधारित होते हैं। यही प्रथा प्रायः हो जनजातिय में भी पायी जाती है।

3. **अंधविश्वास**–अंधविश्वास और आदिवासी सहोदर भाई है। अंधविश्वास की जड़ें आदिवासी समाज में इतनी गहरी हैं कि उसे हटाकर आदिवासियों की आस्मिता का स्मरण भी असंभव है। ओझा–गुणी, झाड़–फूँक, जादू–टोना, टोटका, भूत–प्रेत, डाईन–विसाही आदि मान्यताएँ जनजातियों में जन्मजात होती है। और ये आदिवासी संस्कारों की मूल प्रेरक तत्व है। खेती की पैदावार बढ़ाने के लिए बलि पूजा घोर अन्धविश्वास का प्रतीक है, जो अब तक विद्यमान है। आज भी आदिवासी जनजाति में अस्पताल के बदले बैगा–गुनिया अथवा झाड़–फूंक वाले तांत्रिक के पास जाना अधिक

विश्वसनीय माना जाता है। अतः जनजातियों के विवाह संस्कार, मुंडन संस्कार, मृत्यु संस्कार आदि में अंधविश्वास तत्व भी प्रचलित है।

4. पूजा पद्धति–छोटानागपुर की प्रत्येक जनजाति की पूजा पद्धति स्वनिर्मित परम्परानुसार सम्पन्न होती है। मुख्यतः सरना पूजा, देवी पूजा, मनसा पूजा, पितृ देव पूजा आदि प्रचलित पूजा आदिवासी मनाते हैं, जिसमें प्रकृति पूजन की परम्परा सर्वत्र है। साल वृक्ष, करम वृक्ष, पीपल वृक्ष, पहाड़ पूजा आदि इनके पूजन उपकरण हैं। आधुनिक प्रभाव के कारण अब कुछ जनजातियाँ मंदिर और चर्च भी जाने लगे हैं। परन्तु आज भी झारखंड की जनजातियों में सरना धर्म की प्रथा सर्वमान्य प्रथा मानी जाती है। एक सर्वेक्षण के अनुसार झारखंड की संपूर्ण भूमि का 1/6 भाग आज भी पूजन स्थल के लिए सुरक्षित है। यद्यपि इन भूमियों पर अब लोग काबिज होने लगे हैं।

5. अखरा–जतरा–आदिवासियों में जतरा–अखरा आदि सामुदायिक संगम का केन्द्र माना जाता है। इन अवसरों का उपयोग सामाजिक व्यवस्था, आर्थिक विनिमय तथा सांस्कृतिक मनोरंजन आदि के लिए होता आया है। यह जतरा–मेला, अखरा आदि किसी समुदाय विशेष के लिए नहीं होता है वरन् सभी जनजातियों के कबीलों और समुदायों के लिए इसे सम्मिलित होने का एक निश्चित अवसर माना जाता है। इन अवसरों में शिकार आदि का भी आयोजन किया जाता है। कुछ जनजातियों में जनी शिकार की प्रथा है, जिसका अवसर बारह वर्षों में एक बार आता है। इस प्रथा में केवल महिलाएँ ही पुरुष वर्ग में शिकार के लिए निकलती हैं, इसलिए इसे जनी शिकार कहा जाता है। जनजातियों में जनी, स्त्री शब्द का पर्याय है।

6. धुमकुड़िया या गीतीओरा अथवा युवागृह–युवागृह एक प्रकार का गुरुकुल है। उराँव जनजाति में इसे घुमकुड़िया और मुण्डा जाति में इसे गीतीओरा कहा जाता है। इस केन्द्र में जनजातियों के किशोरों और किशोरियों को सहशिक्षा दी जाती है। अनुभवी ग्रामीणों द्वारा इसे संचालित किया जाता है। मध्य प्रदेश की जनजातियों में इसे घोटुल कहा जाता है। पूर्वांचल की जनजाति इस रंगबंग तथा नागा क्षेत्र में इसे इखुइंची कहा जाता है। घुमकुड़िया या घोटुल प्रथा ने जनजातियों के लिए अनेक परम्पराओं को जन्म दिया है और ये परम्पराएँ ही विवाह संस्कार अथवा जनजातियों के अनेक संस्कारों का निर्माण करती हैं। जैसे कई जनजातियों में विवाह की क्रय–विवाह प्रथा, सेवा विवाह प्रथा, हठ विवाह प्रथा, हरण विवाह प्रथा प्रचलित है। ये प्रथाएँ इन्हीं युवागृहों से संचालित होती हैं। परन्तु यह भी सत्य है कि विभिन्न ऐतिहासिक दबावों के कारण इन प्रथाओं की प्रासंगिकता लुप्त हो रही है, परन्तु आदिवासी संस्कारों का यह प्रथा एक मूल श्रोत रही है।

7. समाजिक और सांस्कृतिक परिवेश–झारखंडी आदिवासियों का सामाजिक और सांस्कृतिक परिवेश एक समतामूलक परिवेश है, जिसे जनजातियों ने मिल–जुलकर जन चेतन संस्कृति के रूप में विकसित किया है। पस्तुतः झारखंड की जनजातियों का इतिहास अति प्राचीन नहीं है। दो बड़ी जनजाति–उराँव और संथाल का इतिहास मात्र चार–पाँच सौ साल पुराना है। शेरशाह के शाहाबाद

(भोजपुर) पर आक्रमण के उपरान्त उराँव जनजाति शाहाबाद छोड़कर झारखंड आ गई। इतिहासकारों ने इस सम्बन्ध में तिथि भी निश्चित कर दिया है–06 अप्रैल, 1538, अर्थात् मात्र 500 वर्ष पुराना है, उराँव जनजाति का झारखंडी परिवेश। इसी प्रकार संथालों का आगमन लगभग तीन सौ वर्ष पूर्व हुआ है, जब इस क्षेत्र के मूल निवासी पहाड़िया जनजाति के विरोध से ब्रिटिश सरकार तंग हो गई तो 1772–1792 के बीच संथालों को यहाँ लाकर बसाया था, ताकि पहाड़िया जनजाति और संथाल जनजाति आपस में लड़ें और अंग्रेज शासन करता रहे। उराँव और संथाल जनजाति के पूर्व झारखंड में असुर और पहाड़िया जनजाति का प्रभुत्व था।

उपरोक्त परिवेश में अनेक नये संस्कार, नई संस्कृति और नयी परम्पराओं का अभ्युदय हुआ जो कालान्तर में जनजातियों की पहचान बन गई।

जैसे–असुर जनजाति के प्रभाव से अन्य जनजातियां शिवलिंग की पूजा करने लगी। नाग जनजाति के प्रभाव से आखेट, शिकार आदि के युग का आरंभ हुआ। इसी प्रकार विवाह संस्कार में हरण–विवाह या हठ–विवाह–यह राजा शशांक काल से प्रारम्भ हुआ है, जो स्वयं नाग जाति के थे। मुंडा संस्कृति, इसी तरह सदानी प्रभाव से ओतप्रोत है। मुंडा जनजाति के भूमि समुदाय ने एक पृथक राज्य भूमिज राज्य की स्थापना की। मुण्डा या मानकी संस्कृति इसी जनजाति की देन है। अतः हम निर्णायक तौर पर तो नहीं वरन् मोटे तौर पर यह कह सकते हैं कि जनजातियों में संस्कार और परम्परा की संस्कृति तात्कालिक सामाजिक और सांस्कृतिक परिवेश की उपज है।

झारखंड का प्रारंभिक सांस्कृतिक इतिहास रहस्य के आवरण में ढका हुआ है। परन्तु प्रामाणिकता के साथ कहा जा सकता है कि झारखंड या छोटानागपुर संथाल परगना की संस्कृति उतना ही प्राचीन है, जितनी सिंधु घाटी की सभ्यता। छोटानागपुर की जनजातियों की संस्कृति जिस मूल विश्वास पर केन्द्रित है, वह है–सरना की उपासना। मुंडा का सबसे बड़ा देव–सिंगबोगा है जिसे उराँव जनजाति में धर्मेश कहा जाता है, भील और हो आदि जनजाति इसे बांगा कहते हैं। इसी प्रकार झारखंड की प्रायः जनजातियाँ गाँव बसाते समय इन देवताओं के लिए एक निश्चित भूखंड, जंगल सहित संचित रखते थे। वृक्षों से भरा वह भूखंड इन देवताओं का निवास स्थान माना जाता था और यही भूखंड सरना कहलाता है। प्रायः जनजातियों का पूरा समुदाय इस देवस्थल के प्रति समर्पित रहा है।

आज जनजातिय संस्कृति संकट में है। भारतीय अर्थतंत्र को कृषि आधारित व्यवस्था से निकालकर औद्योगिक व्यवस्था पर चलाने के निर्णय ने झारखंडी जनजातियों को विशेष रूप से प्रभावित किया है। उद्योगों के लिए कच्चे माल की आवश्यकता, जो जनजातिय क्षेत्रों में उपलब्ध है। फलत्तः जंगल और पहाड़ों का साम्राज्य टूटा और ये उपेक्षित क्षेत्र नई आर्थिक औद्योगिक गतिविधियों के कारण हलचल का केन्द्र बनता गया। नए अप्रवासियों से जनजातियों का सम्पर्क बढ़ने लगा।

परिणामस्वरूप झारखंड की सांस्कृतिक परम्परा का वर्तमान स्वरूप झंझावात की चपेट में है। झारखंडियों को सांस्कृतिक विरासत के बदले अप्रवासी राजनीति को एक–दूसरे के पूरक के रूप में स्वीकार करना पड़ा। कहा जाता है कि आज भौगोलिक एकता के लिए भाषा और संस्कृति, दोनों को जोड़ना अनिवार्य है। सर्वेक्षण यह बतलाता है कि जनजातीय संस्कृति लुप्त प्रायः या निस्तेज होने लगीः है, यह वर्तमान का सच नहीं है। साक्ष्य के रूप में गृह मंत्रालय द्वारा गठित झारखंड विषयक समिति की रिपोर्ट के तृतीय अध्याय की कंडिका–1 में उल्लेखित टिप्पणी को देखा जा सकता है जिसमें स्पष्ट रूप से लिखा गया है कि आदिवासियों ने अप्रवासियों के मेलजोल से एक विशिष्ट जीवन–पद्धति का सृजन किया है, जिसमें मुख्यतः तीन भाषा परिवारों का विशेष योगदान है–इंडोआर्यन, द्रविड़ और आस्ट्रियो–एशियाटिका। इन भाषाओं के आदान–प्रदान से एक समतामूलक संरचनात्मक अनुकूलता का सृजन हुआ है, जो एक सकारात्मक पक्ष है।

झारखंडी जनजातिय सांस्कृतिक समानता या संस्कारों की समानता का एक अन्य क्षेत्र है। लोकगीत, लोक नृत्य, लोक कला, कथा एवं साहित्य ये सभी विधाएँ जनजातीय समूहों को एक सूत्र में जोड़ता है। इसी प्रकार पर्व, त्योहार, धर्म, धार्मिक अनुष्ठान, धर्म संस्कृति आदि ने भी जनजातिय समुदायों को जोड़ा है। वस्तुतः प्रमाणिक श्रोतों के आधार पर यह कहा जा सकता है कि विगत अर्धसती में झारखंड के जंगलों में रहने वाली जनजाति ने अप्रवासियों के परस्पर सहयोग से एक आधुनिक संस्कृति की संरचना की है।

अन्त में यह अवधारणा विकसित होती है कि झारखंडी जनजातीय प्रभुत्व की संस्कृति है। अप्रवासी संस्कृति ने आंचलिक संस्कृति को प्रभावित किया है, इसे जनजातीय संस्कारों के उत्थान में नकारात्मक प्रभाव ही कहेंगे। झारखडी संस्कृति जातिगत विषमता, धार्मिक दुराग्रह आदि से मुक्त थी। प्रत्येक जनजाति कठिन परिश्रम पर आधारित जीवन संघर्ष के उपरान्त प्रकृति की अंतरंगना में नृत्य–गायन के साथ उल्लसित थी। नवागंतुकों ने ही शोषक की भूमिका निभाई है और जनजातीय संस्कृति का आधार जंगल, जमीन और जनी की अस्मिता खतरे में पड़ने लगी। फिर भी संस्कृति लोक संस्कृति ही होती है, वर्ग संस्कृति नहीं। लगभग अखरा, घुमकुड़िया, शिकार, हस्त–शिल्प, कुटीर–उद्योग, गृह सज्जा, प्रसाधन प्रियता, आत्म निर्भर ग्राम आदि की अस्मिता आज संघर्षरत है और परिणामस्वरूप जंगलों का उजड़ना, वन्य प्राणियों का अन्त, घटती वन संपदा, सूखती नदियाँ, लुप्त प्रायः प्राकृतिक जल श्रोत, बाँध, बेरोजगारी, विस्थापन, कुपोषण जैसे मानव निर्मित व्याधियों के बीच संघर्षरत जनजातीय समाज आज टूट रहा है। निःसंदेह इस टूटन में संस्कृति भी युक्त है।

आदिवासी क्षेत्र की वैवाहिक उपविधियाँ

आदिवासी क्षेत्र में निम्नलिखित क्रम से वैवाहिक उपपिधियाँ सम्पन्न होती हैं। इनमें से प्रायः सभी उपविधियों के साथ–साथ उनसे सम्बद्ध लोकगीत गाये जाते हैं।

गणना–विवाह–गणना–विवाह के पहले लड़के–लड़की की जन्मपत्रियों के आधार पर नक्षत्रों के मिलाने के लिए होडाचक्रानुकूल एक विशेष प्रकार की गिनती की जाती है, जिसे लोग गणना कहते हैं। वर–वधू, दोनों के नक्षत्रों की गणना बैठने पर ही विवाह की बातचीत चलती है। गणना के अवसर पर कोई विशेष गीत तो नहीं गाया जाता, परन्तु गीतों में इसका उल्लेख मिलता है।

छेंका या रोका– वैवाहिक सम्बन्ध के प्रस्ताव को निश्चयात्मक रूप देने के लिए कन्यापक्ष की ओर से लड़के के हाथ में कुछ रुपये, पान, कसैली, हल्दी, दूब आदि मांगलिक द्रव्य दिये जाते हैं। 'छेंका' के गीत सगुन या तिलक के गीतों की तरह होते हैं।

तिलक या लगन– तिलक की विधि के बाद ही वैवाहिक कृत्यों का शुभ आरम्भ होता है। लड़की–पक्षवाले निश्चित शुभ तिथि को लड़के के घर जाकर उसका तिलक करते हैं तथा उसे विधिपूर्वक रुपये तथा उपहारादि देते हैं। इसी को तिलक, लगन या चढ़ौना कहा जाता है। तिलक के समय या उसके बाद लग्नपत्री लिखी जाती है और धान–हल्दी बंटती है। लग्नपत्री में वैवाहिक कार्यक्रम तथा अन्यान्य विधियों के मुहूर्त लिखे रहते हैं।

मँटकोर या मांटी–कोड़ाई–माँटी–कोड़ाई विवाह का प्रथम चरण है। इसी दिन से वर–वधू को उबटन लगाना शुरू किया जाता है। वर–वधू अपने–अपने घर संयम–नियम से रहते हैं। उस दिन स्त्रियाँ रात में घर के पास के कुएँ या जलाशय के किनारे से मिट्टी मिलाकर लगन का चूल्हा बनाया जाता है, जिस पर लावा भूना जाता है। उसी लावे से विवाह के समय 'लाजा–हवन' होता है। मिट्टी कोड़ने के समय गीत गाये जाते हैं और मिट्टी कोड़नेवाली का नाम ले–लेकर गालियाँ भी गाई जाती हैं।

मँड़वा–छपरा–माँटी–कोड़ाई के बाद मंडप छाया जाता है। मंडप छाने में लगन के गीत गाये जाते हैं। रात में 'हल्दी–कलसा' होता है, जिसमें वर के घर वर को और कन्या के घर कन्या को हल्दी लगाई जाती है।

दाल–सेराई–दाल–सेराई का मतलब है–एक दिन का विश्राम। इस दिन स्त्रियाँ देवता को पूजती हैं और कुल के व्यवहार करती हैं।

घिउढारी–मातृपूजा के बाद यह विधि सम्पन्न की जाती है। इसमें गौरी–गणेश तथा सप्तमातृकाओं की पूजा करके सात कुश–पिंजुलियों पर अथवा नये बने हुए पीढ़े पर सिन्दूर की सात लम्बी पंक्तियाँ बनाकर वर और वधू के माता–पिता अपने–अपने घर मन्त्रोच्चार के साथ घी गिराते हैं। घी की यह धारा तीन जगह– गृहदेवता के पास, गृहदेवता के घर के बाहर और मंडप में गिराई जाती है। इसे पद्धतियों में वसोर्धारा या घृतमातश्का का नाम दिया गया है। लेकिन, लौकिक विधि में तथा इस शास्त्रीय विधि में स्थानभेद के कारण कुछ अन्तर भी पाया जाता है। इस अवसर पर

घिउढारी के गीत गाये जाते हैं। यह विधि लड़के या लड़की के विवाह के पहले तथा लड़के के जनेऊ के पहले होती है। परन्तु, जिस लड़के का जनेऊ विवाह के पहले ही हो चुका रहता है, उसके विवाह के पहले घिउढारी की विधि आवश्यक नहीं है।

पहुरामा–प्रायः सभी जातियों में विवाह के पहले कुल–देवता की पूजा की जाती है, इसे कुछ जातियों में 'पहुरामा' कहते हैं।

नहछुर–बारात प्रस्थान करने के समय वर की कानी उँगली को नाइन द्वारा नहरनी से थोड़ा–सा काटकर उसके खून को एक मिट्टी के पात्र में जल के साथ मिलाकर वधू के पास ले जाया जाता है। इससे स्नेह जोड़ने की रस्म पूरी की जाती है, पर कहीं–कहीं केवल नाखून काटे जाते हैं और स्नेह जोड़ने के लिए लड़के के नहान का पानी ले जाते हैं। कहीं–कहीं विवाह के दूसरे दिन यह विधि सम्पन्न की जाती है।

खारखूर–छोड़ाई–बरात–प्रस्थान के समय वर को धोबिन द्वारा नहलाने की एक विशेष विधि होती है।

इमली–घोंटाई–यह विधि लड़की और लड़के दोनों के यहाँ होती है। इमली लड़की और लड़के का मामा घोंटाता है। इसमें मंडप में लगे हुए आम की टहनी से पाँच पत्ते लेकर मामा लड़की या लड़के के सिर पर से ओंइछ कराके उसके मुँह के पास ले जाता है। वह उस पत्ते के पीछे के डंठल को काटकर पत्ते को नीचे गिरा देता है। इस प्रकार, पाँचों पत्तों के डंठलों को काट लेने के बाद वह उसे माँ की अजंलि में गिरा देता है। फिर मामा अपनी बहन की अंजलि में जल भर देता है, जिसे वह अपने होठों से छुलाकर गिरा देती है। ऐसा पाँच बार किया जाता है। फिर, माँ लड़के या लड़की को तथा अपनी बहन को रुपये और वस्त्रादि उपहार में देती है। लड़की के यहाँ बारात लगकर जब जनवासे चली जाती है, तब नहान के बाद इमली–घोंटाई होती है और लड़के के यहाँ बारात के प्रस्थान करने के पहले होती है। लड़की की माँ इस विधि में लड़की को विदा करने के प्रसंग के कारण रो पड़ती है। यह दृश्य बड़ा कारुणिक होता है। साथ ही साथ इस अवसर पर लड़की या लड़के की फुआ आदि स्त्रियाँ मामा के मुँह में दही लगाकर उसके साथ मजाक करती हैं और गालियाँ गाती हैं।

बारात–निमंत्रण–बारात के गाँव के बाहर पहुँचने पर एक पत्री देकर बारात को आमंत्रित करना होता है।

द्वार पूजा–विवाह के पहले बारात के दरवाजे लगने पर वर का विधिवत् मन्त्रोच्चारण–सहित स्वागत और पूजा की जाती है। दुल्हा उसे चुनता जाता है।

धुआं–पानी–यह बरात के जनवारो लौट जाने पर बारातियों के लिए एक घड़े में पानी और शरबत भेजने की विधि है। साथ ही कुल और जाति की प्रथा और सामर्थ्य के अनुकूल बीड़ी, सिगरेट, तम्बाकू आदि भी भेजे जाते हैं।

कन्या–निरीक्षण–विवाह के पूर्व वर–पक्ष के लोगों के साथ वर के बड़े भाई यानी कन्या के जेठ, कन्या के घर जाकर मंडप में कन्या को देखते हैं और उसे वस्त्र, आभूषणादि अर्पित करने की विधि सम्पन्न करते हैं। इसे 'गुरहत्थी' भी कहते है। इस अवसर पर गुरहत्थी के गीत गाये जाते हैं तथा वर के बड़े भाई के प्रति गालियाँ भी गाई जाती हैं।

अठमँगरा–आठ व्यक्तियों के द्वारा, जिनमें वर भी सम्मिलित रहता है– लगन के धान को ओखल में मूसल से कूटने की एक विधि है। वर के हाथ में बाँधे जानेवाले कंगन में इसके कुछ चावलों को भी बाँध दिया जाता है।

लावा–छिंटाई–विवाह में लावा–हवन के समय लड़की का भाई लावा छींटता है। भाँवर फिरने के पहले लावा छींटने की विधि सम्पन्न की जाती है। लड़की का भाई लावा सुपली में रखकर छींटता है।

भँउरी–लड़की का भाई दुल्हे की गरदन में गमछा बाँधकर उसे सात बार मंडप की परिक्रमा कराता है। यह 'सप्दपदी' की शास्त्रीय विधि का ही अंग है।

सेनुरदान–वर द्वारा वधू के सिर में प्रथम वार विधिपूर्वक सिन्दूर देने की विधि। सन से सिन्दूर उठाकर वर वधू के सिर पर डालता है। 'सुमंगली' की शास्त्रीय विधि के बाद ही इसे सम्पन्न किया जाता है।

चुमावन–वर या कन्या दोनों को मण्डप में बैठा दिया जाता है और उसकी अंजलि में अरवा चावल या सोने की अंगूठी अथवा सोने की कोई चीज रख दी जाती है। उसमें से दोनों चुटकियों से चावल लेकर स्त्रियाँ वर या कन्या के दोनों पैरों, घुटनों और कंधों का स्पर्श करके अंत में ओंइँछ कर सिर पर गिरा देती है। यह क्रिया पाँच बार करके एक महिला हट जाती है और दूसरी–तीसरी बारी–बारी से आकर उसी प्रकार इस विधि को सम्पन्न करती है। इस विधि को केवल सधवा स्त्रियाँ, जो संबंधिनी या पास–पड़ोस की होती हैं, सम्पन्न करती हैं। तिलक, हल्दी, सिन्दूर–दान, कोहबर में जाने के बाद तथा प्रायः अन्य प्रत्येक प्रमुख विधि के अन्त में यह विधि सम्पन्न की जाती है।

कोहबर–विवाह के बाद वर–वधू को एक घर में ले जाकर पूजन कराने की विधि है। इसी घर में वर–वधू का प्रथम मिलन भी होता है। इसके महत्व को ध्यान में रखते हुए इसके विषय में एक सचित्र विवरण दिया जा रहा है।

महफिल–विवाह के बाद वर–कन्या के सभी सम्बन्धी एकत्र बैठते हैं और उत्सव–आनन्द मनाते हैं।

समधी–मिलन–महफिल के वर–कन्या के पिता और अभिभावक परस्पर एक–दूसरे का आलिंगन करते हैं। दोनों समधियों के इस मिलन को 'समधी–मिलन' कहते हैं।

पनफेरी–समधी–मिलन के समय दोनों समधी अपने हृदय के प्रतीक–स्वरूप एक–दूसरे को पान का अदल–बदल करते हैं।

मथझक्का–इस रस्म में विवाह के बाद लड़की को उपहार दिया जाता है। श्वसुर आदि बहू को मथझक्का के अवसर पर जेवर तथा कपड़े देते हैं।

डोमकछ–विवाह के लिए बारात के प्रस्थान कर जाने पर वर के घर पर स्त्रियों द्वारा उसी रात में गान के साथ–साथ नृत्य, संवाद और नाच का अभिनय करना।

दुआर–छेंकाई–विवाह के उपरांत वर के अपने घर लौटने पर बहन के द्वारा दान के लिए दरवाजा छेंका जाता है। दुआर–छेंकाई की विधि वधू के घर भी होती है। वहाँ कोहबर में जाते समय साली दरवाजा छेंकती है।

दही–बड़ेरी–दुल्हे के घर पर कोहबर में दुल्हे का बड़ा भाई 'दही–बढ़ेरी' का कृत्य करता है। इसमें दही के मथने को बड़ेरी, अर्थात् छाजन के बीच की लकड़ी में लगाना पड़ता है। कहीं–कहीं बरी पारने की भी विधि होती है और उस अवसर पर भी गीत गाये जाते हैं।

चउठारी–विवाह के बाद चौथे दिन की एक विशेष विधि। इस दिन हल के पालो पर वर–वधू को खड़ा करके स्नान कराया जाता है तथा ढकनी आदि फोड़ने की विधि होती है।

दसहरा–विवाह के बाद दसवें दिन की एक विशेष विधि। इस दिन वैवाहिक कार्यक्रम समाप्त हो जाता है।

पुछारी–इसे कहीं–कहीं कलेवा या बहुरमत भी कहते हैं। वधू के वर–गृह चले जाने पर कन्या के माता–पिता की ओर से कुशल–क्षेम की जिज्ञासा के लिए भेजी गई स्वागत–सामग्री। इसमें वधू का छोटा भाई या कोई दूसरा सम्बन्धी साथ जाता है। वधू की ओर से जाने पर बदले में वर की ओर से भी पुछारी भेजी जाती है।

संस्कारों का लोकतात्विक रूप

इन विविध विधि–विधानों को देखने से यह स्पष्ट हो जाता है कि गिनती या महत्व में संस्कारों का लोक–पक्ष आज उनके शास्त्रीय पक्ष से कम प्रभावशाली नहीं है। शास्त्रीय पक्ष तो पुरोहित द्वारा सम्पन्न कराया जाता है। वेदों तथा स्मृतियों या धर्मशास्त्रों में निरूपित विधि के अनुसार पुरोहित संस्कारों में विविध मंत्र–पाठ और यज्ञानुष्ठान कराते हैं। पर, आज शास्त्रीय क्षेत्र की विविध विधियों में भी अनेक लोक–तत्व सम्मिलित हो गये हैं। सामान्यतः इस पौरोहित्य–पक्ष में पुरुष की प्रधानता रहती है। परन्तु, जैसा कि आपस्तम्ब–धर्मसूत्र में कहा गया है, उनका लोकतात्विक पक्ष मुख्यतः स्त्रियों द्वारा ही सम्पन्न होता है। इसका विधि–विधान पुरोहित्य–कर्म से कहीं अधिक जटिल होता है। इसी विधि–विधान के अन्तर्गत संस्कार विषयक गीत आते हैं। ये गीत स्त्रियों द्वारा ही गाये जाते हैं।

सामान्यतः, देखने में तो लगता है कि अन्तिम संस्कार (अर्थात् मृत्यु–सम्बन्धी संस्कार) को छोड़कर समस्त संस्कारों के गीत उत्सव का उमंगमय वातावरण प्रस्तुत करने के लिए ही गाये जाते

हैं। इन गीतों से बाद्यों के साथ मंगल–गान गूँज उठते हैं, जिससे घर ही नहीं, पास–पड़ोस भी आनन्द का अनुभव करते हैं।

यह भी ध्यान देने की बात है कि यह मंगल–गान केवल ऊपरी मंगल–गान नहीं। यह स्वतः अनुष्ठान का ही एक अंग है–समस्त अनुष्ठान के व्यक्तित्व का एक पहलू। मंगल–गान आदिकाल से ही मनुष्य के जीवन के अभिन्न अंग हैं। अपने देश में सभी गृह–वार्ताओं के अनुसार संस्कार के अनुष्ठानों के बहुत–से गीतों में कुछ तो अवश्य ऐसे होते हैं, जिन्हें गाना अनिवार्य होता है। चाहे जैसे भी हो, मन्त्रोच्चार के समान ही उन्हें तो गाना पड़ता है। उन्हें गाने से मंगल की भावना जाग्रत होती है और उसके माहात्म्य–रूप में सुख और समृद्धि मिलने का विश्वास होता है। उन्हें न गाने से अमंगल और अनिष्ट की भावना पैदा होती है।

इन गीतों में मंत्र–जैसा ही भाव और प्रभाव निहित रहता है। वस्तुतः, ये गीत स्त्रियों के घरू अनुष्ठानों के लिए मंत्र ही है। उसी आस्था से गीत गाये जाते हैं।

धर्मशास्त्रों के द्वारा वर्णित षोडश संस्कारों में लोक ने केवल कुछ संस्कारों को ही विशेष महत्व दिया है। इनमें से तीन संस्कारों को सर्वोपरि माना गया है। ये हैं– (1) जन्म, (2) विवाह तथा (3) मृत्यु। जैसा ऊपर संकेत किया गया है, मृत्यु–संस्कार अनुष्ठान की दृष्टि से शेष दो से कम महत्वपूर्ण नहीं, किन्तु इस संस्कार के साथ शोक का भाव इतना गहरा रहता है कि 'गीत' सामान्यतः प्रस्फुटित नहीं हो पाता। गृहसूत्र, धर्मशास्त्र और स्मृति–ग्रन्थों में भी अन्त्येष्टि–संस्कार को भी सामान्यतः छोड़ ही दिया गया है। गौतम के अड़तालीस संस्कारों की लम्बी सूची में भी इसे स्थान नहीं मिला है। कदाचित्, इसलिए कि यह अशुभ है। फिर भी, मनु, याज्ञवल्क्य और जातूकणर्य ने इसे भी संस्कारों में सम्मिलित किया है। वैतरणीदान, चितारोहण, अग्निसंस्कार, दशगान्न–एकोदृष्टि, पार्वण और सपिण्डीकरुणा, ये सभी अन्त्येष्टि–क्रिया की विधियाँ समंत्रक सम्पन्न होती है। परन्तु मृत्यु–संस्कार से सम्बद्ध लोकगीत बहुत कम मिलते हैं। हाँ, मृत्यु और दशगान्न–एकोदृष्टि के दिन स्त्रियाँ फूट–फूटकर रोती हैं और वह रोना कुछ उद्‌गारों के साथ लययुक्त होता है, फिर भी उसे गीत तो नहीं कह सकते हैं। हाँ, पंजाब आदि कुछ पश्चिमी भागों में मृत्यु के बाद दस दिनों तक स्यापा गाने का प्रचलन अवश्य है। वहाँ पेशेवर स्त्रियाँ मृत व्यक्ति के संबंधी के घर के आगे या चौपाल में गोल घेरा बनाकर छाती और जाँघों पर एक साथ लयात्मक ढंग से थाप लगाती हुई मृत व्यक्ति का नाम लेकर गाती हैं। बिहार में मृत्यु से सम्बद्ध गीत केवल कुछ विशेष वर्गो में ही मिलते हैं और ये गीत भी उस अर्थ में लोकगीत नहीं कहे जा सकते, जिस अर्थ में अन्य संस्कार–संबंधी गीत हैं। शिवनारायणी सम्प्रदाय के चमारों में मृत्यु के उपरान्त जब तक शवयात्रा की तैयारी होती रहती है, तब तक सम्मिलित स्वर में निर्गुण के गीत गाये जाते हैं। उनके यहाँ प्रायः शिवनारायणकृत 'संतविलास' नामक पुस्तक के गीत गाये जाते हैं और उनके साथ प्रायः बाजे भी बजाये जाते हैं।

शवयात्रा इसी गान और बाजों से प्रारंभ की जाती है। इस संग्रह में मृत्यु–संस्कार से सम्बद्ध जो गीत दिये गये हैं, वे संतों के ही हैं। कबीर का नाम और छाप प्रायः प्रत्येक गीत में है और निर्वेद ही इनका मुख्य स्थायी भाव है। वैकुण्ठ इन गीतों में ससुराल का प्रतीक है। जान पड़ता है, जैसे ये गीत आत्मा की ही ओर से गाये जाते हैं। आत्मा कहती है कि हे सखी, अब मैं फिर मनुष्य का शरीर नहीं धारण करूँगी।

परन्तु, इन मृत्यु–गीतों के अतिरिक्त लोक–संस्कारों या समस्त घरू वार्ता या घरू अनुष्ठान इसी उद्देश्य से किये जाते हैं कि जीवन में आनेवाले अमंगलों, संकटों और दुखों का निवारण हो। मृत्यु भी तो एक संकट है ही–एक भयंकर संकट। इसका भय आरम्भ से ही व्याप्त रहता है। अतः, मृत्यु के साथ परलोक–कल्याण की ओर दृष्टि जाती है।

जन्म और विवाह ये दो अवसर स्थूल रूप से अत्यन्त महत्वपूर्ण हैं– वस्तुतः एक कार्य है तो दूसरा कारण। अतः, इन दोनों अवसरों पर लोक–मानस विविध सुख और आनन्द के भावों से ही आन्दोलित नहीं होता, विविध आशंकाओं और भयों से भी दोलायमान होता है– आनन्द वर्तमान के लिए, आशंका और भय भविष्य के लिए। अतः, इन दोनों अनुष्ठानों के आनन्द–कृत्यों को लोक–मानस ने साथ ही साथ भविष्य की आशंकाओं को प्रतिबद्ध करने के अनुष्ठान के रूप में भी ढाल दिया है।

यही कारण है कि संस्कार–विषयक इन लोकगीतों की पृष्ठभूमि विवेक–चेतन–पूर्ण मानस (Pre-conscious) से संयुक्त रहती है। इस मनःस्थिति के जो रूप हमें मिलते हैं, वे ये हैं–

1. टुनिहाई मानस (Magic Psyche)–यह दो प्रकार की होती है।

(अ) सहानुभूतिक (Sympathetic)

(आ) अंगांगी (Contigious)

2. प्रहेलिका (Riddle)

1. टुनिहाई मानस (Magic Psyche)

(अ) सहानुभूतिक (Sympathetic)–इस दृष्टि से देखने पर 'मंगल–गान' की भावना स्वयं एक टोना है। जिसका सिद्धान्त होगा– 'आज यदि आनन्द–मंगल होगा, तो इस अवसर की परम्परा में वह सदा ही बना रहेगा।' यह सामान्य सहानुभूतिक टोने का ही तो रूपान्तर है।

इन गीतों में ऐसे अवसरों पर किये जानेवाले कृत्यों, अनुष्ठानों तथा नेगों का उल्लेख रहता है। वह उल्लेख या गणना केवल इसीलिए इन गीतों में नहीं कराई जाती कि शुभ अवसर पर किये जानेवाले अनुष्ठानों का स्मरण किये, वे ही मानसिक बिम्ब के द्वारा तीक तैसे ही किये जाते हैं, औए उस प्रकार पूर्वज–परम्परा से सम्बन्ध जोड़कर पूर्वजों के पुण्य–प्रताप के फल की भी आकांक्षा की जाती है।

(आ) अंगांगी (Contigious)–किसी–किसी गीत में एक ही नेग या आचार का उल्लेख होता है और उसे करने के लिए एक के बाद एक नातेदार का नाम लेकर उसे दुहराया जाता है। यह अंगांगी टोने का ही एक रूप है। नाम नामी से अभिन्न है। नाम उस व्यक्ति को वश में करने का एक मन्त्र भी है। इस प्रकार नाम लेकर नामी से भी मनसा वह अनुष्ठान करा लिया जाता है। वह व्यक्ति अपने मन में कैसा ही भाव क्यों न रखता हो, गीत के आह्वान से उसका योग प्राप्त कर लिया जाता है। इस अंगांगी प्रक्रिया में उसके सम्मिलित रहने का भाव निश्चय ही लक्षित होता है।

2. प्रहेलिका (Riddle)

इसी प्रकार, नेग देने–लेने में एक झगड़ा और खींच–तान का वर्णन गीतों में आता है। ननद भाभी से झगड़ रही है कि मैं नेग में बेसर लूँगी। भाभी नहीं दे रही है। घर के सब लोग उसकी खुशामद कर रहे हैं। पर, भाभी कब देने वाली है। उसके मन में गाँठ–सी बँध गई है। वह नहीं देगी, नहीं देगी। हठ कर रही है। आखिर ननद कुछ ऐसी बात बोल देती है कि भाभी को विवश होकर उसे देना ही पड़ता है। इस प्रकार, अन्त में सब उलझनें सुलझ जाती हैं। ननद प्रसन्न, भाभी प्रसन्न, सभी प्रसन्न।

प्रायः तो ऐसा होता है कि बेचारी ननद फिर माँगी हुई चीज को लेती भी नहीं। लगता है कि वह बे–बात का झगड़ा ठान बैठी थी। यों कभी–कभी नेग स्वीकार भी कर लेती है। पर, चाहे जो भी हो, यह समस्त रूप 'प्रहेलिका' का सा लगता है। किसी बात पर अड़ जाने से गाँठ–सी जो पड़ी दिखाई देती है, यही प्रहेलिका की जटिलता है। बहुत–से यत्न किये जाते हैं। सब विफल रहते हैं। एक के सामान्य प्रयत्न से गाँठ खुल जाती है। सिर्फ गाँठ ही तो थी, वह खुल गई–प्रहेलिका बूझ ली गई। यह प्रहेलिका जिस आनुष्ठानिक अर्थ में पहले आती थी, आज भी आती है। इसके मानसिक रूप की सामान्य मूल भावना यही है कि गृह–सम्बन्धों में जो असामान्य और दुर्गम स्थितियाँ भविष्य में कभी आ पड़े, वे इस गाँठ के खुलने की भाँति ही आगे भी हँसी–खुशी के साथ खुल जायँ।

इस विवेचन से यह स्पष्ट है कि ये लोकगीत संस्कारों के ही अनिवार्य अंग नहीं, वरन् संस्कारों की ही भाँति जीवन के भी अनिवार्य अंग हैं। यही कारण है कि ये सभी क्षेत्रों और जनपदों में प्रचलित मिलते हैं।

इस संग्रह के आदिवासी संस्कार–गीत निम्नलिखित संस्कारों से सम्बद्ध हैं–

1. जन्म सम्बन्धी,
2. मुंडन सम्बन्धी,
3. जनेऊ सम्बन्धी,
4. विवाह सम्बन्धी और
5. कुछ मृत्यु सम्बन्धी भी।

यह स्पष्ट है कि इन सभी गीतों में जन्म और विवाह–विषयक गीत सबसे अधिक हैं। इन दोनों संस्कारों के विधि–विधान भी अनेक हैं और इन सबके अपने–अपने विशेष गीत हैं। जैसा ऊपर बताया जा चुका है, ये दोनों संस्कार ही सबसे अधिक महत्वपूर्ण हैं और सबसे अधिक मार्मिक भावनाओं से संयुक्त हैं। अतः, ऐसे अवसरों पर भावों का स्रोत फूट पड़ता है, जो अपनी अभिव्यक्ति के लिए गीतों का रूप धारण कर लेते हैं। किन्तु, साथ ही साथ ये संस्कार जटिल भी बहुत होते हैं। इनमें अनेक अनुष्ठान होते हैं और ये कई–कई दिन तक चलते रहते हैं।

जन्म को ही लिया जाय, तो विदित होगा कि इस उत्सव का आरम्भ एक प्रकार से प्रसव–पीड़ा के अवसर से ही होता है। प्रसव–पीड़ा, पुत्र–पुत्री जन्म, नार–काटना, प्रथम स्नान, नामकरण आदि के कई प्रसंग इस उत्सव में आते हैं। घरू वार्ता में तो स्त्रियों के लिए और भी कितने ही टोने–टोटके–जैसे अनुष्ठान आते हैं।

जन्म के अवसर पर जो गीत गाये जाते हैं, वे सोहर कहलाते हैं। वस्तुतः, जन्म से सम्बन्ध रखनेवाले प्रायः सभी गीत सोहर ही कहलाते हैं।

जन्मोत्सव के गीतों में सामान्य और विशेष दो प्रकार मिलते हैं। सामान्य में जिन विषयों का समावेश है, वे हैं– (1) प्रसव–पीडा और तद्विषयक मनोभाव, (2) पुत्र–जन्म का आनन्द और तद्विषयक मनोभाव, (3) जन्म के अवसर पर नेग आदि के लिए ननद, डगरिन आदि से झगड़ा, (4) आनन्द–बधाई आदि। विशेष कोटि के गीत में राम या कृष्ण, सीता या रुक्मिणी को आश्रित कर जन्म सम्बन्धी कोई बात कही गई है। पुत्र की कामना भी गीतों का विषय बनी है। इस विषय का एक गीत विशेष ध्यान आकृष्ट करता है। वह रुक्मिणी की सन्तान कामना सम्बन्धी है। रुक्मिणी के भाग्य में सन्तान नहीं लिखी थी। सन्तान की चाह में वे गंगा, विष्णु, शिव सभी के पास जाती हैं। एक के बाद एक देवता अपनी असमर्थता प्रकट करता है, और दूसरे देवता का नाम बता देता है कि वह कदाचित् पुत्र दे सके, तो भले ही दे सके। इस प्रकार, अन्त में शिव के बताए ब्रह्माजी के पास रुक्मिणीजी पहुँचीं। भाग्य को उलट–पुलटकर देखा, तो बताया कि भाग्य में सन्तान या सम्पत्ति लिखी ही नहीं। किन्तु, फिर भी ब्रह्माजी ने जन्म लेने के लिए बालक को बुलाया और अपनी जाँघ पर बैठाकर उससे कहा कि जाओ, छठी तक के लिए पृथ्वी पर चले जाओ।

बालक ने कहा– नहीं मुझे दुःख होगा। माँ को, पिता को, सबको दुःख होगा। मैं नहीं जाऊँगा।

फिर ब्रह्माजी ने उसे बुलाया। जाँघ पर बिठाया। कहा– अच्छा विवाह तक रहना फिर लौट आना।

बालक ने फिर भी अनिच्छा प्रकट की। अब तो दुःखी होनेवालों की मण्डली में गृहिणी की संख्या और बढ़ गई। दुःख बढ़ ही गया।

बालक को ब्रह्माजी ने फिर बुलाया। जाँघ पर बिठाया और कहा– जाओ, तुम्हें अजर–अमर किया। तुम अवतार लो।

ब्रज में तथा अन्यत्र पूरब में भी एक बाँझ की या पुत्राभिलाषिणी स्त्री की कुछ ऐसी ही करुण–कथा मिलती है। वह तो गंगाजी में डूबने को प्रस्तुत है। परन्तु, उसमें और इस आदिवासी गीत में यह अन्तर है कि इसमें केवल अपुत्रत्व की वेदना और पुत्र–कामना की ही भावना नहीं है। यह मूलतः चिरंजीवत्व का आशीर्वाद–मंत्र है। इसमें क्रमशः सभी देवताओं का बहाने से आवाह्न है और अन्त में 'ब्रह्मा और बालक' के कथानक से उसे अमरत्व अथवा चिरंजीवत्व का आशीर्वाद दिलाया गया है। जैसे माता की आतुर आत्मा पुत्र की याचना लेकर देवयात्रा को चल पड़ी है और फल में पुत्र ही नहीं, पुत्र के लिए दीर्घायुष्य का वरदान भी लेकर लौटी है।

गीत का समस्त वातावरण जिन भावनाओं से स्पन्दित है, वह सहज मानवी है और सहज ही दिव्य भी। गीत का प्रत्येक शब्द मंत्र–शक्ति से परिपूर्ण प्रतीत होता है। बालक को अवतरित होते देख जो माँ इस गीत के शब्दों को सुनेगी, वह मन में कितनी न आश्वस्त हागी। लोक–मानस की कल्याण–भूमि का समस्त वातावरण यहाँ इस गीत के द्वारा प्रस्फुटित हो रहा है। 'जीवेम शरदः शतम्' का वैदिक आश्वासन कैसी अद्‌भुत आस्था के साथ इसमें प्रतिध्वनित हो रहा है।

इस समस्त गीत का सम्बन्ध रुक्मिणी से जोड़ा गया है। पर, कृष्णा–पत्नी रुक्मिणी से ही इसका सम्बन्ध है, ऐसा नहीं कहा जा सकता। वस्तुतः, रुक्मिणी के सम्बन्ध में इसमें और कोई ऐसे संकेत नहीं, जिनसे कृष्ण से सम्बन्ध विदित हो। वह देवताओं के पास पहुंच सकती है, यह अवश्य प्रतीत होता है। यहाँ वस्तुतः 'रुक्मिणी' का नाममात्र है, पर यह साधारणीकृत रूप में किसी भी स्त्री का नाम हो सकता है। इसमें एक महत्वपूर्ण लोक–मानसिकता झलक रही है। लोक–मानस सामान्य–विशेष में कोई अन्तर नहीं करना चाहता। अतः, सामान्य को तो विशेष रूप दे दिया करता है, और विशेष को सामान्य। उक्त गीत में समस्त वस्तु किसी भी पुत्राकांक्षिणी स्त्री के विषय में कही जा सकती है। अतः, वस्तु सामान्य है, ऐसा मानना होगा। इस वस्तु को रूक्मिणी से संयुक्त कर दिया गया– इससे सामान्य वस्तु को इस नाम के कारण वैशिष्ट्य मिल गया। अब जहाँ वस्तु को वैशिष्ट्य मिला, वहीं वैशिष्ट्यबोधक 'रुक्मिणी' सामान्य हो गई, सामान्य वस्तु के कारण। गीतों में राम–कृष्ण, कौशल्या, यशोदा तथा ऐसे अन्य विशिष्ट, ख्यातवृत्त और अलौकिक नामों के साथ इस प्रकार का प्रयोग मिलता है।

ऐसे दिव्य, आदिव्य या दिव्यादिव्य नामों के प्रयोग के अतिरिक्त लोकगीतों में नाम–प्रयोग की और दो प्रक्रियाएँ भी मिलती हैं–

(1) जाति–अर्थ की सूचना देनेवाले नाम–जैसे दुलहिन, बहू, जच्चा, चाचा, बाबा, बाबू, भइया, 'भउजी' आदि।

(2) नाते–रिश्तेदारों के वास्तविक नाम–पति का, पिता का, भाई का, बहन का वास्तविक नाम और जाति–अर्थ रखनेवाले नाम–शब्दों का प्रयोग इन गीतों में तो सामान्य लगता है, क्योंकि इस सामान्य भूमि के कारण ही ये सर्वत्र समान रूप से जनपद–भर में प्रचलित मिलते हैं। पर, इन सबका विधान जन्म–सम्बन्धी विविध भावों, कृत्यों तथा अनुष्ठानों के साथ मिलकर भी सामान्य हैं, क्योंकि ये अनुष्ठान भी जनपद में प्रायः समान ही हैं। इसी सामान्य विधान में विशेष का संयोजन लोक–मेधा की करामात है। जब गीत गाया जाता है, तब नाते–रिश्तेवालों के सूचक सामान्य नाम आते हैं। उस समय लगता है कि उसी घर के चाचा, बाबा, देवर आदि अभिप्रेत हैं।

इस संग्रह के गीतों में कवन शब्द का जहाँ व्यवहार हुआ है, वहाँ गाते समय घर के सभी नाते–रिश्तेदारों के वास्तविक नाम ले–लेकर ये गाये जाते हैं। इस प्रकार, एक ही गीत समाज के प्रत्येक घर और परिवार का अपना खास गीत बन जाता है। एक ही दर्पण में प्रत्येक अपनी छवि देखकर प्रमुदित हो जाता है।

इसी के साथ इन लोकगीतों में एक विशेष प्रकार की भूमिका भी प्रस्तुत की जाती है, एक सोहर की इस भूमिका को देखिए–

कहमा ही लेमुआ के रोपब, कहमा अनार रोपब हो,
कहमा ही रोपब नौरंगिया, से देखि देखि जी उभरे हो।

नींबू, अनार, नारंगी। यह भूमिका वस्तुतः गीत में प्रतीक–विधान की नींव है। क्योंकि नींबू आंगन में, अनार खिड़की के पास, तथा नारंगी दरवाजे पर लगाई गई, और जब जच्चा ने नींबू लटकते देखे, अनार पके देखे और गोल–गोल नारंगियाँ देखीं, तो प्रसव–पीड़ा से व्याकुल हो उठी। फल–वृक्षों का रोपना, उनका विकसित होकर फूलना और फलना–इन सभी में प्रतीक हैं, अन्यथा फलों को देखकर जच्चा प्रसव–पीड़ा से क्यों व्याकुल हो उठी। यह प्रतीक–विधान कितना सहज, कितना अर्थ–स्फूर्जित, कितना मनोरस और कितना मार्मिक है। इसमें व्यंग्यार्थ की महिमा पराकाष्ठा पर पहुँची हुई है।

लोक–मेधा एक ही साथ एक से अधिक अर्थ के द्योतन का सामर्थ्य पैदा करने के लिए कभी–कभी कैसे अद्‌भूत रूप विधान करती है, यह देखकर आश्चर्य होता है। उक्त गीत में ही शब्द आया है 'सुगही'। इसकी भाषा वैज्ञानिक व्युत्पत्तियों की जायगी--सुगही ढसृगृहिणी। किन्तु यह सुगही लोक–क्षेत्र में आगे सुगहीझ सुग्गी भी बन जाता है। यह रूप–विधान सुगृहिणी के साथ 'शुकी' का अर्थ देकर एक और विशेष भाव भी उन्मेषित कर देता है।

भउजी बउचो महलिया कुछौ काम, न हमरा बोलावल जी।
बबुआ, भइया जी के पास न हँकरिया, त दरदे बेयाकुल जी।

जन्म के उपरान्त 'मुण्डन' का महत्व मानना पड़ेगा। मुण्डन के समय तक बालक के बाल नहीं कटवाये जाते। इस अवसर पर जो गीत गाये जाते हैं, उनमें बालक के बालों का मुण्डन कराने की इच्छा, मुण्डन के समय की माता–पिता की अभिलाषा और इस अवसर पर ब्राह्मणों, नाइयों, नाते–रिश्तेदारों को प्रसन्न करने के संकल्प की अभिव्यक्ति होती है। किसको क्या देकर प्रसन्न किया जाय। ब्राह्मण कुछ माँगता है, नाई कुछ माँगता है, कुम्हार कुछ माँगता है और बढ़ई कुछ माँगते हैं। ननद–भौजाई के मान–मनौवल का वर्णन इन गीतों में भी पाया जाता है। इन सभी का कुछ–न–कुछ हठ है। इन सबका उल्लेख एक मोदमयी भावना के साथ इन गीतों में मिलता है।

मुण्डन के उपरांत 'जनेऊ' का अवसर आता है। जनेऊ 'यज्ञोपवीत' का ही नाम है। यह भी शिष्ट–वर्ग में एक महत्वपूर्ण अवसर है। इसी से बालक द्विज बनता है।

जनेऊ के गीतों में जिन भावों को सँजोया गया है, वे मुख्यतः ये हैं–

1. बालक बाबा को जनेऊ पहने देख, उनसे उनका जनेऊ माँगता है। इसमें बालक की स्वाभाविक प्रवृति झलकती है। साथ ही उसे मनसा जनेऊ के लिए तैयार कराया जाता है।

2. बाबा कहते हैं–यह जनेऊ पुराना हो गया है, तुम्हें तो धूमधाम के साथ मैं नया जनेऊ दिलाऊँगा।

3. नाऊ बुलाया जाता है–बाल मूँड़ने के लिए, कुम्हार बुलाया जाता है–कलश लाने के लिए और पण्डित बुलाये जाते हैं–जनेऊ देने के लिए।

4. पिता या बाबा मूँज काटने जाते हैं, क्योंकि जनेऊ के लिए मूँज की आवश्यकता है। पलास काटने जाते हैं, क्योंकि पलास का दण्ड वह धारण करेगा। फिर, मृग मारेंगे, क्योंकि मृगछाला भी तो चाहिए।

5. बालक जनेऊ के लिए जल्दी मचाता है।

इस प्रकार, अत्यन्त सीधे–सादे शब्दों में, भावों से पलावित गीत 'जनेऊ' वा यज्ञोपवीत संस्कार के अवसर पर गाये जाते हैं। इन गीतों से संस्कार का रूप खड़ा होता है। किन वस्तुओं की आवश्यकता है, यह भी ज्ञात होता है और किसकी कैसी भावना है, यह भी प्रकट होता है।

मुण्डन और जनेऊ एक प्रकार से सामान्य संस्कार हैं, और सरल संस्कार हैं। इनमें विशेष जटिलताएँ लोक–पक्ष की दृष्टि से नहीं। फिर भी, मुण्डन के साथ एक टोने–टोटके की भावना किसी सीमा तक लगी रहती है, क्योंकि बालों का सम्बन्ध जन्म के क्षण से लगा रहता है। जन्म से मुण्डन तक सिर के बाल ऐसे ही बने रहते हैं, वस्तुतः वे जन्मकालीन ही होते हैं। इसलिए, इस अवसर पर एक विशिष्ट जान्मिक मानसिकता उद्भूत हो उठती है, किन्तु जनेऊ में ऐसी कोई भावना नहीं रहती है।

इनके उपरान्त विवाह–संस्कार पुनः जटिलताओं को लेकर प्रस्तुत होता है। प्रत्येक पद उमंग और आशंका से परिपूर्ण हो उठता है। अतः, एक विलक्षण मानसिकता से वातावरण परिव्याप्त हो जाता है। उमंग और आनन्द–मंगल तो मानव–दम्पति की साधना की सफलता की दृष्टि से होते हैं। 'आशंका' का भाव प्रत्येक कृत्य को विधिपूर्वक पूर्ण करने में विद्यमान रहता है। इन कृत्यों में कोई भी ऐसी बात न हो, जो अशुभ शकुन मानी जाय, क्योंकि विवाह से जो जीवन का नया रसायन सिद्ध होना है, उसमें आज की किसी त्रुटि से भविष्य में कहीं कोई अनिष्ट न हो, यह प्रबल कामना रहती है। अनुष्ठान संपादन में यदि अशुभ शकुन होंगे, तो वे किसी भावी अनिष्ट की ही सूचना देंगे।

यह निश्चय है कि कोई भी अनिष्ट मनुष्य के किये नहीं होता। तुलसी की यह चौपाई लोक–मनोवृति का यथार्थ चित्र है– 'हानि लाभ, जीवन मरन, जस अपजस विधि हाथ।' लोक–मानस 'विधि' की व्याख्या में समस्त प्रकार के देवी–देवताओं को स्थान देता है। अतः इस अवसर पर वह दोनों प्रकार के कार्य करता है–प्रतिबंधक कार्य भी और प्रसन्नता–सम्पादक कार्य भी। प्रतिबन्धक कार्यो में तो देवी–देवताओं को कीलने या बाँधने के अनुष्ठान आते हैं। आऊत–पितर, भूत–प्रेत, हवा आदि सभी को बाँध दिया जाता है, जिससे कि वे इस शुभ कार्य में बाधा न डालें। उधर देवताओं की स्तुति भी मंगलाचरण के रूप में की जाती है। यह मंगलाचरण संस्कृत नाटककारों की शैली में होते हैं और विवाह से सम्बद्ध किसी–न–किसी बात के संकेत से संयुक्त रहते हैं।

एक गीत में उल्लेख है कि गौरा पर्वतों पर फूल चुनने गई। वहाँ एक जटाजूटधारी मिला। उसने कुछ कहा, तो तुनककर गौरा घर आई। क्रोध से फूल छितरा दिये। माँ ने पूछा–क्या बात हुई।

गौरा ने कहा–एक तपसी मिला था।

माँ ने पूछा, तो उसने क्या कहा–

गौरा बोली– लाज की बतिया हे अम्मा कहलो न जाय,
भउजी जे रहित हे अम्मा, कहिति समुझाय।

माँ ने पूछा– वह कैसा था?

गौरा बोली– बड़े बड़े जट्टा हे अम्मा, सूप अइसन दाढ़ी,
ओही तपसिया हे अम्मा, हमरो डेरावे।

माँ ने कहा– पगली, ओहो तपसिया हे गउरा पूरूख तोहार।

शिव और पार्वती का स्मरण तथा उनका श्रद्धादान तो इस एक प्रकार के मंगलाचरण में है ही, साथ ही विवाहानुकूल दाम्पत्य–भाव का संकेत भी है। इसके अतिरिक्त भावाभिभूत करने के लिए इसमें बहुत कुछ है। यथार्थ स्वभावोक्ति इसमें कितनी मोहक है–'बड़े–बड़े जट्टा हे अम्मा, सूप अइसन दाढ़ी।' सूप–सी दाढ़ी में क्या है? पार्वतीजी हँसके कह रही हैं या क्रोध में व्यंग्य कर रही हैं या कोरा मजाक? प्रशंसा कर रही हैं या निन्दा?–'ओही तपसिया है अम्मा, हमरो डेरावे।' इस प्रकार के

मंगलाचरण के गीतों के साथ ही साथ कितने ही मंगल–परिपाटी के गीत, जैसे सीता–मंगल या जानकी–मंगल के गीत भी हैं। विवाह–कर्म के साथ तो जन्म के समय से भी अधिक अनुष्ठान होते हैं। उन सबके लिए कुछ न कुछ गीत रहते ही हैं। इन सभी गीतों में इतना भाव–वैविध्य और विभिन्न शैलियों की इतनी कोमल संयोजना है कि मुग्ध होते ही बनता है। प्रत्येक गीत तरल राग में घुल जानेवाली मिसरी की डली होता है और जिन परिस्थितियों में गाया जाता है, उनके साथ मिल जाने पर तो लगता है, जैसे उससे अधिक मधुर और अधिक प्रभाववाला गीत अन्यत्र मिल ही नहीं सकता। भारतीय जीवन की अन्तरंग–धारा का ज्ञान इन गीतों से होता है। इनसे जीवन की मूलभूमि से मानव–जीवन के रसास्वाद के लिए भी कम मूल्यवान् नहीं है।

जैसा ऊपर संकेतित किया जा चुका है, मृत्यु–गीत की स्थिति जन्म, मुण्डन और विवाह के गीतों से भिन्न है। विराग के लिए जिस श्मशान–ज्ञान की चर्चा की जाती है, मृत्यु–गीतों में वही झलकता है। ये गीत जीवनमुक्ति–विवेक के गीत कहे जा सकते हैं। इस प्रकार, धर्म, अर्थ, काम, मोक्ष चारों पुरुषार्थ जन्म से मृत्यु–पर्यन्त तक के संस्कारों से सम्बद्ध इन आदिवासी गीतों में प्रतिफलित हैं।

आदिवासी क्षेत्र में मुस्लिम–संस्कार

इस संग्रह में मुसलमनों में प्रचलित संस्कारों के गीत भी दिये गये हैं। ये मुख्यतः विवाह–गीत हैं। इन गीतों को देखने से यह स्पष्ट हो जाता है कि हिन्दु विवाह–संस्कार का मूलरूप मुस्लिम विवाह–प्रथा से भिन्न होते हुए भी लोकपक्ष की कई बातों में अभिन्न है। कोहबर आदि के कई रीति–रिवाज़ दोनों में एक से ही हैं और विवाह के अवसर पर हिन्दुओं की तरह ही उनके यहाँ भी स्त्रियाँ मधुर स्वर में जोग, टोना, कोहबर, उबटन आदि के सरस गीत गाकर उत्सव के आनंद में चार चाँद लगा देती हैं। इसी प्रकार मुस्लिम–परिवारों में जैसे सहाना–सेहरा आदि गाये जाते हैं, वैसे हिन्दू–घरों में भी। हिन्दू–घरों के समान ही मुस्लिम–घरों में भी दुल्हा, दुलहिन के वही सम्बन्ध, वही नैहर–ससुराल, वही ननद–भाभी, बाबा, नाना, नानी आदि के रिश्ते–नाते, वही साज–सिंगार, तेल–उबटन आदि के वही नेगचार, वही जेवर, टीका, माला, हार, मोती, बेसर, वही हास–परिहास इन गीतों के भव्य भावों के आधार हैं। हिन्दू–घरों में जैसे मुण्डन का उत्सव होता है, वैसे ही मुस्लिम–परिवारों में भी अकीका की रस्म कहीं–कहीं होती है। गोद–भराई, छटी, नाम रखने और नहान की रस्में भी मुस्लिम–परिवारों में खुशी के साथ मनाई जाती हैं।

इन मुस्लिम–गीतों में कई गीत ऐसे हैं, जो हिन्दू–परिवारों में भी समान रूप से प्रचलित हैं। देहातों में इन गीतों के राग भी हिन्दू–घरों के रागों से बिलकुल मिलते–जुलते हैं, पर शहरों में उन पर अधिक नागरिकता तथा फिल्मी गानों का असर पड़ता जा रहा है। इन गीतों की भाषा प्रायः मिश्रित पाई जाती है। इनमें मगही के अलावा अवधी और खड़ी बोली का प्रचुर मिश्रण रहता है। मुस्लिम घरों में जो बोली बोली जाती है, वह भी मिश्रित रूप में ही पाई जाती है।

मुसलमानों की शादी में लड़की पक्षवाले को कई तरह की सुविधाएँ होती हैं। जब दोनों पक्षों में शादी की बातचीत पक्की हो जाती है, तब निश्चित तिथि पर लड़की वाले के यहाँ बरात आती है। इस अवसर पर काजी की उपस्थिति आवश्यक है। निकाह की विधि काजीजी के द्वारा ही सम्पन्न होती है। लड़की पक्षवाले अपनी ओर से एक वकील तथा दो गवाह नियुक्त करते हैं।

दैनमेहर इनके यहाँ बहुत महत्वपूर्ण माना जाता है। निकाह के समय वर को वधू के लिए रुपये स्वीकृत करने पड़ते हैं– इसे ही 'दैनमेहर' कहते हैं। यह रकम लड़कीवाले ही निर्धारित करते हैं। इसकी संख्या हजार से शुरू होकर प्रायः लाख तक भी पहुँच जाती है। इन रुपयों पर लड़की का आजीवन हक होता है। वह जब चाहे, अपने पति से 'दैनमेहर' के रुपये की माँग कर सकती है। वह चाहे, तो इसे माफ भी कर सकती है। काजीजी लड़के तथा लड़की दोनों से अलग–अलग पूछते हैं कि अमुक के साथ तुम्हारी शादी हो रही है– मंजूर है या नहीं? दोनों की स्वीकृति पर ही निकाह हो सकता है। एक की भी अस्वीकृति पर बारात लौट सकती है।

निकाह के बाद लड़की के सिर पर सेहरा बाँधकर और उसका मुँह ढ़ककर पलँग पर बिठा देते हैं। दुल्हे को समीप ही किसी दूसरे आसन पर बैठाया जाता है। वर के यहाँ से पिटारी आती है, जिसे 'सोहागपूरा' कहते हैं। इसमें संदल इत्यादि विभिन्न प्रकार की सुगन्धित चीजें रहती हैं। उसी समय सोहागपूरे को खोलकर सुहागिन स्त्रियाँ संदल (चंदन) पीसती हैं। फिर, दुल्हा रुपये या अँगूठी से दुलहिन की माँग पर उसी संदल को भरता है। इसके बाद कुरान की आयतें पढ़ता है। इसी समय आरसी–मोसहफ नामक एक विधि संपन्न की जाती है, जिसमें दुल्हा आइने में दुल्हन का अक्स देखता है। इस प्रकार, विवाह की रस्म पूरी होती है।

शादी के पंद्रह दिन पहले से ही दोनों पक्षवालों के यहाँ गीत शुरू हो जाते हैं। सहाना, जोग, टोना, सोहाग, मेंहदी गीत, चूड़ी गीत, बेटी विदाई, कोहबर इत्यादि अनेक प्रकार के लोकगीत स्त्रियों की स्वर–लहरी में लहरा उठते हैं।

सहाना गीत–सहाना का अर्थ है शाही या राजसी। निकाह के पन्द्रह दिन पहले से ही ये गीत शुरू हो जाते हैं तथा निकाह तक चलते रहते हैं। लड़के तथा लड़की दोनों के यहाँ के सहाना गीत भिन्न–भिन्न होते हैं, पर कुछ ऐसे भी होते हैं, जो दोनों जगहों में गाये जाते हैं।

जोग– निकाह के पहले भी जोग गाये जाते हैं, पर अधिकतर सन्दल घिसते समय तथा सन्दल से लड़की की माँग भरते समय स्त्रियाँ इन्हें गाती हैं।

टोना– ये भी बहुत महत्वपूर्ण तथा मन को मुग्ध करनेवाले गीत हैं, जिनमें लड़के–लड़की को टोना न लग जाय, यह अभिप्राय रहता है। 'टोना' के गीत दोनों के यहाँ गाये जाते हैं।

सोहाग– ये गीत शादी के पहले लड़की को उबटन लगाते समय ही शुरू कर दिये जाते हैं। लड़की को मिस्सी लगाते समय और शृंगार करते समय स्त्रियाँ सोहाग के गीत गाकर ही उस समय के वातावरण को आनन्द से भर देती हैं।

चूड़ी गीत–निकाह के पहले मेंहदी लगाने के समय तथा चूड़ी पहनाने के समय के गीत विशेष प्रकार के होते हैं और केवल उसी अवसर पर गाये जाते हैं। इसी प्रकार, उबटन लगाने के भी गीत होते हैं। सोहाग लड़कीवाले के यहाँ गाया जाता है, तो सेहरा सिर्फ लड़केवाले के यहाँ।

बेटी बिदाई–बेटी विदाई के गीत तो अत्यन्त करुण होते हैं। गीत सुनकर बरबस आँसू निकल पड़ते हैं।

कोहबर–कोहबर के समय के गीतों में औरतों की चुहल–भरी मजाक की बातें भी होती हैं। मुसलमानों के यहाँ एक विशेष प्रकार का गीत होता है, जिसे 'चाल चलाने का गीत' कहते हैं– इन गीतों में कन्या की सुकुमारता, कोमलता आदि का वर्णन रहता है। जब वधू कोहबर में ले जाई जाती है, उसी समय ये गीत गाये जाते हैं।

इस प्रकार, हिन्दू घरानों की तरह ही मुसलमानों में भी सरस, मधुर, आनन्ददायक करुण रस से ओत–प्रोत तथा चुहल से भरे हुए लोकगीत प्रचलित हैं।

बच्चा होने के समय के गीत 'जच्चाखाने के गीत' के नाम से प्रसिद्ध हैं। इन गीतों में विभिन्न प्रकार के भाव होते हैं। कभी ननद का भाभी से रूठना, कभी भतीजा होने की खुशी में चीजें माँगना, कभी भाभी का मनाना, कभी पति से पत्नी का लजाकर बहाना बनाना इत्यादि भावों से पूर्ण ये मनोरंजक लोकगीत हृदय को आह्लादित किये बिना नहीं रहते। ये गीत 'सोहर' से किसी प्रकार भिन्न नहीं माने जा सकते।

इस प्रकार, ये गीत मगही जनसमुदाय के सभी वर्गों के परम्परागत लोकाचार के चार चित्राधार हैं। अनेक बाह्य भेदों के बावजूद उनके मूल में एक व्यापक अभेद पाया जाता है। क्या भाव, क्या अभाव, क्या छंद, क्या लय, क्या ताल–सभी बातों में उनमें समरूपता पाई जाती है। एक ही गीत महलों और कुटियों में समान रूप से गाये जाते हैं।

सोहर–बिहार के मगही, मैथिली, भोजपुरी, अंगिका और वज्जिका इन सभी क्षेत्रों में जन्मोत्सव के अवसर पर सोहर गाये जाते हैं। ये एक प्रकार के मांगलिक गीत हैं, जो प्रायः समस्त हिन्दी भाषा–भाषी प्रदेश में प्रचलित हैं। उत्तर प्रदेश के पश्चिमी भागों में इन्हें कहीं–कहीं 'सोभर', 'सोहला' या 'सोहिलो' कहते हैं। इन सबकी व्युत्पत्ति के मूल में संस्कृत का 'शुभ्' धातु है, जिससे 'शोभन', 'शोभा' आदि तत्सम तथा 'सोहना, 'सुहावना' आदि हिन्दी के तद्भव रूप बनते हैं। अपने इस व्युत्पत्तिगत अर्थ के अनुसार ही सोहर बहुत शुभ और सुहावना माना जाता है। ब्रज में सौरी या

सूतिकागार को भी 'सोभर', कहते हैं। अतः, उसके आस–पास गाये जानेवाले जन्मोत्सव के गीतों की सोभर या सोहर संबा समीचीन ही है। संस्कृत के शोकहर शब्द से भी सोहर की व्युत्पत्ति संभव है। सन्तानाभाव के शोक का हरण करनेवाले प्रसन्नतामय प्रसंग से ही इसका सम्बन्ध है। आनन्द और बधावा ही इन गीतों के मुख्य विषय हैं। संभवतः, इसी विचार से तुलसीदासजी ने सोहर के लिए 'मंगल' शब्द का व्यवहार किया है, जो सर्वथा सार्थक है। सोहर के कुछ गीतों में तो उनके गान या श्रवण का फल मंगल–काव्यों के पाठ के फल के समान ही दिया गया है। जो यह गीत सुने या गाये, उसका सौभाग्य जन्म–जन्म तक बना रहे और उसे पुत्र–फल प्राप्त हो।

सोहर में प्रायः सन्तान के लिए स्त्री–पुरुष की आन्तरिक लालसा और तड़प, उसके लिए की गई साधना और देव–स्तवन, गर्भवती जननी की आकुल पीडा, पुत्रोत्पत्ति–जन्य उल्लास, सम्बन्धियों तथा परिजनों का परस्पर बधाइयों और शुभकामनाओं के साथ बधावा माँगना और देना तथा आनन्दोत्सव के वर्णन रहते हैं। कुछ सोहरों में गार्हस्वथ्य–जीवन के मनोहर चित्रों के साथ शृंगार हास्य और मर्मस्पर्शी करुण रस का भी पुट पाया जाता है। इन गीतों में ननद–भौजाई के हास–परिहास तथा व्यंग्य, सास–बहू के बीच सद्भाव या दुर्भाव, पति–पत्नी के प्रेममय विनोद तथा समाज और गृह–जीवन के अन्यान्य आचार–व्यवहार, प्रसूता के पथ्यापथ्य, खान–पान, आहार–विहार, मातृत्व के अभिमान और उमंग, अनुरागमय आमंत्रणों, मनुहारों, अनुनयों, उपालम्भों तथा विविध कथोपकथनों और विवरणों के क्रम में व्यक्त हुए हैं। कई गीतों में किसी छोटे कथानक अथवा किसी मौलिक प्रसंग की कल्पना कर ली गई है, जिससे उनकी रोचकता और भी बढ़ गई है। प्रसंगों की कल्पना करने में ऐसे गीतों की मार्मिकता और मौलिकता की तुलना सूर और तुलसी जैसे प्रसिद्ध कवियों की रचनाओं से की जा सकती है। राम, कृष्ण तथा शिव–पार्वती सम्बन्धी प्राचीन आख्यानों तथा दैवी चरित्रों का भी आश्रय कुछ सोहर–गीतों में ग्रहण किया गया है। राम, लक्षमण, सीता, कृष्ण, राधा, कौशल्या, देवकी, यशोदा, नन्द, दशरथ, वसुदेव, रुक्मिणी, प्रद्युम्न, शिव, पार्वती आदि प्रसिद्ध चरित्रों का समावेश ऐसे गीतों में रहता है। परन्तु इन लोक–गीतों के धरातल पर उतरकर ये सभी दैवी चरित्र प्रायः अपनी अलौकिकता अथवा अतिमानवता का परिहार करके साधारण जनोचित लौकिक रूप में परिणत हो जाते हैं। जैसे, सोहर के राजा दशरथ डगरिन को बुलाने स्वयं जाते हैं। वस्तुतः, इन गीतों के संसार में सभी पति–नन्द, वसुदेव, दशरथ, कृष्ण और राजा रघुनन्दन हैं, सभी पुत्र नन्दलाल, गोपाल या रामलला हैं और सभी माताएँ कौशल्या या यशोदा हैं। पौराणिक आख्यानों का जहाँ आश्रय लिया गया है, वहाँ प्रायः यह बात भी देखने में आती है कि कथानक के रूप में छोटा–मोटा परिवर्तन कर लिया गया है। कृष्ण का जन्म होने पर उन्हें लेकर वसुदेव नन्द के यहाँ नहीं जाते, वरन् उनके बदले स्वयं देवकी ही यशोदा के यहाँ जाती है। कथा का यह रूपान्तर मातृ–हृदय के ममत्व की दृष्टि से क्या अधिक मर्मस्पर्शी और स्वाभाविक नहीं प्रतीत होता? कुछ गीतों

में केवल पात्र पौराणिक हैं, पर प्रसंग की योजना सर्वथा नवीन है, जो अपने कलात्मक संकेत से चित्त को सद्यः प्रभावित करती है।

सन्तानोत्पत्ति की खबर ज्योंही मिलती है, त्योंही घर–आँगन में परिवार और पास–पड़ोस की हितैषिणी महिलाएँ, क्या छोटी, क्या बड़ी–बूढी, क्या विवाहिता, सभी हँसी–खुशी से उछलती हुई इकट्ठी हो जाती हैं और उनके उल्लास–भरे कंठों से सोहर की सुमधुर समवेत स्वर–लहरी स्वतः उमड़ उठती है। ढोलक की ताल पर थिरकती हुई उस ध्वनि से घर–द्वार का कोना–कोना गूँज उठता है। जन्म के छठे दिन जो 'छठी' या सातवें दिन जो 'सतौला' या बारहवें दिन जो 'बरही' या बीसवें दिन जो 'बिसौरा' अथवा कुछ अशुभ नक्षत्रों में उत्पन्न बज्जों के जन्म के सत्ताइसवें दिन जो 'सतैसा' की पूजा, स्नान–संस्कार आदि क्रियाएँ होती हैं, उन दिनों अपने–अपने हौसले के अनुसार प्रातः–सायं, दिन–रात सोहर गाने का क्रम चलता रहता है। इन गीतों में विशेष आनुष्ठानिक महत्व किसी का नहीं है। सभी गीत सामान्यतः सभी अवसरों पर गाये जा सकते हैं, परन्तु कुछ गीत ऐसे अवश्य हैं, जिनका सम्बन्ध विशेष विधियों से है। जैसे, बच्चा पैदा होने के बाद जब उसका नाभिच्छेदन या नाल काटने की क्रिया की जाती है, उस समय या उसके थोड़ी देर बाद उसके उपलक्ष्य में एक सोहर गाया जाता है, जिसमें पितरों से निवेदन किया जाता है कि उनके वंश में वंशधर की उत्पत्ति हुई है। इस पर पितर अपनी ओर से उसे आशीर्वाद देते हैं और उसका नाल काटने के लिए सोने की छुरी और थाल तथा उसके दूध पीने के लिए सोने की कटोरी देने का आदेश देते हैं। दो–एक सोहर ऐसे भी हैं, जो नहार, यानी प्रसूता को प्रसव के दो–चार दिनों के बाद या छठी के दिन जो पहला स्नान कराया जाता है, उसके उपलक्ष्य में गाये जाते हैं। नहान का एक गीत हमें मुस्लिम–घरों से प्राप्त हुआ है। यह इस बात का प्रमाण है कि लोक–जीवन के स्तर पर हिन्दू और मुस्लिम आचार–व्यवहार की सीमाएँ सिमटकर बहुत–कुछ अंशों में एक हो जाती है। मगह के मुस्लिम घरों में भी सोहर उसी प्रकार गाये जाते हैं, जैसे हिन्दू–घरों में। इसी प्रकार, शिशु की फूफी के द्वारा सम्पन्न की जानेवाली आँ–अँजाई की विधि के उपलक्ष्य में गाये जाने के लिए भी कुछ विशेष सोहर प्रचलित हैं। सोहर गीत सामान्य मंगलगान के रूप में ही जन्मोत्सव सम्बन्धी सभी विधियों के अवसर पर गाये जाते हैं। नामकरण और अन्नप्राशन के अवसरों पर भी सोहर गाये जाते हैं।

शास्त्रों में गर्भाधान के पश्चात् पुंसवन–संस्कार का जो विधान है, उसका कोई प्रतिरूप बिहार में प्रचलित नहीं है। उत्तर प्रदेश में 'साध' पूजने का, 'चौक' का या 'गोद–भराई' की रस्म गर्भावस्था के सातवें महीने में मनाई जाती है। वहाँ इस अवसर पर भी सोहर गाये जाते हैं। परन्तु, बिहार में ऐसी कोई प्रथा नहीं है। फिर भी, बच्चा पैदा होने के पहले गर्भाधान के उपलक्ष्य में स्वेच्छा से यदि परिवार में आनन्द मनाया जाता है, तो ऐसे अवसर पर सोहर अवश्य गाये जाते हैं। कहीं–कहीं ऐसी प्रथा है कि जिन लोगों की छठी किसी कारण जन्म के उपरान्त नहीं होती, उनकी

छठी की पूजा विवाह के अवसर पर ही की जाती है और इसलिए उनके विवाह के अवसर पर सोहर भी गाये जाते हैं। बारात विदा हो जाने के बाद 'वर' के घर रात में 'डोमकछ' का एक नाट्य–नृत्य होता है, जिसमें काठ के पौधे या काठ के किसी अन्य टुकड़े का 'जलुआ' नाम का एक बच्चा बनाया जाता है। उसके जन्म के उपलक्ष्य में भी सोहर गाये जाते हैं।

तुलसीदास ने 'रामलला महछू' में जो सोहर की रचना की है, उससे भी जान पड़ता है कि कहीं–कहीं विवाह–सम्बन्धी कुछ अवसरों पर भी सोहर का प्रचलन होगा। लिखित साहित्य में तुलसी के बाद धरनीदास आदि कुछ संत कवियों ने भक्ति के भी सोहर रचे हैं। बिहार में कहीं–कहीं गोदना गोदने के समय भी सोहर गाने का रिवाज है। गोदनहारी नटिनें स्वयं मिलकर सम्भवतः सूई चुभने की वेदना की ओर से चित्त को खींचकर गान के माधुर्य में निमग्न करने के लिए ही सोहर का राग छेड़ देती हैं। सचमुच ही लोकगीतों में सोहर से बढ़कर आनन्दोल्लास का चित्ताकर्षक राग और कौन–सा हो सकता है?

इस संग्रह में आदिवासी–क्षेत्र के जो गीत संगृहीत हैं, उनमें से अधिकांश ऐसे हैं, जो विभिन्न बोलियों के अनुसार थोड़े भावागत रूपान्तर के साथ बिहार के भोजपुरी तथा आदिवासी क्षेत्रों में भी गाये जाते हैं। कुछ तो ऐसे भी हैं, जो उत्तर प्रदेश के पूरबी जिलों में भी प्रचलित हैं। अन्तर यही है कि कहीं दो–चार कड़ियाँ बढ़ा दी गई हैं, तो कहीं घटा दी गई हैं अथवा थोड़ा–बहुत फेर–बदल हो गया है। कुछ गीतों के भाव तो थोड़े शब्दगत परिवर्तनों के साथ समस्त हिन्दी–क्षेत्र में प्रचलित पाये जाते हैं। सोहर में ही नहीं, विवाहादि के गीतों में भी बहुत–कुछ अंशों में यह बात पाई जाती है। वस्तुतः, ये जनगीत हिन्दी–क्षेत्र के जनसमूह की सौंदर्य–भावना तथा लोकरुचि के सम्मिलित और समन्वित प्रतीक हैं।

आदिवासी–क्षेत्र अथवा आदिवासी–क्षेत्र ही क्यों, समस्त बिहार तथा उत्तर प्रदेश के पूरबी भागों में जो सोहर गाये जाते हैं, उनका एक विशेष राग, एक विशेष लय, एक विशेष छंद है, जिसे प्रायः सोहर छंद कहा जाता है। तुलसीदासजी ने जो सोहर छंद लिखा है, वह लिखित साहित्य के छंदोविधान के अनुसार बाईस–बाईस मात्राओं के चरणों में है। उनके अन्त में तुक भी मिलाया गया है। परन्तु लोकगीतों के जो सोहर हैं, उनमें न तो तुक मिलाने की कोई निश्चित परिपाटी है और न मात्राओं की गणना की। फिर भी, उनके सम्बन्ध में यह कहना भी युक्तिसंगत नहीं है कि 'स्त्रियाँ गाते समय छोटे–बड़े पदों को खींच–तानकर बराबर कर लिया करती हैं।'

इसके अतिरिक्त हमें कुछ ऐसे भी गीत मिलते हैं, जिनके विषय तो सोहर के ही जन्म–सम्बन्धी वृत्तान्त हैं, परन्तु छंद सर्वथा भिन्न हैं। उनके ताल और लय में बहुत अन्तर पाया जाता है। सम्भवतः, जन्मोत्सव के उल्लास में सोहर के केवल एक राग से सन्तुष्ट न होकर लोक–रुचि ने विविधता के आनन्द के लिए सोहर के विषय को झूमर आदि विभिन्न अन्य गीतों के रागों में भी उपनिबद्ध कर लिया है। इन रागान्तरवाले गीतों को भी विषय की एकरूपता के कारण प्रायः सोहर ही कहते हैं।

परन्तु जो इनमें छोटे-छोटे गीत हैं और जिनमें विशेषकर ननद-भौजाई, सास-ससुर, पति-पत्नी आदि के हास-परिहास के वर्णन रहते हैं, उन्हें प्रायः 'खेलवना सोहर' अथवा केवल 'खेलवना' कहते हैं। ये 'खेलवने' प्रायः सोहर के बाद गाये जाते हैं। जब एक बैठक में पाँच-सात लम्बे-लम्बे सोहर गा लिये जाते हैं, तब प्रायः अन्त में इन मजेदार चटकीले चुटपुट रागोंवाले छोटे-छोटे खेलवनों से गायिकाओं की मंडली गान-समायोग का पर्यवसान करती है।

झारखंड के मुस्लिम घरों में गाये जानेवाले जन्मोत्सव-सम्बन्धी गीतों में प्रायः इसी प्रकार के फुटकर छंदों और लयों का समावेश पाया जाता है। ऐसे विविध रागों में आबद्ध गीतों का एक संग्रह इस खंड के अन्त में दिया गया है।

मुस्लिम घरों से प्राप्त इन गीतों की भाषा में नागपुरी के साथ खड़ी-बोली के स्थानीय रूपों का प्रचुर मिश्रण मिलता है। मुस्लिम घरों में जो भाषा बोली जाती है, उसमें खड़ी बोली के साथ अवधी के बहुत से रूप मिश्रित हैं। इस प्रकार, इन गीतों की भाषा में एक ही साथ दो-तीन बोलियों का मिश्रण पाया जाता है। इनमें आदिवासी प्रभाव की ही प्रधानता है। इनका रूप-विन्यास या ढाँचा भी प्रचलित मगही लोकगीतों से भिन्न नहीं है। अतः, इन बातों का और साथ ही मगही-क्षेत्र में इन गीतों के प्रचलन का विचार करके इन्हें मगही गीतों की श्रेणी में ही परिगणित करना युक्तिसंगत प्रतीत होता है।

प्रस्तुत संग्रह के सोहर-गीतों को क्रमबद्ध रूप में उपस्थित करने के लिए हमने उन्हें चार खंडों में विभाजित किया है। प्रथम खंड में पुत्रकामना तथा जन्मोत्सव-विषयक सामान्य व्यवहार और लोकाचार सम्बन्धी गीत रखे गये हैं। इनमें कुछ ऐसे गीत भी सम्मिलित हैं, जिनमें स्पष्ट रूप से पुत्रोत्पत्ति का उल्लेख न होते हुए भी व्यंग्यार्थ द्वारा बहुत-ही कलात्मक ढंग से आगामी मातृत्व का आनन्दप्रद संकेत कर दिया गया है। दूसरे खंड में पौराणिक आख्यानों, पात्रों तथा देवी-देवताओं से सम्बद्ध गीत दिये गये हैं। तीसरे खंड में ऐसे गीत और हास-परिहासात्मक छोटे-छोटे खेलवने हैं, जिनके विषय सोहर के होते हुए भी छन्द सोहर के प्रचलित राग से भिन्न अन्य रोगों के हैं। इन गीतों में भी कुछ ऐसे गीत मिलते हैं, जिनमें कृष्ण आदि पौराणिक चरित्रों का उल्लेख हैं। मुस्लिम घरों से प्राप्त जन्मोत्सव-सम्बन्धी गीत चौथे अध्याय में दिये गये हैं। जैसा कि ऊपर बताया जा चुका है, इन गीतों की सामाजिक भित्ति सामान्यतः वही है, जो और गीतों की है। इन गीतों के अतिरिक्त सामान्य सोहर भी मुस्लिम घरों में जन्मोत्सव के अवसर पर प्रायः उसी रूप में और उसी प्रकार गाये जाते हैं, जैसे हिन्दू घरों में।

मुंडन गीतों में सोहर के अतिरिक्त इन अवसरों पर और कई रागों के गीत भी गाये जाते हैं, जैसे झूमर आदि। सोहर के लंबे छन्दों की अपेक्षा झूमर की बहरें छोटी होती हैं।

विवाह के गीत–विवाह के गीतों के राग अलग-अलग होते हैं। सगुन के गीतों का एक

राग होता है, तिलक का दूसरा। तिलक के गीतों के राग में प्रायः मिश्रण पाया जाता है। तिलक के किसी एक गीत में एक राग पाया जाता है, तो दूसरे में विवाह के अवसर पर जो गालियाँ गाई जाती हैं, उनमें प्रायः झूमर के राग की प्रधानता रहती है और उनकी लय में अधिक चपलता का सन्निवेश रहता है। उनका विषय हास–परिहास ही होता है, जो कभी–कभी अश्लीलता तक उतर आता है। इनकी परम्परा भी आज की नहीं, बहुत प्राचीन है। हर्ष के जन्मोत्सव पर बाण ने भी वारविलासिनियों के अश्लील रसक–पदों के गानों का उल्लेख किया है। सूरदास, तुलसीदास, केशवदास आदि ने भी विवाहादि के अवसरों पर गाली गाये जाने का वर्णन किया है।

संग्रह के अंतर्गत मुंडन, जनेऊ, विवाह आदि की विधियों–उपविधियों के सम्बन्ध में आवश्यक टिप्पणियाँ यथास्थान दे दी गई हैं। इसलिए, यहाँ उनकी पुनरावृत्ति करना अनावश्यक प्रतीत होता है।

इन आदिवासी गीतों के भाव तथा रागात्मक पक्षों में लोक–मानस का जो चित्र उपलब्ध होता है, वह सर्वत्र न्यूनाधिक रूप में व्याप्त हैं।

आदिवासी भाषा की भूमि को काव्य का वरदान मिला हुआ है। इन गीतों में काव्यानन्द अत्यन्त स्वाभाविक रूप में प्रवाहित मिलता है। यह संग्रह आदिवासी जनपद की लोक–मानसिक भाव–संपत्ति का यथार्थ परिचय करा सकेगा, एक–एक गीत को पढ़कर पाठक आदिवासी जनपद के जन से तादात्म्य हो उठेगा, उसके जैसे ही भाव जाग्रत् हो उठेंगे, और तब उसके समक्ष उसका अपना जनपद भी वैसे ही गीत गाता हुआ उठ खड़ा होगा। पर, क्या ये गीत यहीं रुक जाएगें? ये गीत पाठक को उठाकर उसके वर्तमान और निकट के भूत को भेदकर सुदूर अतीत के मूल बिन्दु तक ले जाएंगे– अपने ही मूलबिन्दु तक नहीं– समस्त मानव के और साथ ही चराचर के। यों इन गीतों में हम अपनी मानवी परिपूर्णता प्राप्त कर सकेंगे, ऐसा मेरा विश्वास है।

लोकभाषा अनुसंधान विभाग के कार्य निर्देशन में कुल मिलाकर 1,17,574 लोकगीतों, 220 गाथा–गीतों और 19 लोकनाट्यों और लोकनृत्यों का संग्रह–कार्य हुआ है। संग्रह के गीतों को निम्नलिखित शीर्षकों के अन्तर्गत विभक्त किया है–

1. (क) देत महर को गारि। –सूरसागर, पद सं. 622। अथवा
   सजन प्रीतम नाम लय लय दय परम्पर गारि। –सूरसागर, पद सं. 660।
   (ख) अन्नप्राशन में भी सखियों द्वारा गाली गाये जाने की चर्चा है–युवति महरि को गारी गाव तक इत्यादि।

1. **संस्कार गीत**–जैसे : ब्याह, कोहबर, बेटी विदाई, समझवनी, जेवनार, गाली, मुंडन, जनेऊ, सोहर आदि।

2. **गाथा गीत**–जैसे : राजा भरथरी (भर्तृहरि), ढोलन, सरवन, लोरिकायन, विजयमल आदि के गीत।

3. **ऋतु गीत**–जैसे : फगुआ या होली, चैता, कजरी, चउमासा, बारहमासा आदि।

4. **व्यवसाय गीत**–जैसे : रोपनी और सोहनी के गीत, धोबियों के गीत, कोल्हू के गीत, जाँते के गीत (जँतसार) आदि।

5. **व्रतोत्सव या पर्व गीत**–जैसे : तीज, जिउतिया (जीवत्पुत्रिका व्रत), छठ, कुल्हिया आदि के गीत।

6. **भजन या स्तुति गीत**–जैसे : प्रभाती, शीतला माता के गीत, ग्राम देवताओं के गीत, अन्य पूजा के गीत, निर्गुण आदि।

7. **लीला गीत**–जैसे : झूमर, झूले के गीत, डोमकछ, जोगीड़ा आदि। इन गीतों में नृत्य, नाउच और संवाद का भी समावेश रहता है।

8. **वर्गीय गीत**–जैसे : बिरहा, पँचरिया के गीत आदि। ये गीत कुछ विशेष वर्गों में ही प्रचलित पाये जाते हैं।

9. **जोग, टोना और मान के गीत**–जैसे : साँप का विष झाड़ने का गीत, भूत–प्रेत झाड़ने के गीत।

10. **विशिष्ट गीत**–जैसे : पिड़िया के गीत, पानी माँगने के गीत आदि।

11. **लोरियाँ**–जैसे : 'आउ रे निंदिया निनर बन से', 'आरे आव, बारे आव', 'घुघुआ माना' आदि।

12. **बालक्रीडा गीत**–जैसे : 'ओका बोका तीन तड़ोका', 'आटा–पाटा दही चटाका' कबड्डी के पहाड़े आदि।

13. **तीर्थ गीत**–जैसे : जगन्नाथपुरी, गंगाजी आदि के गीत।

14. **सामयिक गीत**–जैसे : रेलगाड़ी–सम्बन्धी, नये आभूषण–सम्बन्धी, खादी, चरखा, गांधीजी, राष्ट्रीय आन्दोलन तथा सामाजिक विषय--सम्बन्धी गीत।

इस वर्गीकरण का बिहार के तत्कालीन शिक्षा मन्त्री श्रद्वेय आचार्य बदरीनाथ वर्मा, मित्रवर श्रीलक्ष्मीनारायण 'सुधांशु', श्रीजगदीशचन्द्र माथरु, आई. सी. एस्. और राजा राधिकारमणप्रसाद सिंह ने प्रशंसा की हैं।

तदनुसार, विभिन्न क्षेत्रों से विभिन्न वर्गों के गीतों का संग्रह प्रारम्भ किया गया। प्रायः सभी वर्गों के गीत हमें पर्याप्त संख्या में प्राप्त हुए। आज से दस वर्ष पहले जब इन वर्गों और शीर्षकों का निर्धारण किया गया था, तब उस समय ये नाम नये–से जँचते थे, पर बाद में इस वर्गीकरण का अनुसरण लोक–वार्ता साहित्य के अनेक अनुसन्धित्सुओं द्वारा सफलतापूर्वक किया गया।

बिहार की प्रमुख बोलियाँ—आदिवासी, मैथिली, भोजपुरी, अंगिका और वज्जिका में इतना अधिक साम्य है कि प्रायः एक ही गीत थोड़े–बहुत परिवर्तनों के साथ सभी बोलियों में चलता है। उदाहरण के लिए, मटकोर के अवसर पर गाये जानेवाले 'कोइलर' वाले इस प्रसिद्ध गीत को लें। यह गीत समस्त बिहार प्रदेश में मटकोर के अवसर पर गाया जाता है—

मगही रूप : कवन बन रहल हे कोइलर, कवन बने जाय।
कवन रइया दुअरवा हे कोइलर उछहल जाय।।

इसी में थोड़ा परिवर्तन करके उसका मैथिली रूप इस प्रकार प्रचलित है—

मैथिली रूप : कोन बन रहल हे कोइलरि, कोन बने जाय।
कोन रइया दुअरवा हे कोइलरि उछहल जाय।।

इस गीत का भोजपुरी रूप भी केवल थोड़े परिवर्तनों के साथ जनवर्ग में प्रचलित है—

भोजपुरी रूप : कवना बने रहलु हे कोइलर, कवना बने जाय।
कवन रइया दुअरिया हे कोइलर, उछहल जाय।।

इस प्रकार कुछ अन्य गीतों के भी यहाँ उदाहरण प्रस्तुत किये जाते हैं—

मगही रूप : रामचन्दर चललन बियाहन, रिमझिम बाजन हे।
रिसिया के खबरी जनाऊँ, कहाँ दल उतरत हे।।

मैथिली रूप : रामचन्दर चललन्हि बियाहन, रूनुझुनु बाजन
ह ।
आहे रिखियहि खबरी जनाउ, कतय दल उतरत हे।।

भोजपुरी रूप : रामचन्दर चललन बियाहन, रिमीझिमी बाजन हे।
रिसिअनि खबरी जनाव, कहाँ दल उतरत हे।।

सिन्दूर–दान का भी एक गीत उदाहरण के लिए प्रस्तुत है—

आदिवासी रूप : कहवाँ के सेनुरिया सेनुर बेचे आयल हे।
कहवाँ के बर कामिल सेनुर बेसाहल हे।।

अंगिका रूप : कहाँ केरा सेनुरिया सेनुर बेचे आयल हे।
कहँमा के सुन्दर कामिनी सेनुर बेसाहय हे।।

इन थोड़े–से उदाहरणों से ही यह समझा जा सकता है कि बिहार की इन बोलियों मे कितना अधिक अभेद है तथा ये गीत किस प्रकार समस्त बिहार की सम्पत्ति हैं और बिहार ही क्या, इनमें से कई गीत तो बिहार के बाहर अवध, ब्रज, राजस्थान आदि प्रदेशों में थोड़े–बहुत भाषागत भेदों के साथ

प्रचलित हैं। इस तरह के गीत हमारी भाषाई और भावात्मक एकता के प्रमाण हैं। उदाहरण के लिए इस मार्मिक गीत को आप लें–

भोजपुरी रूप : छापक पेड़ छिउलिया त पतवन गहवर हो।
तहि पर ठाढ़ी हरिनियाँ त मन अति अनमन हो।।
चरत चरत हरिनवाँ त हरिनि से पूछें ले हो।
हरिनी, की तोर चरहा झुरान कि पानी बिनु मुरझेलूहो।।

अवधी रूप : छापक पेड़ छिउलिया तपत बन गहबर हो।
श्रामा, तेहि पर ठाढ़ि हरिनियाँ मन अति अनमनि।।
च्रइत चरत हरिनवा त हरिनी से पूछइ हो।
हरिनी कि तोर चरहा झुरान न पानी बिन मुरझिउ।।

मगही क्षेत्र में यह गीत ठीक इसी रूप में तो नहीं मिलता, पर इसका जो थोड़ा परिवर्तित रूप है, वह यहाँ उद्धृत किया जाता है–

हरन जे खाड़ा हइ बबूर तरे, अउरो बबूर तरे हे।
ललना हरनी के हेर हकइ बाट, हरनी नहीं लउकत हे।।
हरनी के अँखिया बड़े–बड़े, नयनमा से नीर झरे हे।
आज्झु हकइ राजाजी के छठिया, बेआधा बन बिचरइ हे।।

आदिवासी, मैथिली, अंगिका, वज्जिका और भोजपुरी के अनेक नये–पुराने साहित्यकारों और कवियों ने हिन्दी–साहित्य में विशिष्ट स्थान प्राप्त किया है। अंगिका भाषा–भाषी श्रीदिनकर, वज्जिका भाषा–भाषी श्रीबेनीपुरी, भोजपुरी भाषा–भाषी श्री राजा राधिकारमण प्रसाद सिंह, श्रीशिवपूजनसहाय और श्रीमनोरंजन तथा मगही भाषा–भाषी श्रीमोहनलाल महतो 'वियोगी' आदि की देन आधुनिक हिन्दी साहित्य देवता के श्रेष्ठ से श्रेष्ठ अंगीकृत उपादानों में गिनी जाती हैं। छोटानागपुर के सुदूर भागों में भाषा सर्वेक्षण करते हुए मैंने देखा कि आदिवासी की कुरमाली और बँगला से प्रभावित खोट्टा के बोलनेवाले अशिक्षित वर्ग के लोग अपनी बौद्धिक और सामाजिक प्रेरणाओं और आकांक्षाओं को उच्च स्तर पर व्यक्त करने के लिए अपनी–अपनी स्थानीय बोलियाँ बोलते–बोलते तुरत आप ही आप अनायास किसी न किसी प्रकार के हिन्दी–भाषण में प्रवृत्त हो जाते थे। यह सहज द्विभाषी प्रवृति भाषा–साम्य और पारम्परिक सुबोधता का ही प्रमाण है।

2 अध्याय

आदिवासियों में संस्कार की परंपराएँ

झारखंड की सांस्कृतिक स्थिति की चर्चा करने के पूर्व झारखंड कर्ज सुवर्ण, कालकावन आदि को अंग्रेजों ने भारत के मानचित्र से किस प्रकार लोप कर दिया इसके विषय में कहना अनिवार्य होगा।

18वीं शताब्दी के पूर्वांध तक सुविस्तृत झारखंड राज्य एक सुदृढ़ आर्थिक, सामाजिक व राजनैतिक स्थिति में था। यहाँ के सभी जनजाति समुदाय स्वतंत्र एवं पराक्रमशाली थे। "1765 ई. में दिल्ली के द्वितीय शाह आलम से ईस्ट इंडिया कम्पनी ने बंगाल–बिहार और उड़िसा की दीवानी प्राप्त की एवं मीरकासिम से प्राप्त सभी अंचलों पर भी अपना आधिपत्य चलाना शुरू किया। तत्पश्चात् 1767 ई. में इन सभी अरण्य प्रदेशों को अपने अधीनस्थ करने का सफल अभियान प्रारम्भ किया और अंत में इन्हें सफलता भी मिली। धीरे–धीरे झाड़ग्राम (वर्तमान बेदिनीपुर जिला) के पतन के साथ–साथ रामगढ़, शांखाकुलि (लालगढ़), जाम्बन, झाँटिबनी ने आत्मसर्मपण किया। उसके बाद क्रमशः आमाइनगर (अम्बिका नगर), सुपुर, मानभूम, छातना, बराभूम, सामन्तभूम, राइपुर (तुंगभूम), श्याम सुन्दरपुर, फूलकुसमा ने कम्पनी की अधीनता स्वीकार की। उसके पश्चात इन्होंने पश्चिम दिशा में पातकुम, तोड़ांग, बुडुं, मिली, तमाड़ एवं अक्षर में झालदा, कतरास, झरिया, नावागढ़, पंचेत (शिखरभू) काशीपुर आदि क्षेत्रों में अधिपत्य जमाया तथा धलभूम को छोड़कर शेष सभी अरण्य प्रदेशों का सामूहिक नाम जंगल महल रखा गया।"

इस प्रसंग में डॉ. बंकिमचन्द्र महतो कहते हैं–अंग्रजों ने झारखंड को अब जंगल महल बनाकर इसमें विघटन लाया और नये–नये जिले व कमिश्नरियाँ बनाई और इनके शासनतंत्र को चलाने के लिए नया अधिनियम पारित किया जैसा कि–

In 1805 the government realized that for the maintainence of the peace and the support of the general police of that part of the country, it was essential to station an officer in the heart of the Jungle Mahals. They therefore passed Regulations XVIII of 1805". (J. C. Jha : The Bhumij Revolt p. p.- 29)

"पुनरपि संर्पूण जंगल महलों को तत्कालीन संयुक्त कमिश्नर डेन्ट ने बंगला भाषी अरण्य क्षेत्र के नाम से उल्लेख किया है। उन्होंने सरकारी कामकाज के लिए फारसी भाषा के बदले बंगला भाषा के प्रयोग पर अधिक महत्व दिया है। इस प्रसंग में उन्होंने कहा है कि–

He urged that Bengali, the colloquial language of the hill areas, should be substituted for person in all police offices and he requested the government to open a good school for the children of the Jungle Jamidars". (The Bhumij Revolt " J.C. Jha, p.p.- 168)

इन दृष्टान्तों से यह सिद्ध होता है कि सर्म्पूणा जंगल महल (प्राचीन झारखंड) क्षेत्र में समतल बंगभूमि के बंगला भाषी लोगों के आगमन के पूर्व से ही इस क्षेत्र में बंगला भाषा आंचलिक भाषा थी तथा शताब्दियों से इसी भाषा के आधार पर यहाँ के लोक–साहित्य की रचना हुई एवं लोकगीत भी गाये जाने लगा। सम्पूर्ण झारखंड क्षेत्र में बंगला पंचाग (पंजिका) के अनुसार ही सभी धार्मिक कृत्य होने लगे। बंगला रामायण (कृतिवासी) बंगला महाभारत (काशीरामदास) तथा वैष्णव ग्रंथ चैतन्य चरितामृत, मनसामंगल आदि का बहुत प्रचार वर्तमान समय में भी दृष्टिगोचर होता है।

यूरोप के जर्मन, फ्रांस, ब्रिटिस आदि की मिशनरियों ने इस झारखंड में शिक्षण संस्थाएँ स्थापित की और अपना ईसाई धर्म का प्रचार किया। बहुत से आदिवासियों ने (जिसमें मुण्डा, उराँव, संथाल आदि प्रमुख हैं) इसाई धर्म ग्रहण किया। उसी अंग्रेजी शिक्षा के कारण आज बहुत से आदिवासी उच्च सरकारी पदों में आसीन हैं। कुर्मी जाति के लोगों ने इसाई धर्म ग्रहण कभी नहीं किया। वे सर्वदा इस धर्म से दूर रहकर अपने धर्म एवं संस्कृति को अक्षुण्ण रखा।

झारखंड क्षेत्र में सर्वाधिक कुर्मि समुदाय के लोग बसते हैं। इनके अतिरिक्त और बहुत सी जातियाँ बसती हैं और आदिवासियों में मुण्डा, संथाल, उराँव, खड़िया, हो आदि प्रमुख हैं। इनके अपने लोक–साहित्य एवं कला संस्कृति अभी भी सुरक्षित हैं। लोक–साहित्य का भंडार बहुत ही सुविस्तृत है। अधिकांश श्रुत साहित्य के रूप में लोकगीत आदि का भरपूर भंडार है। सम्प्रति कुछेक लोकगीत आदि का विद्वान उन पारंपरिक लोकगीतों को लिपिबद्ध करके प्रकाशित करने का यथा साध्य प्रयास कर रहे हैं, किन्तु सम्पूर्ण झारखंड लोक साहित्य का प्रकाशन इतनी जल्दी असंभव है। इसके लिए सरकारी एवं वि. विद्यालय की ओर से उद्यम अत्यावश्यक है। संतोष का विषय है कि बिहार में प्रवेशिका से विश्वविद्यालय स्तर तक इन भाषाओं का पाठ्यक्रम चलाया गया है। लोक–साहित्य के साथ लोक संस्कृति का अन्योन्याश्रय संबंध है। एक ही अनुपस्थिति में दूसरे की कल्पना असंभव है। इसलिए लोक संस्कृति में नृत्य गीत आदि को ही मूल तत्व के रूप में लिया गया है।

छोटानागपुर और इसके सीमावर्ती क्षेत्रों के गीत वाद्य की शैली मूलतः एक रही है। यद्यपि यहाँ के लोगों में भाषाई पार्थक्य है। परन्तु संगीत में आन्तरिक समानता परिलक्षित होती है।

"झारखंड के आदिवासियों में मुण्डा जाति के लोकसाहित्य का विशाल भंडार है, उनके मुख्य भेद हैं–जदुर गेना और जदुर, करमा, जरगा या मगे, जापी और अड़न्दी (शादी के गीत)। इनके कथा साहित्य भी समृद्व हैं, उनकी सबसे प्रमुख कथा "सेसोबोंगा" है जो एक बैलेड हैं। वह धर्म गाथा, उनके इतिहास और सृष्टि की रचना एवं विकास के सम्बन्ध में उनके विश्वासों पर प्रकाश डालती है।"

इसी प्रकार संथाली गीतों की संख्या मुण्डा लोकगीतों से भी अधिक है। जैसे–दोड़ू, लागड़े, सोहराय, मिनसार, बाहा, दसाय, तमवार, रिजा और डॉटा आदि। "हो' गीतों के प्रमुख भेद हैं–वा, हैरो, जोमनामा तथा उराँव "गीतों के प्रमुख भेद हैं–सरहुल, जतरा, धुरिया, अशाढ़ी, करमा, मठा, जदुरा और पगुआ"।

झारखंड क्षेत्र की सर्वाधिक समृद्ध लोक संस्कृति "कुरमाली लोक संस्कृति है और इसी कृषिपरक कुरमाली लोक संस्कृति का प्रभाव उपर्युक्त आदिवासी समुदाय की लोक संस्कृति में भी परिलक्षित होता है– करम, नाच, जावा नाच, जांत गान, आहीय गान, टुसू गीत, छो नृत्यगीत, विवाह गीत, माहराय गीत, हुआ गान, झुमर आदि कुरमाली संस्कृति के अटूट अंग हैं।

करम नाच या जावा गीत– करम उत्सव झारखंड के अन्यतम सर्वश्रेष्ठ महोत्सव हैं। नृत्य एवं गीत इसका प्रमुख अंग है। इस पर्व में नृत्य गीत को छोड़कर व्रत की कल्पना ही नहीं की जा सकती। इस पर्व को भाद्र मास के शुक्ल की एकादशी तिथि को हर्षोल्लास के वातावरण में मनाया जाता है। यह पर्व कुआँरी किशोरियों का पर्व है।

जांत गान– जांत गान का तात्पर्य विषहरि मनसा देवी की आराधना के प्रसंग में गाये जाने वाला गीत। इस गीत के साथ विषम ढकी और ढ़ोल आदि बजते हैं। यह बंगला जेठ महीने के रोहण पर्व (तेरहवाँ दिन) से श्रावण मास की संक्रान्ति एक मनसा पूजा करते हैं। ऐसी स्थिति में उस समय तक यह गान हर्षोल्लास के वातावरण में गाया जाता है।

आहीरा गान– आहीरा गान झारखंड के सुप्राचीन लोकोत्सव बाँदना या सोहराइ पर्व के उपलक्ष्य में गाया जाता है। यह गीत दुर्गा पूजा की विजया दशमी के दिन से ही बड़े उल्लास से गाते हैं और कालीपूजा की रात्रि में जागरण किया जाता है। यह मुख्यतः गो–वन्दना का पर्व है।

टुसू गीत– यह गीत झारखंड का सर्वश्रेष्ठ लोक उत्सव कहा जा सकता है। इस पर्व को सत्योत्सव या फसल काटने का उत्सव भी कहा जा सकता है। यह पर्व अगहन की संक्रान्ति से पौष की संक्रान्ति तक गाये जाते हैं। बड़ी–बड़ी नदियों के तट पर टुसु की झांकियाँ बड़े ही दर्शनीय एवं उपभोग्य होती है।

छो नृत्यगीत– यह साधारणतः चैत्र मास से जे़ठ माह तक अनुष्ठित होता है। किन्तु अत्यधिक लोकप्रियता के कारण छो नृत्यगीत का अनुष्ठान बारहों मास चलता रहता है। सुदूर अमेरिका तक इसका प्रचार प्रसार हुआ और बड़ा ही समादर और सम्मान पाया।

विवाह गीत– यह एक संस्कार गीत है। यह गीत रस्म–रिवाज के अनुसार प्राचीन गीत है। यह गीत रस्म के अनुसार प्राचीन काल में जो गीत रचे गये हैं, उन्हीं गीतों को परम्परा से अभी भी गाया जाता है।

इन गीतों को दो भागों में विभाजित किया जा सकता है–(क) कन्या पक्ष और (ख) वर पक्ष। कन्या पक्ष के गीत अधिकतर कारुणिक होते हैं।

माहराय गीत– यह भी एक संस्कार गीत है। यह धरम पूजा के अवसर पर गाया जाता है। झारखंड के आदिवासियों में यह धरमपूजा का प्रचलन है किन्तु कुर्मि समुदायों में इसका एक विशेष रूप परिलक्षित होता है। कुर्मि समुदाय के पूत्र–रत्न की प्राप्ति के उपलक्ष्य में यह धरम पूजा या सूर्य पूजा का अनुष्ठान अनिवार्य रूप से किया जाता है। यह धरम पूजा के नहीं होने पर पूत्र का विवाह भी नहीं होता है। इस माहराय गीत को डॉ. हरदेव नारायण सिंह ने कुरमाली की गीता की संज्ञा देकर अधिक गौरवान्वित किया है।

झूमर– झुमर झारखंड का विशिष्ट प्रेम संगीत है। इसे बारहों मास गाया जाता हैं। झूमर का विषय राधा–कृष्ण के प्रेम के अतिरिक्त सामान्य जीवन का भी वर्णन है। झूमर के छंद और गीत के बोल तथा माँदर के ताल इतने आर्कषक होते हैं कि गीत प्रारम्भ होते ही दर्शकों के पैरों में थिरकन पैदा हो जाती है और झूम–झूमकर नाचने लगते हैं। कुरमाली झूमर झारखंड के अन्य आदिवासियों को अत्यधिक प्रभावित करता है।

इस प्रकार सम्पूर्ण छोटानागपुर के नृत्यगीतों के अनुशीलन, परिशीलन से दर्शन करने से ऐसा प्रतीत होता है कि वन एवं पर्वतों से सुसज्जित सम्पूर्ण झारखंड एक सुविस्तृत और सुविशाल रंगमंच है जहाँ नित्य प्रति विभिन्न सम्प्रदायों के भिन्न–भिन्न लोक संस्कृति के प्रभावोत्पादक नृत्यगीतों की बहार श्रवण और दृष्टिगोचर होती रहती है।

इस प्रकार हम कह सकते हैं कि इतने उथल–पुथल के बाद भी हमारे झारखंड की सांस्कृतिक स्थिति बड़ी ही सुखद है।

दक्षिण बिहार या झारखंड क्षेत्र की भाषाओं का नामकरण विशेष सम्प्रदाय व जाति के नाम पर हुआ है, जैसे– मुण्डा से मुण्डारी, संथाल से संथाली, उराँव लोगों की भाषा कुडुख, हो लोगों की हो, खड़िया लोगों की खड़िया, इसी प्रकार कुर्मि लोगों की भाषा कुरमाली। संसार व अपने देश की प्रमुख भाषाएँ जैसे–चीनी, पंजाबी, बंगाली, तेलुगु, तमिल, नेपाली, असमिया आदि ये सभी भाषाएँ जातिवाची न होकर स्थानवाची हैं।

डॉ. ग्रियर्सन ने आदिवासी भाषा को आर्य परिवार की भाषा माना है। प्राचीनकाल का जो झारखंड क्षेत्र हैं, सामान्यतः यही क्षेत्र आदिवासी भाषा का भी क्षेत्र माना जा सकता है। दक्षिणी बिहार

के उत्तरी एवं दक्षिणी छोटानागपुर, संथाल परगना एवं पलामू प्रमंडल के अतिरिक्त पश्चिमी बंगाल के पुरुलिया, बाँकुड़ा और मिदनापुर, उड़िसा के मयुरभंज, क्योझर, सुन्दरगढ़ और सम्बलपुर (चार जिले) तथा मध्य प्रदेश के सरगुजा और रायगढ़ (दो जिले) इन सभी क्षेत्रों को झारखंड क्षेत्र कहा गया है।

डॉ. सम्पति आर्यणी के मतानुसार उन क्षेत्रों के अतिरिक्त बंगाल के मालदा जिला को भी कुरमाली क्षेत्र के रूप में स्वीकारा है, तो डॉ. नन्दकिशोर सिंह के मतानुसार उपर्युक्त क्षेत्र के अतिरिक्त प. बंगाल के दिनाजपुर एवं मालदा को भी आदिवासी क्षेत्र के रूप में सम्मिलित किया है। डॉ. संतोष कुमारी जैन कहती है–दक्षिण बिहार के धनबाद, हजारीबाग, राँची, सिंहभूम, संथाल परगना, पं. बंगाल के झाड़ग्राम, पं. बाँकुड़ा, पं. बीरभूम, पुरुलिया, उड़िसा के मयुरभंज, क्योझर, बोनय, बमड़ा और सुन्दरगढ़ के अलावा उत्तरी बिहार के पुर्णियां, भागलपुर तथा असम प्रान्त में भी यह भाषा बोली जाती है। गिरीया चन्द्र महंता के कथानुसार आदिवासी भाषा का कोई सीमावद्र क्षेत्र नहीं है। नागपुरी, भोजपुरी और छत्तीसगढ़ी कहने से उस विशिष्ट अंचल की भाषा का बोध होता है। आदिवासी भाषा के संबंध में ऐसा नहीं है। भौगालिक सीमा में यह भाषा सीमित नहीं है। जहाँ कहीं झारखंडी आदिवासी जाकर बसे हैं, वहीं अपनी भाषा और संस्कृति को साथ ले गये हैं–बंगाल, बिहार, उड़िसा, असम या मध्यप्रदेश। जहाँ भी कुर्मि बसते हैं वहाँ आदिवासी भाषा बोली जाती है।

आदिवासी भाषा बोलने वालों की संख्या के विषय में भी इस प्रकार विवादास्पद मत दिखाई पड़ते हैं। यह विवाद संभवतः इसलिए प्रतीत होता है कि कोई–कोई शोधकर्ता केवल जनजाति को ही आदिवासी भाषा भाषी मानते हैं, जबकि आदिवासी भाषा जनजाति के अतिरिक्त अन्य जातियों के लोग भी व्यापक रूप से बोलते हैं। जिसे डॉ. नन्दकिशोर सिंह ने 60 (साठ) लाख बताए हैं तो खुदीराम महतो ने 80 (अस्सी) लाख। "आदिवासी" के एक स्मार–पत्र केवल छोटा–नागपुर संथाल परगना, पं. बंगाल और उडिसा में ही संख्या एक करोड़ से अधिक बताई गई है। संभवतः आदिवासी भाषा बोलने वालों की संख्या करोड़ों से भी अधिक मानी जा सकती है।

निष्कर्ष में राँची वि. वि. के जनजातीय एवं क्षेत्रीय भाषा के विभागाध्यक्ष डॉ. श्री हरदेव नारायण सिंह के मत से मैं भी सहमत हूँ कि आदिवासी जाति एवं जनजातिय भाषी जनता की संख्या के लिए एक विशेष एवं सुयोग्य दल द्वारा व्यापक सर्वेक्षण अपेक्षित है।

कुरमाली साहित्य– भारतीय विदग्ध विद्वानों के अतिरिक्त वेदों के मर्मज्ञ एवं "साइंस ऑफ लेंगुएज" **(Science of the language)** के प्रणेता प्रो. मैक्समूलर ने कहा है **"Rigveda is the oldest book in the library of man kind"** अर्थात् विश्व मानव के पुस्तकालय का प्राचीनतम ग्रंथ ऋग्वेद है। प्रो. मैक्समुलर ने **preface to the first edition of Rigveda Samhit"** में लिखा है कि **The Rigveda is the oldest book of**

India Literarure" अर्थात् भारतीय साहित्य का प्राचीनतम ग्रंथ ऋग्वेद हैं। इन कथनों से वेदों व वैदिक साहित्य की प्राचीनता में कोई शंका नहीं रह जाती। सभी विद्वानों ने भारत की सभी भाषाओं की जननी संस्कृत मानी गई है। सभी विद्वानों ने भारत के सभी भाषाओं का उद्भव इसी संस्कृत साहित्य से माना है।

वैदिक संस्कृत से लौकिक उससे प्राकृत, पाली आदि एवं इन्हीं भाषाओं से ब्रजभाषा, मैथिली, मगही, भोजपुरी, हिन्दी, बंगला आदि भारतीय भाषाओं की तरह छोटानागपुर की जनजातिय भाषा को भी मानने में कोई अनुचित कार्य नहीं होगा।

डॉ. नन्दकिशोर सिंह ने अपने "पथे चलाक लेहा नमस्कार" ग्रंथ में लिखा है–जार्ज ग्रियर्सन से लेकर डॉ. विश्वनाथ प्रसाद तक शीर्ष भाषावेत्ताओं ने कुरमाली भाषा की महत्ता और व्यापकता एक स्वर से स्वीकार की है। मगही, मैथिली और भोजपुरी की तरह आदिवासियों का भी प्राकृत अपभ्रंश प्रसूत और इन्हीं की तरह निश्चित भाषा है।

डॉ. नन्दकिशोर सिंह पुनः कहते हैं– "भारतीय साहित्य की तरह आदिवासी साहित्य के भी मुख्य उपजीव ग्रंथ– रामायण, महाभारत, भागवत् आदि है। किन्तु ये मूल संस्कृत की अपेक्षा हिन्दी, बंगला, ओड़िया ग्रंथों के माध्यम से गृहीत है। ऐसे ग्रंथों में रामचरित मानस, सूरसागर, कृतिवासी, काशीराम दास महाभारत, वैष्णव पदावली, मनसा मंगल, धर्ममंगल आदि विशेष रूप में उल्लेखनीय हैं। वैसे कुछ गीत भी प्राप्त हैं, जिनसे मूल चाणकयनीत, दुर्गा सप्तशती आदि के अध्ययन का आभास मिलता है"।

सम्प्रति आदिवासी साहित्य ग्रंथ–पद्य की अनेक विधाओं में विराट संभावनाओं का द्वार खोलकर अग्रसर हो रहा है। माननीय जगजीवन राम, देवेन्द्रनाथ सामन्त, रेवेन्ड फादर, डॉ. कामिल बुल्के एवं डॉ. कुमार सुरेश सिंह पी. एच. डी., आई. ए. एस के संरक्षण में स्थापित "छोटानागपुर साहित्य संस्कृति संसद" का आदिवासी साहित्य के उन्नयन में सक्रिय सहयोग रहा है, जो सराहनीय है। आदिवासी कथाएँ– गाथाएँ और गीत कविताएँ साहित्य के इस निभश्त स्थल में गौरवहीन बनफूल की तरह विनभ्र सौन्दर्य में प्रस्फुटित होकर अपना स्निग्ध सौरभ विकीर्ण कर रहे हैं। साहित्य यदि समाज– जीवन का दर्पण हो तो भारतीय समाज के एक हिस्से की आशा, आकांक्षा, आनन्द, वेदना, जगत और जीवन संबंधी मनोभाव तथा विभिन्न अनुभूतियाँ इससे प्रतिफलित हुई है। छोटानागपुरी आदिवासी भाषियों की संस्कृति, उनके धर्म विश्वास की अन्तर्गढ़ स्रोतधारा, उनकी साधना के वैचिव समय स्वरूप का सम्यक् परिचय उनके पर्व पार्वन, पूजा–अनुष्ठान, आचार–विचार में समाया हुआ है। आदिवासी गीत कविताओं में आर्य–अनार्य, हिन्दु–बौद्व, शाक्त–वैष्णव आदि भावधारा के समन्वय में गठित छोटानागपुर का सर्वथा अपना एक लोककाव्य का निर्माण हो गया है। इन गीत कविताओं के उपजीवन एवं भावानुभूति के मध्य जो कारुण्य, जो माधुर्य है– प्रकाशभंगी में जो अकपट सारल्य का

सौंदर्य है वही उसका साहित्यांश और शृंगार है। प्राण की इस सहज, सरल, निश्छल अभिव्यक्ति में एक मनोरम साहित्य रस का आस्वाद है वह भी एक विशिष्ट साहित्य रस है।"

आदिवासी साहित्य में प्राचीन एवं अर्वाचीन विभूतियों के रूप में निम्नलिखित नाम उल्लेखनीय हैं–राम–कृष्ण, ब्रजुराम, ताँति, खेपा, दुर्योधना, द्विज, कैलास, भवप्रीतानन्द ओझा, गौरागिया, त्रैलोक्य नाथ, बुधु महतो, विनोंदिया, सीदाम, सृष्टिधर, सरदुआ, रामेश्वर, वसंत कुमार मेहता, गिरीश चन्द्र मेहता, शशिकर, प्रिंसिपल नन्दकिशोर सिंह, प्रो. शशिभूषण महतो, प्रो. डॉ. एच. एन. सिंह आदि तथा असंख्य अज्ञात कवि। इनकी असाधारण काव्य प्रतिभा से कुरमाली लोक साहित्य सुसमृद्ध हुआ है एवं उत्तरोत्तर पल्लवित और पुष्पित हो रहा है।

3 अध्याय

आदिवासी लोकगीत

प्रकृति से सम्बद्ध एवं परम्परा से प्राप्त तथा लोकजीवन में व्याप्त अनाडम्बर, अकृत्रिम, सरल एवं नैसर्गिक गीत ही लोकगीत है। लोकगीत नैसर्गिक होने के कारण इसमें कृत्रिमता नहीं रहती और प्रकृति से संबंध होने के कारण प्रकृति के सृष्टिकर्ता एवं ब्रह्माण्ड के नियन्ता परब्रह्म परमेश्वर या सर्वशक्तिमान ईश्वर एवं उसके सृष्ट स्थावर विषय को बनाकर लोकगीत गाने की प्रथा सुप्राचीन वैदिक काल से ही प्रचलित है। इसमें जटिलता का बिल्कुल अस्तित्व नहीं रहता इसलिए सरल, सुबोध एवं सुगम होने के कारण साधारण जन–समुदाय एवं भोले–भाले एवं अनपढ़ बच्चे, बुढ़े व स्त्रियाँ भी समृद्धतया गीत समझ लेते हैं और सीख जाते हैं। लोकगीत आडम्बरहीन अर्थात् सादा सीधा होता है। उसमें आलंकारिकता का बिल्कुल अभाव होता है। इतना होने के बावजूद अनाडम्बर व सरल लोकगीत एक वस्त्र और आभूषण रहित प्रसन्नचित्त खेलते हुए एक शिशु की अनुपम छवि की तरह संवेदनशील, कवि से लेकर साधारण जनमानस के हृदय को स्वभावतः मोह लेता है।

पाश्चात्य विद्वानों ने भी इसी प्रकार लोकगीत की परिभाषा दी है–

"Folk song is any song or balled originating among the people and tradetionally handed down by them."

अर्थात् ऐसा कोई भी गीत जिसका उद्‌गम लोक में हो और जो परम्परागत रूप से पश्चाद्‌वर्तियों को मिला है, उसे लोकगीत कहते हैं।"

(20th Century Chambers Dictianary, page no.-411) दृष्टव्य है।

नाट्यशास्त्र के प्रणेता महामुनि भरत के अनुसार–"लोक" अनेक देशों में विभक्त है, उसके वेष, भाषा और आचार विभिन्न है। मर्मस्पर्शी दृष्टि सम्पूर्ण लोक पर पड़ती है जो देखा जाए अर्थात् दर्शन का विषय हो उसे ही लोक कहते हैं। लोक की विशेषताएँ अनन्त हैं, इसीलिए महामुनि भरत का कथन है "अपने ग्रंथ में जो कुछ नहीं कहा है, वह बुद्धिमानों को लोक से ग्रहण कर लेना चाहिए।" मुनि का यह वाक्य सिद्ध करता है कि "लोक" गुरुओं का भी गुरू है। वेद का पाठ और

गान करने वाले भी मनुष्य ही थे और विभिन्न अवसरों कर मातृभाषा को आधार बनाकर गानेवाले भी वही थे। अतः "लोक" और "वेद"–दोनों का परस्पर होना स्वाभाविक है।"

यद्यपि भूखण्ड को विभक्त करने के लिए अंचल सीमा रेखाएं नहीं खीचीं जा सकती तथापि भरत ने एक विभाजन माना है जो चार भाग करता है। यद्यपि इन चारों विभागों की प्रवृति या प्रयोग में समानता भी पर्याप्त सीमा तक है। तथापि प्रत्येक भाग की कुछ निजी विशेषताएँ भी हैं। इन विशेषताओं के कारण प्रवृति (प्रयोग) के चार प्रकार–आवन्ती, दक्षिणात्या पांचाली और औड़मागछी किये गये हैं। इन प्रवृतियों के नामकरण का आधार प्रदेश विशेष है।

"अंग, बंग, कलिंग, वत्य, आंड, मगध, पुण्ड्र, नेपाल, अन्तगिरि, बहुर्गिरि, पहवंगम, मलद, मल्लवर्तक, ब्रम्मोत्तर, भार्गव, मार्गव, प्राग्ज्योतिष, फलिन्द विदेह और ताम्रलिप्त में "औड़ मागधी" प्रवृति रहती है। पूर्व दिशा में सम्बद्ध पूराजेक्त अन्य प्रदेशों की प्रवृति भी यही है।"[4] हमारा कुरमाली क्षेत्र भी यही है।

प्रसिद्ध कवियत्री विज्जका (12वीं सदी) ने धान कूटनेवालियों के गीत गाने का जो वर्णन किया है, वह बड़ा ही रोचक है–

विलासमसशणोल्लसन्मुसल लोलदः
कुन्दलीपरस्परपरिस्खलदवलयानिः स्वनोदसन्धराः
लसन्ति कलहु कशति प्रसंगकम्पिशोराः
स्थलत्रृटद्‌गम सकुला कलमण्डनी गीतः

अर्थात् स्त्रियाँ धान कूट रही है और साथ–साथ गाना भी गा रही है। मूसल के उठाने और गिराने के कारण उनकी चूड़ियाँ झनझना रही हैं, हर स्थल उनका हिल रहा है, मीठी हुँकार की आवाज तथा चूड़ियों के शब्द से मिलकर उनका गाना विचित्र आनन्द पैदा कर रहा है।

विश्वविख्यात भारत के अद्वितीय सितार वादक पं. रविशंकर कहते हैं– "देश–विदेश में घूमने के बाद में इस नतीजे पर पहुँचा हूँ कि विश्व में लोकधुनों का मेल है, योग है। वे एक दूसरे से मिलती–जुलती हैं। मैंक्सिकन धुन सुनने पर तमिलवाद के लोकगीतों की याद आ जाती है। जार्जियन धुनें हमारी महाराष्ट्र की लोकधुनों से बहुत मिलती–जुलती है। केवल रीति, धर्म और चलन में फर्क होता है। पर वह होती है वही 30–40 मुख्य बानगियों पर आधारित।"

भारत के स्वनाम धन्य प्रातः स्मरणीय संगीतज्ञ व वाग्गेयकार संगीत मार्तण्ड पद्यमश्री पं. ओम्‌कारनाथ ठाकुर ने कहा है– "मेरा अपना विश्वास है कि लोक संगीत के माध्यम से समस्त विश्व में मानवता, आत्मीयता और ऐक्य की स्थापना की जा सकती है क्योंकि संगीत एक ऐसा माध्यम है, जो सभी प्रकार के विभेदो से अतीत है और यही अभेद तत्व भारतीय संगीत की आत्मा है।"

आदिवासी लोकगीत

"बीज से ही वृक्ष का उद्भव और विकास होता है। इस सिद्धान्त के अनुसार एक "षड़ज" स्वर से ही अन्य छह स्वरों का उद्भव हुआ है। इसलिए उसे छः स्वरों के जन्मदाता के रूप में "षड़ज" कहा जाता है। सामवेद भी प्रारम्भ में उदास, अनुदात और स्वरित इन तीनों स्वरों में निबद्ध था, तत्पश्चात् क्रमशः पाँच, छः और सात स्वरों का विकास हुआ। इसके पश्चात् से ही सप्त स्वरों के स्थान गान के समय परिवर्तित किये जाने लगे। इसी प्रकार सामगान की सहस्त्र शैली पंतजलि के कथनुसार "सहस्त्रवर्त्मा सामवेदः" कही जाने लगी। वैदिक संगीत के विकास की परम्परा बीज द्वारा ही हुई है। आगे चलकर वैदिक संगीत के क्रमशः मार्ग संगीत तथा देशी संगीत नामक भेद हुए।

देशी संगीत के विकास की पृष्ठभूमि में लोकसंगीत है। जिस देश या जाति का संवेदनशील मानव जिस समय अपने हृदय के भावों को अभिव्यक्त करने के लिए उन्मुख हुआ, उसी अवसर पर स्वयंभू स्वर, लय, प्रकृत्या उसके मुख से उद्भूत हुए और उन्हीं स्वर, गीत और लय को नियमबद्ध कर उनका जो शास्त्रीय विकास किया गया, वही देशी संगीत बना।

मतंग रचित "वृहददेशी" ग्रंथ देशी संगीत का प्रामाणिक और पुरातन ग्रंथ है। मेरी धारणा है कि आज भी यदि शोध किया जाए तो प्रचार में गाऐ जाने वाले रागों का उत्पादक "लोकसंगीत" ही सिद्ध होगा। लोक संगीत में प्रेम, भक्ति, अनुराग, धर्म आदि मानव जीवन के सभी अवयवों के सन्निवेश हैं।

"लोक धुनें निसर्ग-निर्मित हैं, इसलिए निसर्ग की तरह वे पूर्ण होती है।

हमारे आदिवासी लोकगीत में यह कथन अक्षरशः सत्य है। आदिवासी लोकगीत परम्परा से प्राप्त है और प्रकृति एवं अपने सुख-दुख के उद्गारों से ओत-प्रोत है, हमारे लोक गायक मुख्यतः कवि न होकर गायक होते हैं। वह सुख-दुख के समय अपने अनुभवों को गीतों के माध्यम से प्रकट कर देते हैं। इसके लिए वह शास्त्र का विचार नहीं करते, वह चमत्कार प्रदर्शन की बात भी नहीं सोचते। वह तो भावोद्रक समय अपनी मस्ती में कुछ कह उठते हैं, अथवा कुछ गा उठते हैं और वही वास्तविक लोकगीत होता है। हमारे लोकगीत की कविता और धुन दोनों में प्राण होता है, जीवन होता है।

यह ध्यान देने योग्य है कि लोकधुनों में सरलता होने का यह तात्पर्य नहीं है कि उनमें गायन क्रिया के सौंदर्यवर्द्धक उपकरणों का पूर्णतया अभाव है। यह लोकगीत को गाने-वाले व्यक्ति पर निर्भर है। जो सरल धुन को गाते समय भी स्वभावतः अनेक प्रकार के खट्के, मुरकियाँ और मींड का प्रयोग अनायास कर पाते हैं। आवश्यक यह है कि शास्त्रीय संगीतज्ञ यथेष्ट प्रयत्न करने पर अपने कंठ से उत्पन्न कर पाते है। आवश्यक यह है कि शास्त्रीय संगीत, लोकसंगीत को रोचक और प्रभावशाली

प्रयोगों को लेकर अपने को अधिक मधुर और आकर्षक बनाए और दूसरी ओर लोकसंगीत, शास्त्रीय संगीत की सहायता से अपनी सीमाएँ और विविधता बढ़ाए परन्तु शास्त्रीय संगीत अपनी कलात्मकता को और लोकसंगीत अपनी सर्वग्राहिता एवं लोकप्रियता न छोड़े।

लोकगीत में ढोलक, नगाड़ा, माँदर आदि पर केवल लय व सरल ताल दिखाना ही प्रर्याप्त होता है। यद्यपि यह कार्य भी अत्यन्त प्रभावशाली और रोचक ढंग से बड़ी कुशलतार्पूवक संपादित होता है। संगत के लिए पहले बाँसुरी, शहनाई का ही प्रयोग होता था, अभी हारमोनियम का भी प्रयोग होने लगा है।

आदिवासी लोकगीत ने अपना एक विशिष्ट स्थान बना रखा है। यह सामूहिक रूप से गाने पर बड़ा ही प्रभावशाली और हृदयग्राही प्रतीत होता है और सहजतया अन्य भाषा–भाषी जन समुदाय भी सुनकर आकृष्ट एवं मुग्ध हो जाते हैं। लोकगायक अपने लोकगीत में अपने व्यक्तित्व का और अपने समाज के व्यक्तित्व का मानसिक चित्र खींच देता है। लोकगीतों में अधिक स्वरों का विस्तार बिल्कुल नहीं होता, केवल एक दो चुने हुए स्वर प्रयोग ही दिल को खींचने के लिए प्रर्याप्त होते हैं। उनमें स्वरों का साज–श्रृंगार नहीं होता, किन्तु उनका उन विशिष्ट गिने–चुने प्रयोगों का सीधा–सादा पहनावा ही विस्तृत श्रृंगार की अपेक्षा अधिक सुन्दर लगता है और वह सबको आकर्षित करता है। हमारे लोकगीत एक स्पष्ट भावना अथवा वातावरण की एक तीव्र और संक्षिप्त झलक दिखाते हैं जो सर्वसाधारण को तत्काल प्रभावित करती है। देश में शास्त्रीय संगीत के प्रचार व विकास के साथ–साथ और ग्राम तथा नगर के पारस्परिक अधिकाधिक सम्पर्क होने के कारण उनके स्थानों में लोकगीतों की तरह स्वर सीमाओं में भी अन्तर पाया जाता है। कुछ प्रांतों में तो स्वर वैचित्र्य बहुत अधिक मिलता है।

उदाहरणार्थ– बंगाल और महाराष्ट्र की भांति हमारे लोकगीतों में यह स्वर वैचित्र्य विद्यमान है। इतना होते हुए भी हमारे लोकसंगीत में सरलता, स्वाभाविकता और संक्षिप्तता अब भी विद्यमान है। हमारे कुरमाली लोकगीत सप्तक के पूर्वांग में ही गाऐ जाते हैं। केवल उन्हें प्रभावशाली और स्पष्ट सुनाई देने योग्य बनाने के लिए ऊँचे स्वर का षड़ज मान लिया जाता है। उतरांग के स्वर का प्रयोग अब क्रमशः बढ़ रहा है। परन्तु पूर्वांग के स्वरों की अपेक्षा उनका प्रयोग कम होता है।

आदिवासी लोकगीतों का वर्गीकरण–आदिवासी लोकगीतों के वर्गीकरण का मुख्य आधार उनके गाये जाने के मौसम और अवसर हैं, क्योंकि इन गीतों की यह अपनी विशेषता है कि सभी गीत ऋतु के अनुसार गाये जाते हैं।

राँची विश्व विद्यालय के जनजातीय एवं क्षेत्रीय भाषा के विभागाध्यक्ष डॉ. हरदेव नारायण सिंह ने इन गीतों का वर्गीकरण निम्न प्रकार किया है "डोमकच, सोहराई या बाँदना गीत, टुसू गीत, करम

गीत, रोपनी गीत, नटुआ, उधवा (यात्रा गीत), ढप गीत, विहागीत, डाहगीत, सरहुल, पैरी आदि। तथा सुश्री संतोष कुमारी जैन ने आदिवासी लोकगीतों का वर्गीकरण निम्न प्रकार से किया है–

लोकगीतों का वर्गीकरण–

(1) संस्कार गीत–
(क) जन्म के समय का गीत। (ख) धरम पूजा गीत।
(ग) विवाह गीत एवं (घ) मृत्यु गीत।

(2) त्योहार गीत–
(क) करम पर्व गीत। (ख) बाँदना पर्व गीत।
(ग) टुसू गीत। (घ) मनसा पूजा/विषहरि पूजा गीत।
(ङ.) जितिया पर्व। (च) सरहुल।
(छ) भगता पर्व गीत। (ज) रोहिणी पर्व।
(झ) छाता पर्व। (य) सिझानो पर्व।

(3) श्रम गीत और कृषक गीत।
(4) नृत्यगीत एवं नाट्यगीत।
(5) विविध गीत।

4 अध्याय

आदिवासी संस्कार गीत की परंपरा (जन्म से मृत्यु तक)

आदिवासी संस्कार गीत एक जीवित तथा विकासोन्मुख विषय है। इसका निवास लोककण में है। जिस प्रकार पृथ्वी विशाल है, उसी प्रकार हमारे चारों ओर विस्तृत लोक का ज्ञान भी अपरिमित है। इसके अध्ययन के बिना हम किसी जनजाति की सभ्यता–संस्कृति, धर्म–नीति, रीति–रिवाज, कला–साहित्य, सामाजिक अभ्युदय और आकांक्षाओं का सूक्ष्म अवलोकन नहीं कर सकते। आदिवासी सभी जनजातियों के लोकगीतों के संग्रह का अर्थ मानव–जाति की विचारधारा के सम्पूर्ण इतिहास का निर्माण है। शास्त्रसम्मत लोकगीत के अध्ययन से हमें विभिन्न जनजातियों को तत्कालीन संस्कृति का ज्ञान हो सकता है, लेकिन उससे उस संस्कृति के प्रारम्भिक विकास का संकेत पाना कठिन है, जबकि लोकगीतों के अध्ययन से यह सुलभ हो सकता है। इसके अन्तर्गत जनसाधारण का परम्परागत ज्ञान, उसके आनन्द–उत्सव, उसके अपरिपक्व एवं अनुद्बुद्ध मन की परिकल्पना आदि का समावेश है। हमारे शिष्ट तथा समुन्नत आदिवासी लोकगीतों का उद्गम–स्रोत और उसके विकास की जड़ें लोकाभिव्यक्ति और लोकमानस से ही पोषक तत्व ग्रहण करती है, आदिवासी गीतों की स्वाभाविकता में सुसंस्कृत शृंगार नहीं, वरन् जंगल का प्राकृतिक सौन्दर्य रहता है। प्रकृति से सीधा सम्बन्ध होने के कारण इसे हम प्रकृति का उद्गार भी कह सकते हैं। इस पर व्यक्ति की नहीं, समाज की छाप रहती है। कितनी ही सभ्यताओं और संस्कृतियों का उत्थान–पतन हुआ, लेकिन इसकी अजस्र धारा कभी सूखने नहीं पाई। वह आज भी अविरल गति से बहती जा रही है।

आदिवासी लोकगीतों और संस्कृति के अध्ययन–अनुशीलन का प्रारम्भिक श्रेय यूरोपीय विद्वानों को है। सबसे पहले सन् 1687 ई. में जॉन आब्रे की 'रीमेन्स ऑव जेण्टलिज्म एण्ड जुडाइज्म' नामक पुस्तक प्रकाशित हुई थी। उसके बाद जे. ब्रैण्ड विलियम, जॉन टॉमस, डॉ. फ्रेजर, ई. बी. टायलर, विलियम ग्रिम, जेकब ग्रिम प्रभृति विद्वानों के कार्य इस क्षेत्र में उल्लेखनीय हैं। इनमें डॉ. फ्रेजर ने 'गोल्डेन बाउ' को बारह भागों में लिखकर इस विषय की आधारशिला ही रखने का काम

किया। इस महान् ग्रन्थ को हम आदिवासी गीतों की 'बाइबिल' कह सकते हैं। जर्मन विद्वानों में ग्रिम–बन्धुओं का लोककथा के क्षेत्र में प्रशंसनीय कार्य हुआ। फिर तो यूरोप के प्रायः सभी देशों में फोकलोर सोसायटी' की स्थापना हुई और संकलन तथा अनुसन्धान–कार्य आरम्भ हुए।

आदिवासी लोकगीतों के संकलन और अनुसन्धान कार्य आरम्भ करनेवालों में अंग्रेज सिविलियन और ईसाई मिशनरी प्रमुख थे। वे दोनों देश पर शासन करने और धर्म–प्रचार करने के लिए विभिन्न भारतीय भाषाओं और साहित्य का अध्ययन कर जनसाधारण से अपना सम्पर्क स्थापित करना चाहते थे। इन लोगों ने पहले आदिवासी इतिहास का अनुशीलन आरम्भ किया, उसके बाद यहां की भाषाओं और साहित्य का।

सर्वप्रथम कर्नल जेम्स टाड ने इस पुनीत कार्य का आरम्भ किया। इन्होंने सन् 1829 ई. में 'ऐनल्स एण्ड एण्टिक्विटीज ऑफ राजस्थान' नामक प्रसिद्ध ग्रन्थ प्रकाशित किया। उसके बाद यह दिशा में जे. ऐक्ट, रेवरेण्ड एस. हिल्स, सर रिचर्ड टेम्पुल, मिस फ्रेजर आदि विद्वानों की विभिन्न पुस्तकें प्रकाशित हुई। सन् 1871 ई. में चार्ल्स ई. ग्रोवर ने 'फोक–सांग्स ऑव सदर्न इण्डिया' नामक ग्रन्थ का सम्पादन किया। यह ग्रन्थ आदिवासी लोकगीतों का प्रथम संग्रह है। इसके बाद कालक्रम से यह कार्य विभिन्न विद्वानों द्वारा होता रहा। 'जर्नल ऑव रायल एशियाटिक सोसाइटी ऑफ बंगाल' में सन् 1833 ई. से ही लेफ्टिनेण्ट कर्नल एस. आर. टिकेल ने बिहार की पहाड़ी भाषाओं और लोकगीतों के सम्बन्ध में लिखना आरम्भ कर दिया था। ए. कैम्पवेल, डब्ल्यू. पेपे, लेफ्टिनेण्ट कर्नल ई. टी. डैल्टान, रखालदास हलदर, रासबिहारी बोस आदि विद्वानों के लेख बिहार के लोकगीतों के सम्बन्ध में सन् 1870 ई. में पहले ही प्रकाशित हो चुके थे।

आदिवासी लोकगीतों के सम्बन्ध में सबसे महत्वपूर्ण कार्य जॉर्ज ए. गियर्सन का है। 'लिग्विस्टिक सर्वे ऑफ इण्डिया' नामक महाग्रन्थ इनकी अमर रचना है। इन्होंने भाषा विज्ञान–सम्बन्धी कार्यो के अतिरिक्त लोक साहित्य के 'संकलन–अध्ययन' का जो कार्य किया, वह भी कम महत्वपूर्ण नहीं है। इन्होंने सन् 1878 ई. में ही मानिकचन्द के गीतों पर एक निबन्ध लिखा था। सन् 1880 और 1882 ई. में मैथिली ग्रामर और शब्दों के सम्बन्ध में इनके लेख प्रकाशित हुए थे। विजयमल नामक गाथागीत का संकलन करके सन् 1884 ई. में ही उसे प्रकाशित करवाया था। 'गोपीचन्द' नामक गाथागीत को मगही और भोजपुरी क्षेत्रों से संकलित करके प्रकाशित करने का श्रेय सर्वप्रथम इन्हें ही प्राप्त है। सन् 1884 ई. में इन्होंने बिहारी भाषाओं के विभिन्न प्रकार के लोकगीतों का संग्रह करके 'सम बिहारी फोकसांग्स' और सन् 1886 ई. में 'सम भोजपुरी फोकसांग्स' नामक वृहत् तथा विद्वतापूर्ण लेख प्रकाशित करवाये थे। इनमें भोजपुरी के विरहा, जंतसार, सोहर आदि गीतों का संकलन किया गया है। मूल गीत के साथ लेखक ने इन गीतों का अंगरेजी–अनुवाद तथा अन्त में भाषा–वैज्ञानिक टिप्पणियां भी दी है। सम्भवतः आदिवासी लोकगीतों के संग्रह का यह प्रथम प्रयास है। सन् 1885 ई.

में इन्होंने आल्हा के विवाहवाले खण्ड का भोजपुरी रूप अंगरेजी अनुवाद के साथ प्रकाशित करवाया था। सन् 1889 ई. में जर्मनी की एक प्रसिद्ध पत्रिका में 'सेलेक्टेड स्पेसिमेन ऑव बिहारी लैंग्वेज' के अन्तर्गत 'नयका बनजरवा' नामक गाथागीत का संकलन भी छपवाया था।'' सन् 1885 ई. में इनका प्रसिद्ध ग्रन्थ बिहार पीजैण्ट लाइफ' प्रकाशित हुआ, जिसमें बिहार के गांवों में प्रचलित विभिन्न व्यवसायों के शब्दों का संकलन है।

विलियम क्रूक्स का कार्य भी कम महत्वपूर्ण नहीं है। इन्होंने सन् 1891 ई. में ही लोकगीत और संस्कृति की रक्षा एवं उन्नति के लिए 'नॉर्थ इण्डियन नोट्स एण्ड क्वेरीज' नामक पत्रिका का प्रकाशन भी किया था। उक्त पत्रिका पांच–छह वर्षो तक लोकगीत की सेवा करके बन्द हो गई। सन् 1896 ई. में इनका 'पोपुलर रिलिजन ऐण्ड फोकलोर ऑफ नॉर्दन इण्डिया' नामक महत्वपूर्ण ग्रन्थ दो भागों में प्रकाशित हुआ। उक्त पुस्तक में भोजपुरी क्षेत्र की प्रथाओं का चित्रण विशेष रूप से हुआ है। संथाली और उरांव के सम्बन्ध में रेवरेण्ड ए. कैम्पबेल, जी. एस. बाम्पस, रेवरेण्ड, पी. ओ. बोडिंग आदि विद्वानों के कार्य प्रशंसनीय हैं।

बीसवीं सदी के प्रारम्भ तक इस दिशा में महत्वपूर्ण कार्य प्रायः विदेशियों द्वारा ही सम्पन्न हुए थे, लेकिन उसके बाद बहुत से विद्वान इस कार्य में प्रवृत्त हुए। ऐसे लोगों में बिहार के श्रीशरच्चन्द्र राय के कार्य अत्यन्त महत्वपूर्ण और प्रशंसनीय है। वे लोकसाहित्यशास्त्री ही नहीं, वरन् मानवविज्ञान–शास्त्री भी थे। इन्होंने रांची में 'मैन इन इण्डिया' नामक शोधपूर्ण त्रैमासिक पत्रिका का प्रकाशन आरम्भ किया, जिसके महत्वपूर्ण लेख प्रत्येक लोक साहित्य–शास्त्री के लिए विशेष उपयोगी है। छोटानागपुर के आदिवासियों के जीवन से सम्बन्धित इनकी कई पुस्तकें भी प्रकाशित हुई। हिन्दी–क्षेत्र के लोकसाहित्य के संकलन सम्पादन की दिशा में लोकगीतों के कर्मठ शोधक पण्डित रामनरेश त्रिपाठी का प्रयास सर्वप्रथम तथा स्तुत्य रहा है।

इधर तो आदिवासी लोकगीतों के अध्ययन अनुशीलन की बाढ़ सी आ गई है। विभिन्न विश्वविद्यालयों में झारखंड को प्रायः सभी भाषाओं और बोलियों से सम्बद्ध कई शोध–प्रबन्ध स्वीकृत हो चुके हैं और तैयार होते जा रहे हैं।

बिहार सरकार द्वारा संचालित बिहार राष्ट्रभाषा परिषद् के तत्वाधान में लोकभाषा अनुसंधान विभाग द्वारा लोकभाषा और लोक–साहित्य के वैज्ञानिक अध्ययन अनुशीलन का कार्य हो रहा है। इस विभाग की ओर से बिहार की विभिन्न भाषाओं और बोलियों की लोक–साहित्य संबंधी सामग्रियों का संकलन–संपादन हुआ है। संभवतः इस दिशा में वैज्ञानिक ढंग से कार्य करने वाली देश की यह सर्वप्रमुख संस्था है। इस विभाग का कार्य तत्कालीन पटना विश्वविद्यालय के हिंदी विभागाध्यक्ष डॉ. विश्वनाथ प्रसाद के निर्देशन में आरम्भ हुआ था। अब तक इस विभाग में बिहार की विभिन्न भाषाओं और बोलिगों के कुल 75000 पारिभाषिक शब्द, 13117 लोकगीत, 331 लोककथाएं, 10192 कहावतें, 2123 मुहावरें, 1500 पहेलियां, 45 लोकगाथाएं और 4 गीति रूपक संग्रहीत हो चुके हैं।

लोक साहित्य में आदिवासी लोकगीतों का प्रमुख स्थान है। जनजीवन में इनका व्यापक प्रचार है। ये गीत भावुक और संवेदनशील जनता के हृदय के स्वाभाविक उद्गार होते हैं। इन गीतों में छंद का नहीं, वरन लय का माधुर्य होता है। जो आनन्द इन गीतों के सुनने में आता है, वह पढ़ने में नहीं आता।

आदिवासी लोकगीत विभिन्न संस्कारों, विभिन्न ऋतुओं तथा विभिन्न त्योहारों के अवसर पर गाए जाते हैं। खेतों और घरों में काम करते समय परिश्रम जनित थकावट दूर करने के लिए भी इनका उपयोग होता है। इस प्रकार आदिवासी लोकगीतों का मुख्यतया निम्नलिखित श्रेणियों में विभाजन हो सकता है–

1. **संस्कार गीत–** सोहर, खेलवना, मुंडन, जनेऊ, विवाह, कोहबर, बेटी–दिदाई, समुझवनी, गौना आदि के गीत।
2. **ऋतु गीत–** फगुआ या होली, चैता, कजली, हिडोला, चतुर्मासा, बारहमासा आदि।
3. **व्यवसाय गीत–** रोपनी और सोहनी के गीत, कोल्हू के गीत, जंतसार आदि।
4. **जाति संबंधी गीत–** अहीरों, दुसाधों, चमारों, कहारों, धोवियों आदि के गीत।
5. **व्रतोत्सव या पर्वगीत–** तीज, जिउतिया, नागपंचमी, नहुरा, गोधन, पीड़िया, छठ आदि के गीत।
6. **भजन या श्रुति गीत–** प्रभाती, निरगुन, शीतलामाता के गीत, ग्राम–देवताओं के गीत तथा अन्य पूजा के गीत।
7. **लीला गीत–** झूर, झूले के गीत आदि।
8. **बिरहा।**
9. **जोग, टोना और मान के गीत।**
10. **विशिष्ट गीत–** पिड़िया के गीत, पानी मांगने के गीत आदि।
11. **लोरियां–** जैसे 'आरे आव, बारे आव', 'घुघुआ–माना' आदि।
12. **बाल क्रीड़ा गीत–** जैसे, 'ओका–बोका, तीन–तड़ोका' कबड्डी पहाड़े के गीत आदि।

आदिवासी लोक गीत अनेक लोक कथाओं पर आधारित हैं। मानव–जीवन के सांस्कृतिक इतिहास की दृष्टि से लोककथाओं का विशेष महत्व है। कथाओं में हमें पात्र, देश, संस्कृति, जीवन के आदर्श और कल्पना की विस्तृत झांकी मिल जाती है। विविध संस्कृतियों का रूप भी किसी न किसी रूप में इसमें सुरक्षित है। मानव–समाज विभिन्न अवस्थाओं से गुजरता हुआ निम्न स्तर से ऊंची से ऊंची[4] सभ्यता के स्तर को पा सका है। यहां तक पहुंचने में उसे जितनी मंजिलें पार करनी

पड़ी हैं। उसकी स्पष्ट छाप लोककथाओं में मिलती है। मानव के मूल तत्वों में जिस प्रकार समानता पायी जाती है, उसी प्रकार संसार की प्रायः सभी लोककथाओं में थोड़े से मूल कथानक और लक्षण मिलते हैं।

लोककथाओं के उद्गम और विकास में भारत का बहुत बड़ा हाथ रहा है। ये कथाएं बड़ी लंबी–लंबी यात्राएं करके सारे संसार में फैल गई हैं। इन्हें फैलाने में भारत के व्यापारियों तथा बौद्ध धर्म के प्रचारकों का बहुत बड़ा हाथ रहा है। इस आदान–प्रदान में विदेशों से भी कुछ कथाएं हमारे यहां आयीं और वे यहां इस प्रकार घुल–मिल गयी कि आज उन्हें पहचानना भी कठिन हो गया है। जनश्रुति के आधार पर चलने वाली इन लोककथाओं में कौन सी कथा का कौन सा अंश किसमें आकर मिल गया, इसका निर्णय करना भी आसान नहीं हैं। प्रायः हम देखते हैं कि कथक्कड़ के दिमाग में सैकड़ों कथाएं रहती हैं, जिन्हें वह अपनी सुविधा के अनुसार एक दूसरे में मिलाता तथा मस्ती में कथाओं को कहता चलता है, जिसकी तुलना हम गुरियों से कर सकते हैं। जिस प्रकार किसी माला के टूट जाने से उसकी गुरिया अलग–अलग हो जाती है और उसे गूंथने वाला नये सिरे से गूंथ देता है। फिर तो उसे पहचानना कठिन हो जाता है कि किसी गुरिया का क्रम पहले जैसा रहा या नहीं?

वैदिक और पौराणिक कथाएं साधारण लोककथा के रूप में कैसे चल पड़ी और जनजातियों ने उसको कैसा रूप दिया, उसका कुछ अभास इस प्रचलित लोककथा से लग सकता है–

'राजकुमार अपने मित्र के साथ घर चले। उन्होंने किसी सुन्दरी को देखा। उस सुंदरी का निवास पानी में था तथा वह किसी मणिधर सर्प के वश में थी। दोनों ने सर्प को मार कर सुंदरी को प्राप्त किया। दूसरे राजकुमार ने किसी चतुर दूती के द्वारा उस सुंदरी को फुसलाकर अपने पास मंगा लिया। राजकुमार का मित्र फिर उस सुंदरी का पता लगाकर उसे ढूंढ लाया। घर लौटते समय राजकुमार और सुंदरी के सो जाने पर उसका मित्र पक्षियों की बातें सुनकर राजकुमार पर आने वाली विपत्तियों से परिचित हो गया। उसने तीनों संकटों से राजकुमार की रक्षा की। अंत में राजकुमार के हठ करने पर सारी बातें तो उसने बता दीं, लेकिन वह पत्थर का हो गया। राजकुमार और सुंदरी के प्रथम पुत्र के स्पर्श या रक्त से वह पत्थर फिर जीवित हो सका।'

इस प्रचलित लोककथा के विकास का संबंध इन्द्र, अग्नि, उषा, सरमा, वश्त्र, पाणि आदि की वैदिक कल्पना से जोड़ सकते हैं। 'इन्द्र सरमा से प्रेम करता है। सरमा वश्त्र की बंदिनी थी। इन्द्र ने उसे मुक्त किया। वश्त्र मारा गया। उसे मारने में इन्द्र का साथ अग्नि ने दिया। पाणि ने सरमा को फुसलाया पर वह इन्द्र के बाण से मारी गई।' यही मूल कथा कालक्रम से बदलती गई, जिसे साधारण जनसमुदाय ने राजकुमार और सुंदरीवाली कथा का रूप दिया। बौद्ध–साहित्य में कथाओं की प्रचुरता है। दीर्घनिकाय के ब्रह्मजाल सूत्र में कथाओं के सत्ताईस भेद दिये गये हैं। इन सभी

कथाओं को इकट्ठे रूप में 'भावाभव कथा' कहा जाता था।

आदिवासी लोककथाओं को मोटे तौर पर निम्नलिखित श्रेणियों में बांट जा सकता है–

1. सामान्य कथाएं– राजा–रानी आदि की।
2. पौराणिक कथाएं– देवताओं, कुल तथा ग्राम–देवताओं आदि के संबंध की।
3. ऐतिहासिक कथाएं–
   (क) व्यक्तियों से संबंधित जैसे, विक्रमादित्य, भोज, ढोलन, अकबर–बीरबल आदि की।
   (ख) स्थानों से संबंधित– तीर्थो तथा विविध प्रसिद्ध स्थानों, मंदिरों, मठों, गढ़ों, ढूहों, वृक्षों आदि से संबंधित।
   (ग) प्रसिद्ध वंशों की उत्पत्ति बस्तियों के बसने तथा जातियों–उपजातियों की उत्पत्ति के संबंध में प्रचलित कथाएं और अनुश्रुतियां।
4. सृष्टि कथाएं– सूर्य, चंद्र, आकाश, पश्थ्वी, नदी, पशु–पक्षी, मनुष्य आदि की उत्पति संबंधी।
5. हंसी–मजाक की कथाएं– जैसे बारो, मझोआ आदि से संबंधित।
6. संत, फकीरों आदि के संबंध में प्रचलित अनुश्रुतियां।
7. ब्रह्म, जिन, भूत–प्रेत, चुड़ैल आदि की कथाएं।
8. यौन संबंधी कथाएं।
9. फुटकर।

आदिवासियों के संस्कार गीतों में एक कथा या गाथा छुपी हुई होती है, जिसे लय एवं भाव देकर वे विभिन्न उपलक्ष्यों में गाते हैं प्रायः ऐसे गीत वीर रस के होते हैं। आदिवासियों में लोकगाथा गायक की प्रथा कम ही मिलती है।

लोक साहित्य के अन्तर्गत प्रचलित लंबे–लंबे कथात्मक गीतों को लोकगाथा की संज्ञा दी जाती है। इसके लिए विभिन्न क्षेत्रों में पंवाड़ा या पंवरा, कथागीत, गीतकथा आदि नाम प्रचलित है। ग्रियर्सन ने लोकगाथा के लिए 'पांपुलर सांग' का प्रयोग किया है। इन वीर गाथाओं को गायक कई रातों में गाकर समाप्त करता है। इसे साधारण जनता का महाकाव्य कहा जा सकता है! भारत ही नहीं, वरन दूसरे देशों में भी अपने राष्ट्रीय वीरों की लोकगाथाएं प्रचलित है।

लोकगाथाएं गायक के कंठ में सुरक्षित है। इन्हें लिपिबद्ध करना आसान नहीं। गायक जब मस्ती में गाथा को गाने लगता है, उस समय न उससे धीरे–धीरे गवाया जा सकता है और न उस गति से गाने पर उसे लिपिबद्ध किया जा सकता है। गायक को गाथा की कथा याद रहती है।

अपनी स्मृति के आधार पर वह गाता चलता है। गाथाओं में गायक का व्यक्तित्व बोलता है, क्योंकि वह उसमें नवीनता उपस्थित करता है, लेकिन गाथा की अक्षुण्ण धारा उसके अन्दर प्रवाहित होती चलती है। गाथा के मूल तत्व, उपमा, सुमिरन आदि उसे कंठस्थ रहते हैं। कई बार किसी गाथा के एक ही अंश को फिर से गवाकर देखा है तथा उसे टेपरेकार्ड पर लिया है। पहली बार जो गायक ने गाया, दूसरी बार के गाने में, कुछ विशेष स्थलों को छोड़कर अन्तर हो गया। परंतु आदिवासी जिले का एक वृद्ध 'लोरिकायन' का गायक मिला, जिसके गाने और लिखाने में तथा उसी अंश को फिर से गवाने में बहुत ही कम अन्तर पड़ा। झारखंड के विभिन्न क्षेत्रों से संगृहीत एक ही गाथा के कई संग्रहों को तुलनात्मक अध्ययन की दृष्टि से देखा है। उन संग्रहों में केवल मूल कथा में ही नहीं, बल्कि बहुत सी पंक्तियों, उपमाओं आदि में भी समानता मिली।

कालक्रम से ये गाथाएं लुप्त होती जा रही हैं। इनकी सुरक्षा के लिए यह आवश्यक है कि जहां तक संभव हो सके, इन्हें टेपरेकार्डर या अन्य माध्यम से रेकार्ड कर लिया जाए।

लोकगाथाओं की विशेषताएं प्रायः संसार के सभी देशों में एक समान ही मिलती है। राबर्ट ग्रेब्स ने अपनी पुस्तक में ग्यारह विशेषताएं दी हैं। झारखंडी लोकगाथाओं में भी निम्नलिखित विशेषताएं पूर्ण रूप से पायी जाती हैं– (1) अज्ञात रचयिता, (2) प्रामाणिक मूलपाठ का अभाव, (3) संगीत का सहयोग, (4) स्थानीयता, (5) मौखिक परंपरा, (6) अलंकृत शैली का अभाव, (7) उपदेशात्मक प्रवृति का अभाव, (8) रचयिता के व्यक्तित्व का अभाव, (9) टेकपदों की पुनरावृति, (10) लंबा कथानक और (11) संदिग्ध ऐतिहासिकता। प्रो. किटरेज, गुमरे, डॉ. कृष्णदेव उपाध्याय और डॉ. सत्यव्रत सिन्हा आदि विद्वान भी इन विशेषताओं से सहमत हैं।

वैदिक धर्मानुसार मानव जीवन के सोलह संस्कार माने गये हैं किन्तु सनातन धर्मानुसार दस संस्कार ही माने गये हैं।

संस्कार शब्द की व्युत्पति

सम् + कार अर्थात् सम्यक रूप से शुद्धि करना या शोघन करना अर्थ से तात्पर्य रखता है। जीवन के हर पड़ाव में इसकी आवश्यकता अनुभव करके ही वैदिक युग में ही संस्कार का विधान प्रचलित है। मनु महराज ने भी कहा है–

"जन्मना जायते शूद्रः, संस्काराज्जायते द्विजः"।

आदिवासी संस्कृति में इसी दस संस्कार को ही अपनाया गया हैं, जैसे–

(1) गर्भाधान संस्कार, (2) जातकर्म संस्कार, (3) नामकरण, (4) पुंसवन (सीमन्तोन्नयन), (5) अन्नप्रासन, (6) कर्णवेध, (7) विधारम्भ, (8) उपनयन (यज्ञोपवीत), (9) विवाह एवं, (10) दाह संस्कार।

ये सभी संस्कार हमारे आदिवासी समुदाय में विधिवत् किए जाते हैं किन्तु विवाह और धरम

पूजा संस्कार छोड़कर अन्य संस्कारों में कोई गीत की प्रथा नहीं है।

मृत्यु के समय (दाह संस्कार) के पूर्व स्त्री, पूत्र, कन्या एवं निकट संबंधी जो क्रंदन करते हैं उसमें एक विशेष करुण और लोमहर्षण पैदा करता है। ऐसी क्रंदन ध्वनि का भी स्वरांकन करने का प्रयास किया गया है।

(क) विवाह गीत–वैदिक युग में भी पर्वो के अवसरों पर मनोहर गाथाओं के गाने का निर्देश वैदिक ग्रंथों में उपलब्ध होता है। "मैत्रायणी संहिता" 3/7/3 में विघाह के अवसर पर गाये जाने की विधि उल्लिखित है। "पारस्कर गृह्यसूत्र" (1कांड, 7 कंडिका) में भी विवाह के अवसर पर गाये जाने का प्रचलन निर्दिष्ट है। अतः विवाह के समय वैदिक काल में स्त्रियाँ सुन्दर गाथाएँ गाती थीं और वह परम्परा आज भी अक्षुण्ण रीति से चल रही है।

आदिवासी संस्कार गीतों में विवाह गीत ही प्रमुख है। संख्या में अधिक होने के कारण हमारे विवाह गीत आदिवासी लोक साहित्य में विशिष्ट स्थान रखते हैं।

विवाह तय होने के समय से प्रारम्भ होकर वधू के स्वागत तक गीतों का अविराम क्रम जारी रहता है। रस्मों के अवसर पर विभिन्न प्रकार के गीत गाये जाते हैं।

विवाह पद्धति–मनु महाराज ने विवाह के आठ भेद बताएँ हैं–(1) ब्राह्म, (2) देव, (3) आर्ष, (4) प्रजापत्य, (5) आसुर, (6) गान्धर्व, (7) राक्षस एवं, (8) पैशाच।

हमारे आदिवासी समुदाय के वर्तमान विवाह प्रजापत्य विवाह के अर्न्तगत माना जा सकता है। क्योंकि प्रजापत्य विवाह का लक्षण है–

"सहोभौ चरतां धर्ममिति वाचानुभाष्य च।
कन्या प्रदाभ्यर्चा विधिः स्मृतः।।

अर्थात्–"तुम दोनों एक साथ गृह धर्म की रक्षा करो" यह कहकर और पूजन करके जो कन्यादान किया जाता है वह प्रजापत्य विवाह कहलाता है।

प्राचीन काल में आदिवासी समुदाय के विवाह को आर्ष विवाह की श्रेणी में रखा गया था क्योंकि प्राचीन काल में कन्या के लिए वर के पिता को वधू मूल्य देना पड़ता था। इस वधू मूल्य के रूप में नकद रुपयों की अपेक्षा एक जोड़ी बैल या गाय देने का प्रचलन अधिक था। जैसा कि मनु महाराज ने आर्ष विवाह के लक्षण में कहा है–

"एकं गोमिथुनं दे वा वरादाय धर्मतः।
कन्यप्रदानं निधिवदार्षो धर्म स उच्यते"।।

अर्थात् वर से एक या दो जोड़े गाय–बैल धमार्थ लेकर विधि पूर्वक कन्या देने को आर्ष

विवाह कहते हैं।

आदिवासी समुदाय में वर ढूँढ़ने की प्रथा नहीं है। अपितु वर के पिता ही कन्या की खोजै में जाते है। कन्या ढूँढ़ने के बाद जब कन्या को पसंद कर लेते हैं तो एक निश्चित दिन तय करता है, जिसे "दुआर जाता, दुआरखुँदा" या "रेबार" नाम से जाना जाता है। दुआर जाता के दिन कन्या को आभूषण तथा वस्त्रादि देते हैं और विवाह की बात पक्की कर लेते हैं। उस दिन एक बड़ी ही मनोरंजक प्रथा प्रचलित है। कन्या पक्ष के लोग वर पक्ष के लोगों से अपरिचित–सा व्यवहार करते हैं और कन्या पक्ष के लोग एक कविता में प्रश्नोत्तर किया करते हैं, जो निम्न प्रकार दर्शाया गया है– (निम्नांकित वार्ता मूलतः संथाली संस्कार गीत का अंश है जिसे भौगोलिक कारणों से डॉ. दुर्योधन महतो ने बंगला में अनुवादित किया है)।

कन्या पक्ष : आपनादिके जिज्ञासा कोरि, सुन महाशय गन,
आपनारा केमन कुशले, विपदे बा जेर मनोरथे
आसियाछेन हेथा, विस्तारिया कह भाई कोरि निवेदन,
जतो टुकु संभज आमरा कोरिब पुरन।।

वर पक्ष : प्रभाते उठिया कोरिलाम गमन, पथेर माझेरे भाई वृष्टि
आरम्भन, बाँचार जन्ये आमरा कोरिलाम चिन्तन,
कोन् पथेते भाई कोदिबे गमन,
किछुदूर जाबार परे देखिलम एक सुसभ्य ग्राम,
सेइ ग्रामे उठिया पायलाम स्थान,
स्थान दातार गृहे एक सुन्दर रमणी,
रमणी देखिया आमादेर प्रफुल्लित मन,
उत्तम कन्याटिर जन्य आमरा कोरि निवेदन,
तबे जोदि आपनी एइ निज उत्तम कन्याके,
कोरिते चान, विवाहे योग्य दान, तबे आज्ञा
दाउ जाय निज देशे फिरि, वर–करजात्री कोरिते प्रस्थान।।

कन्या पक्ष : उत्तम वचन कोहिलेन विधि अनुसारे,
कन्यादन होइते रे भाई, मुक्ति कोरिबारे,
तबे कोन राज्ये राज महाशय, कोन ग्रामे,

घर, कोन बंशे उत्पति महाशय, कि बा
तेमार गोत्र, कि बा पात्रेर नाम, कि बा
पत्रेर पितार नाम?

वर पक्ष : बिहार राज्ये राज महाशय (पहाड़पुर) ग्रामें
घर, कुरू वंशे उत्पति महाशय,
"हिन्दीयार" आमारेगोत्र, पात्रे रनाम "राजू"
पात्रेर पितार नाम (सुकू)।

कन्या पक्ष : केमन बा संथाल तोमरा केमन परो धूती,
किसेरे बा ध्याने के दिये छिलेन आबनादिके नाम?

वर पक्ष : उत्तम संथाल बोठि महाशय, शुल्क पढ़ि धूती,
इष्ट देवेर पूजा महाशय कोरि नित्य,
इष्टेर ध्यान, शिव दिये छिलेन संथाल बोले आमादिके नाम।

कन्या पक्ष : केई दहत्तर, केई फहतर, केई सहोदर?

वर पक्ष : "एक दहत्तर", "दूइ फहत्तर" "तीन सहोदर"।

अर्थात् कन्या पक्ष, वर पक्ष के लोगों से पूछते हैं कि आपलोग कौन हैं? यहाँ किसलिए आये हैं? कृपया विस्तारपूर्वक कहने का कष्ट करें ताकि हम लोग यथा साध्य पूर्ति करने का प्रयास करेंगे। इसका उत्तर देते हुए वर पक्ष के लोग कहते हैं– वे शिकार के लिए प्रातः ही निकले हुए हैं, परन्तु अकस्मात् आंधी, तूफान में मार्गभ्रष्ट होकर इस सुसभ्य गाँव में आकर आश्रय मिला। आश्रयदाता के यहाँ एक सुन्दर रमणी (कन्या) देखने को मिली। कन्या को देखकर हम लोग मुग्ध हो गये हैं और उस उत्तम कन्या के लिए निवेदन करते हैं कि यदि आपकी आज्ञा हो तो हम लोग अपने वरयात्री के साथ वर को विवाह के लिए पूरे आडम्बर के साथ आ सकें और शुभ–विवाह सम्पन्न करें। कन्या पक्ष के लोग पुनः प्रश्न करते हैं– विधिवत् कन्यादान संपन्न करने की मेरी भी अभिलाषा है। तब आपका किस राज्य में वास है? किस गाँव में आपका घर है? किस वंश के हैं? किस गोत्र के हैं? पात्र (वर) का क्या नाम है? तथा वर के पिता का नाम क्या है?

इनका उत्तर देते हुए वे अपने राज्य, गाँव, वंश, गोत्र, वर का नाम तथा वर के पिता का नाम उल्लेख करते हुए अपना परिचय देते हैं। इस कविता में उदाहरणार्थ बिहार राज्य, पहाड़पुर गाँव, कुरू वंश, गोत्र का नाम हिन्दोयार, पात्र का नाम राजू और पात्र के पिता का नाम सुकू का उल्लेख किया गया है।

कन्या पक्ष पुनः प्रश्न करते हैं–आप लोग कैसे संथाल हैं? आप लोगों का परिधेय वस्त्र कैसा

है? आप किस ईष्ट देवता का ध्यान करते हैं और आप लोगों की जाति का नाम किसने रखा?

उत्तर देते हुए वर पक्ष कहता है– हम लोग उत्तम कुरुवंशी हैं, हम लोग शुक्ल (सफेद) रंग का वस्त्र (धोती) पहनते हैं, हम लोग प्रतिदिन नित्यप्रति ईष्ट देवता का ध्यान करते हैं तथा हमारे ईष्ट देवता शिवाजी ने हम लोगों की जाति का नाम संथाल रखा है।

अन्त में कन्या पक्ष, वर पक्ष के पुत्र, कन्याओं की संख्या जानने के लिए प्रश्न करता है कि पात्र (वर) के निकट दौत्रि (ननिहाल) से प्राप्त सम्पति कितनी है? पैतृक सम्पति कितनी है? एवं कितने सहोदर भाई हैं? इसका उल्लेख करते हुए वर पक्ष के लोग उदाहरणार्थ कहते हैं कि ननिहाल की सम्पति का एक मात्र उत्तराधिकारी वर और उसके सहोदर हैं तथा पैतृक सम्पति के उतराधिकारी भी वही हैं एवं वे लोग तीन भाई हैं।

उस दिन से नारियों के कण्ठ में हमेशा विवाह गीत गूँज उठते हैं। विवाह के सभी रीति–रिवाज से लेकर अतिथि अभ्यागत के विदाय तक यह विवाह गीत का सिलसिला चलता रहता है। विवाह गीत केवल सामूहिक रूप से नारियाँ ही गाती हैं। इस गीत के साथ कोई वाद्य यंत्र का प्रयोग नहीं होता है।

"दुआर जाता" के अवसर पर मुण्डा समुदाय में गाये जाने वाले एक संस्कार गीत प्रस्तुत है–

(1) केनियाय आजाक गाँठिय आहे पान सुपारी,
पाँच हाथ लोजिके बसई,
पाँच हाथ लोजिके बसई गो।

(2) बरेक आजाक गाँठि आहे तीता तामूक,
पाँच हाथ फाराके बसई,
पाँच हाथ फाराके बसई गो।।

भावार्थ– कन्या के आजा (दादीजी) के गांठ में (गमछा मे) पान–सुपारी बांधा हुआ है यानि कन्या के आजा को किसी प्रकार की चिन्ता नहीं है, इसलिए वह समाज के बीच प्रसन्नचित बैठे हुए हैं परन्तु वर के आजा के गाँठ में तीता तमाकू है और वह काफी चिन्तित है। चिन्ता का विषय यह है कि कन्या को दहेज में आभूषण देना है अर्थात् काफी खर्चो का सामना करना पड़ेगा; इसलिए वह खर्च के भय से समाज से हटकर यानि अलग बैठे हुए हैं। यह गीत एक परम्परागत संस्कार गीत है, जिसे आदिवासी समाज प्राचीन काल से गाते आ रहे हैं। यह एक बहुप्रचलित गीत है।

इन संस्कार गीतों में जन–जीवन की सच्ची झांकी है, गार्हस्थ्य का निर्मल दर्पण है, भारतीय संस्कृति की सुनहरी शृंखला है, काव्य का सहज सरस सौंदर्य है, भाषा का बहता नीर है, समाज और लोकाचार का सजीव इतिहास है, नर–नारियों के मनोभावों और सुख–दुख की अनुभूतियों की सूक्ष्म

मनोवैज्ञानिक भंगिमाएँ हैं तथा नृवंश–विज्ञान की उपयोगी सामग्री भी है। जिनकी जिस पक्ष में रुचि हो, उसका स्वाद लें। इस प्रसंग में हमें रूप गोस्वामी की एक उक्ति का स्मरण हो रहा है, जिसमें कृष्ण ने राधा से कहा है–

तवात्र परिमृग्यता कचन लक्ष्मसाक्षादियम्
मयात्वमुपसादिता सकललोकलक्ष्मीरसि।
यथा जगति चश्वता चणाकमुष्टिसम्पत्तये
जनेन पतिता पुरः कनकवश्ष्टिरासाद्यते।।

कृष्णचंद्रजी चले थे पद–चिन्हों की खोज करने, पर सौभाग्यवश अचानक मिल गई, उन्हें स्वयं राधा रानी, जैसे चने के दो दानों की खोज करनेवाले किसी भूखे–प्यासे दरिद्र भिखारी को सोने की बूँदों की वृष्टि मिल जाय, वैसे ही इस सुध के अन्तर्गत संस्कार गीतों के इस संसार में भ्रमण करने से स्वयं वाणी की रानी वरदा देवी शारदा ही मिल गई है।

झारखंड का जनजातीय लोकजीवन नृत्य, गीत और संगीत से परिपूर्ण है। वे उसके प्राण–तत्व हैं। नृत्य, गीत और संगीत जनजातीय जीवन की सामूहिक यात्रा के अभिन्न अंग हैं। उनसे ही लोकजीवन को अभिव्यक्ति मिलती है। पर्व–त्योहार जातीय संस्कृति के अंग हैं। कोई भी पर्व–त्योहार, जो आदिवासी जनजीवन की सामूहिकता की पहचान हैं, नृत्य, गीत और संगीत के बिना मनाना असंभव है। संथाली के वाहा, सोहराय, दासांय आदि, हो–मुंडाओं के करमा, मांगे, सरहुल आदि, उरांवों के खद्दी, फागू, करमा आदि त्योहार प्रमुख हैं। आदिवासियों में टुसू पर्व भी उल्लेखनीय है, जिसे अगहन संक्रांति के दिन कुंवारी लड़कियां मनाती हैं। जानाम छठियार, चाचो छठियार, बापला, अड़ंदी, भांडान आदि जातीय अनुष्ठान हैं। इन त्योहारों में देर रात तक झारखंड के गांवों में सामूहिक नृत्य, गीत और संगीत की धूम मची रहती है। उसमें भी मांदर, नगाड़ा, ढ़ोलकी, बासुरी और झांझ जैसे वाद्य यंत्रों के सुर–ताल की लहर आनंद को दोगुना कर देती है।

संथालों में सभी पर्व सामूहिक होते हैं। उत्सवों में आयोजित नाच–गान में सभी लोग समान रूप से भाग लेते हैं। उनके त्योहारों की शुरूआत आषाढ़ महीने से होती है। 'सोहराय' उनका सबसे बड़ा त्योहार है, जो पूस माह में धान की फसल कटने के बाद मनाया जाता है। इसमें नयी फसल के आने के उपलक्ष्य में देवी–देवताओं, पितरों एवं गोधन की पूजा के साथ सगे–सम्बंधियों का आदर–सत्कार किया जाता है। यह पांच दिन तक मनाया जाता है। प्रथम दिन गांव के लोग नहा–धोकर 'नायके' के साथ बथान (गोड टांडी) पर जमा होते हैं। वहां 'जोहरा एरा' और गोधन का आवाह्न किया जाता है। मुर्गे की बलि दी जाती है। हंड़िया भी चढ़ाया जाता है। 'मांझी' से अनुमति पाकर सोहराय के अवसर पर गांव के तमाम युवक और युवतियां 'जोग मांझी' की देखरेख में नाच–गान में शामिल होते हैं। दूसरे दिन 'गोहाल पूजा' होती है। उस दिन परिवार की अमूमन सब बेटियां अपने मायके में रहती हैं। तीसरे दिन 'सुटाऊ' होता है। इसमें सभी गृहस्थ अपने–अपने बैलों

को सजाते हैं और उनको केंद्र में रखकर नाच–गान करते हैं। चौथे दिन 'जाले' होता है, जिसमें गांव भर के युवक एवं युवतियों के दल बनते हैं और गांव के हर घर से चावल–दाल, नमक–मसाले जमा करते हैं। पांचवें दिन उन्हीं से सामूहिक भोज का आयोजन किया जाता है। उन जमा चीजों से खिचड़ी बनती है। हंड़िया चलती है। युवक और युवतियों को जोग मांझी की देखरेख में हंसने–खेलने की आजादी होती है।

सोहराय के बाद पूस के ही अंतिम दिनों में 'साकरात' का त्योहार मनाया जाता है। यह दो दिन का होता है। इसमें पहला दिन गांव के आसपास और दूसरे दिन जंगल में शिकार के लिए जाया जाता है। 'मारांग बुरू' एवं पितरों को शिकार में मिले पशु–पक्षियों के मांस का भोग लगाया जाता है। घर–गृहस्थी की शांति–समृद्धि के लिए पूजा–अर्चना की जाती है।

वैसे, आदिवासियों के लगभग सभी पर्व–त्योहार कृषि–कर्म से जुड़े हुए हैं। इसलिए आषाढ़ में 'एरोक' से त्योहारों की शृंखला शुरू होती है। एरोक बीज बोने का पर्व है। इस अवसर पर खेतों में अच्छी तरह से बीजारोपण हो, इसके लिए 'जाहरथान' में प्रार्थना की जाती है। देवी–देवताओं के नाम से मुर्गे की बलि दी जाती है। खिचड़ी का प्रसाद बंटता है। 'हरियाड़' सावन में मनाया जाता है। हरियाड़ माने हरा। खेतों में धान की हरियाली आते ही इस त्योहार की तैयारी शुरू हो जाती है। इसमें भी अच्छी फसल के लिए प्रार्थना की जाती है। 'जापाड़' पर्व अगहन में मनाया जाता है। इसमें जाहेरथान में सुअर की बलि दी जाती है। इसमें भी अच्छी फसल की कामना की जाती है। पूस में सोहराय और साकरात के बाद माघ के महीने में 'भागसिम' पर्व मनाया जाता है। इसमें एक निश्चित दिन किसी जलाशय के किनारे देवी–देवताओं की पूजा–अर्चना की जाती है।

फागुन के महीने में 'वाहा' पर्व मनाया जाता है। सोहराय के बाद संथालों के लिए वाहा का सबसे बड़ा और पवित्र त्योहार है। यह संथालों के लिए बसंतोत्सव है। इसमें शुद्ध जल की होली भी खेली जाती है। यह तीन दिनों का त्योहार है। प्रथम दिन संयम और पवित्रता के नियमों का पालन होता है। दूसरे दिन जाहेरथान में पूजा–अर्चना होती है। तीसरे दिन प्रत्येक घर के दरवाजे पर 'नायके' के पांव पखारे जाते हैं। आशीर्वाद के रूप में वह परिवार के सदस्यों को सखुए की मंजरियों का गुच्छा देता है। उसके बाद परिवार, नाते–रिश्तेदार और पास–पड़ोसियों के बीच शुद्ध जल की होली खेली जाती है।

हो जनजाति के पर्व भी कृषि जीवन से सम्बंधित है। उनमें खेत की उर्वरता में वृद्धि, अच्छी फसल और फसल की प्राकृतिक प्रकोप से सुरक्षा के लिए पूजा–प्रार्थना की जाती है। माघी, वाहा, डमुरी, होरों, जोमनना, कोलोम, बतौली आदि उनके प्रमुख पर्व हैं। हो जनजाति में दीपावली, दशहरा और चैत पर्व भी मनाये जाते हैं। चैत में महादेव की पूजा और दीपावली में काली की पूजा होती है।

मुण्डा जनजाति में सरहुल, करम, सोहराई, बुरू, माघे, फागू आदि पर्व मनाये जाते हैं।

सरहुल पर्व अप्रैल में होता है। यह मुंडा जनजाति का बसंतोत्सव है। इस पर्व के बाद ही धान की बोआई, खेतों में खाद डालना आदि कार्य शुरू होते हैं। यह पर्व चार दिनों का होता है। इस पर्व में 'सरना' स्थल पर सखुआ के नव पल्लव लगाये जाते हैं। सरना स्थल और घर में सखुआ का गोंद जलाया जाता है तथा आदिपुरुष व आदिस्त्री–लुटकुम हड़ाम व लुटकुम बूढ़ी–के साथ सरना देवी की पूजा की जाती है। इस अवसर पर सिंगबोंगा, देसावली और ग्रामबोंगा को आमंत्रित किया जाता है। पर्व के चौथे व अंतिम दिन सरहुल फूल का विसर्जन किया जाता है। गांव के तमाम स्त्री–पुरुष और बच्चे–बूढ़े गाते–बजाते गांव के बाहर 'गिड़िवा' (विसर्जन स्थल) में सरहुल फूल का विसर्जन करते हैं। झारखंड के कई इलाकों में इस अवसर पर बड़े–बड़े जुलूस भी निकाले जाते हैं।

मुंडा जनजाति करम पर्व सितम्बर महीने में मनाती है। इसमें घर के आंगन और गांव के अखाड़े में करम की दो–दो डालियां गाड़कर पूजा सम्पन्न की जाती है। भादो महीने के एकादशी के दिन मनाये जाने वाला यह पर्व करमा और धरमा नामक दो भाइयों की कथा पर आधारित है। इस पर्व के दो रूप होते हैं। राज करम और देश करम। राज करम परिवार के स्तर पर घर के आंगन में मनाया जाता है और देश करम गांव के अखाड़े में मनाया जाता है। राज करम में परिवार का मुखिया अन्य सदस्यों के साथ जंगल जाता है और वहां से करम पेड़ की डाली काटकर लाता है। डाली काटकर लाने वाला मुखिया और परिवार के अन्य युवा उपवास रखते हैं। 'पाहन' कथा कहकर पूजा सम्पन्न कराता है। इस अवसर पर सभी गांववालों को आमंत्रित किया जाता है। पूजा के बाद सभी मिलकर नाचते–गाते हैं। यह नाच–गान रात भर चलता है। दूसरे दिन सुबह गाड़े गये करम पेड़ की डाली को नदी या तालाब में विसर्जित किया जाता है। देश करम में गांव के पाहन और युवक–युवतियों द्वारा सामूहिक रूप से करम की डाली को अखाड़ा में गाड़ा जाता है। इस अवसर पर पाहन करम–धरम की कथा सुनाकर पूजा सम्पन्न करता है। गांव की सभी महिलाएं नहा–धोकर स्वच्छ कपड़े धारण करती हैं और घर से दीपक, सखुआ का गोंद, अगरबत्ती, सिंदुर, दूध, चूड़ा आदि लेकर अखाड़ा जाती है। वहां करम देवता से इच्छानुसार वरदान मांगती है।

मुंडा जनजाति में बुरू पर्व भी धूमधाम से मनाया जाता है। यह पर्वत पूजने का पर्व है। यह अगहन महीने में मनाया जाता है। इसमें बुरू बोंगा यानी पहाड़ देवता की किसी खास स्थान पर पूजा की जाती है। गांव के लोग इसके लिए अपने निकट के पहाड़ या पहाड़ी को चुनते हैं। इसमें भी सबसे पहले मारांग बुरू की पूजा होती है। रांची जिला में मुंडा जनजाति के लिए सोनाहातू प्रखंड में मारांग बुरू का निवास स्थल है। पूजा के बाद गांवों में पाहन को कंधो पर बिठाकर जुलूस निकालने का भी रिवाज है। इसके अलावा मुंडा समुदाय में फागुन में फागू पर्व, माघ महीने में संक्रांति और कार्तिक माह की अमावस्था के दूसरे दिन सोहराई पर्व मनाने की परम्परा है। फागू पर्व में ग्राम देवता की पूजा की जाती है। मुर्गे की बलि दी जाती है। इस अवसर पर टेसू (पलाश) के फूलों से बने रंग से 'होली' खेली जाती है और नाच–गान व सामूहिक खान–पान का दौर चलता है। सोहराई

पर्व में मुख्यतः घर के मवेशियों की पूजा की जाती है। इसमें मवेशियों को नहला–धुला कर उनके सींग में करंज का तेल लगाया जाता है। गोशाला में दीपक जलाये जाते हैं। मवेशियों को भरपूर भोजन दिया जाता है। दोपहर बाद गांव भर के सभी मवेशियों को सजा–धजा कर एक जगह जमा किया जाता है। पुरुष लोग नगाड़ा–ढोल बजाकर उन मवेशियों को गांव के चारों ओर दौड़ाते हैं। संक्रांति को मुंडा जनजाति में माघे पर्व भी कहा जाता है। इस अवसर पर झारखंड के कुछ इलाकों में जतरा निकाला जाता है और मेला का आयोजन किया जाता है।

उरांव जनजाति में कर्मा, फागू, सोहराई और माघे पर्व के अलावा खद्दी पर्व, चांडी पर्व और जतरा भी बेहद लोकप्रिय पर्व हैं। खद्दी पर्व अप्रैल महीने में होता है। उस दिन पिछली फसल के लिए ईश्वर को धन्यवाद दिया जाता है और अगली फसल के लिए कामना की जाती है। गांव में सरना स्थल पर सामूहिक पूजा की जाती है। शाम को वहां से पाहन को कंधे पर बिठाकर गांव में घर–घर ले जाया जाता है। परिवार की औरतें पाहन के पैर धोती है। इस अवसर पर घर के सभी सामानों पर सरहुल के फूल चढ़ाये जाते हैं। इस पर्व से ही घरों में मौसम की नयी उपज का भोजन में उपयोग शुरू होता है। खद्दी पूजा के दूसरे दिन गांव के सभी स्त्री–पुरुष मिलकर नाचते–गाते हैं। उस दिन जम कर हंड़िया पीना–पिलाना भी चलता है। चांडी पर्व माघ पूर्णिमा के दिन मनाया जाता है। उसमें महिलाएं भाग नहीं लेतीं। उसमें चांडी स्थल पर बकरों और मुर्गों की बलि दी जाती है। उन्हीं के मांस को चावल में मिलाकर पकाया जाता है और प्रसाद तैयार किया जाता है। इसे सिर्फ पुरुष ग्रहण करते हैं। उरांव जनजाति में जेठ जतरा, अगहन जतरा, डेउथान जतरा के रूप में जतरा पर्व मनाया जाता है। अगहन जतरा में रांची के पास मांडर प्रखंड में 'मुंडमा' मेला लगता है।

सौरिया पहाड़िया में हर नयी फसल सबसे पहले देवता को चढ़ाने का रिवाज है। जैसी फसल, वैसा त्योहार। मकई की फसल होने पर 'गांगी आड़या', बाजरे की फलस होने पर 'पुनु आड़या' और बरबट्टी (घंघरा) के उत्पादन पर 'ओसरा आड़या'। कार्तिक माह में ओसरा आड़या, पूस माह में पुनु आड़या और भादो महीने में गांगी आड़या मनाया जाता है। जाहेरथान में बलि दी जाती है, दिवंगत पूर्वजों के स्मरण में। उस पूजा के बाद ही घर–परिवार में सम्बद्ध उपज का उपयोग शुरू होता है। इस जनजाति में माघ या चैत महीने में कर्रा पूजा भी की जाती है। कांदो गोसाई को गांव का प्रधान यानी कोतवार सुअर, बकरा और मुर्गे की बलि देता है। हर छठे साल यही पूजा 'सलियानी पूजा' के रूप में मनायी जाती है। इसमें कांदो गोसाई को भैंसे की बलि दी जाती है।

माल पहाड़िया जनजाति में भी आड़या, घंघरा पूजा आदि के साथ जेठ माह में बीचे आड़या मनाया जाता है। माघी पर्व उनका सबसे महत्वपूर्ण त्योहार है। इसमें तीन बकरे और सात अंडों से जुड़ी रस्में होती हैं। इसमें गांव के सभी लोग शामिल होते हैं। पूजा और बलि में सबका योगदान होता है। कोतवार द्वारा घर–घर से लाई जाने वाली ताड़ी का गांव के सब लोग गिलकर सेवन करते हैं। बलि चढ़ाये गये जानवर को पकाया जाता है और गांव के सब लोग मिलकर खाते हैं। इस पर्व में मुख्यतः 'नाद गुमो' या 'चुटो कुरिया' के समक्ष पूजा की जाती है।

आदिवासियों में तो पर्व–त्योहार मनाने की लम्बी परम्परा रही है। हर पर्व से कोई न कोई धार्मिक आस्था, ऐतिहासिक घटना या सामाजिक स्मृति जुड़ी होती है। इस स्मृति को पर्व के रूप में मनाकर पूजा समाज अंधकार से उजाले की ओर और अभाव से भाव की ओर अग्रसर होने की प्रेरणा ग्रहण करता है। झारखंड की जनजातियों की पर्व परम्परा और उनके साथ जुड़ी लोकोक्तियों व सामाजिक चेतना की कुछ विशेष जानकारी के लिए यहां तीन पर्वो का अलग से उल्लेख किया जा रहा है। और, जहां पर्व–त्योहार की न टूटने वाली शृंखला हो, वहां मेले लगेंगे ही। वह भी हर साल। झारखंड में ऐसे कई–कई मेले लगते हैं। उनमें सबसे बड़ा और उल्लेखनीय मेला है–हिजला मेला। उस मेले से जुड़ी कहानियां भी कम महत्वपूर्ण और गौरतलब नहीं।

जनजातियों के लोकगीत उनकी जीवन–पद्धति और सांस्कृतिक धारा के दर्पण हैं। उनमें जीवन के सुख–दुख, हर्ष–विषाद, आशा–निराशा के कई–कई रूप झलकते हैं। डॉ. डोमन साहु समीर ने जनजातीय लोकगीतों के बारे में विस्तार से शोध किया है और आलेख लिखे हैं। उनके अनुसार जनजातियों के परम्परागत लोकगीत कई प्रकार के होते हैं। संथालों में दोड, लागड़े, बहा, सोहराय, डाहार, मातवार, भिनसार, गोलवारी, डाण्टा, धुरूमजाक, रिंजा, झिका, दासांय आदि लोकगीत हैं। हो–मुंडा और उरांवों में जदुर, गेना, करमा, जरगा, जतरा, जपी, लहसुआ आदि लोकगीत हैं। दोड संथालों के और अंडन्दी हो–मुंडाओं के प्रेम और विवाह विषयक गीत हैं। जपी मुंडाओं के आखेट विषयक लोकगीत हैं। काम और प्रेम सम्बंधी कुछ संथाली गीत 'विर सेरेन' यानी 'जंगल के गीत' कहे जाते हैं।

कला और भाव दोनों दृष्टियों से जनजातीय लोकगीतों में कई विशेषताएं होती हैं। डॉ. समीर के अनुसार लोकगीतों में दृश्य, श्रवण, घ्राण, आस्वाद या स्पर्श सम्बंधी अनुकरणात्मक शब्द–गुच्छ पिरोये रहते हैं। वे इतने अर्थव्यंजक होते हैं कि उन शब्द–गुच्छों से वस्तु या क्रिया विशेष के भाव चित्र स्पष्ट हो जाते हैं। रांथाली के 'झामोर–झामोर (झमाझम वर्षा होना), 'लेगेच–लेगेच' (लहलहाना), 'मुलुच–मुलुच' (मुस्कराना), 'सोंद–गोंद' (महमहाना) आदि ऐसे ही शब्द–गुच्छ होते हैं, जैसे, 'जिलिब–जिलिब' (चमचमाना), 'मोन्दोल–मोन्दोल' (महमहाना), 'चेरे–बेरे' (चहचहाना), 'किदार–कोदोर' (हल्के–फुल्के लहराना) 'रिपी–रिपी' (महुआ जैसा टपटप गिरना) आदि। स्वर माधुर्य तो लोकगीतों का आधार है। जनजातियों में लोकगीत मुख्यतः नृत्य गीत ही होते हैं। वे स्वर में गाये जाने के लिए होते हैं, पाठ करने के लिए नहीं। इसलिए लोकगीतों की कड़ी मोटी हो या पतली, लड़ी टूट नहीं पाती। उन लोकगीतों में तुकांत या अनुप्रास का आग्रह नहीं रहता। लोकगीतों का अर्थ ही है उनका गेय होना, उनमें गति होना, लय–ताल व धुन से ऐसे लैस होना कि उनके बजते ही गाने–सुनने वालों के पांव अपने आप थिरकने लगें। वे समूह में नाचने को मचल उठें। और, उनसे रस की अभिव्यक्ति व रस ग्रहण दोनों एक साथ संभव हों। जनजातीय लोकगीतों की भावभूमि भी विस्तृत और विविधताओं से भरी होती है। यौवन और प्रेम, सौंदर्य और माधुर्य, संयोग और वियोग, दाम्पत्य और गार्हस्थ, अभाव आचैर आनंद, जीवन की चुनौतियां और संघर्ष, नैतिक और सामाजिक आदर्श

आदि से लोकगीत सम्पन्न होते हैं। आकर्षण, उत्कंठा, वेदना, आनंद, सुनहरे अतीत की याद, जातीय आदर्श के पालन का आवाहन, जीवन–दर्शन आदि लोकगीतों के भाव विषय होते हैं। उनमें 'चाय–चंपा' में अपने अनेक गढ़ होने और 'कोयंडा' व 'बादोली' गढ़वासियों में संघर्ष होने का उल्लेख भी मिलता है और बंडू व तमाड़ में हुई लड़ाई की चर्चा भी मिलती है। लेकिन सबसे बड़ी बात यह कि आदिवासी लोकगीत उस जीवन पद्धति की अभिव्यक्ति है जो जंगल, पहाड़, झरने यानी कुदरत के साथ चलती है। चलना सीखती है और चलने की प्रेरणा पाती है।

जनजातीय लोकगीतों को दो भागों में बांटा जा सकता है। एक महिलाओं द्वारा गाये जाने वाले गीत और दूसरे पुरुषों के गीत। जनानी झूमर, अंगनई, वियाह, झंझाइन आदि स्त्रियों के गीत हैं। बाकी कुछ गीत पुरुषों के हैं लेकिन आदिवासी समाज में सामूहिकता और स्त्री–पुरुष सम्बंधों की विशेषता यह है कि लगभग सभी लोकगीत सामूहिक गायन और स्त्री–पुरुष दोनों के साथ गाने के लिए हैं।

आदिवासी क्षेत्र में हर लोकगीत का अपना खास राग होता है। झूमर गीत झूमर राग में गाया जाता है। उसके अनेक प्रकार होते हैं, तो इलाकों और स्थानीय विशेषताओं से लैस होकर अपना स्वरूप बदलते हैं। इस राग के विविध प्रकार करमा, सोहराय और अन्य त्योहारों में समूह नृत्य और गायन में प्रगट होते हैं। अंगनई राग मुख्यतः छोटानागपुर के पश्चिमी भागों में प्रचलित हैं। इसे केवल महिलाओं के समवेत कंठों से सुना जा सकता है। पूर्वी छोटानागपुर में डइड़धरा राग प्रचलित है, जो आषाढ़ से माघ तक देवथानों में फूटता है। झंझाइन राग संतान के जन्म के अवसर पर या जन्म सम्बंधी संस्कारों के अवसर पर स्त्रियों के समवेत स्वरों में घर–आंगन में गूंजता है।

झारखंड में नृत्य की कई खास शैलियां प्रचलित हैं, जो हर पर्व–त्योहार और मेला से लेकर घरेलू समारोहों तक में अपने आकर्षण में सबको बांध लेती है। उनमें से 'छऊ नृत्य' को तो राष्ट्रीय और अन्तर्राष्ट्रीय पहचान और सम्मान प्राप्त है। छऊ नृत्य झारखंड के सरायकेला सहित उड़ीसा के मयूरभंज और पश्चिम बंगाल के पुरूलिया जिले का भी मुख्य लोकनृत्य है। यह ओजपूर्ण नृत्य की शैली है, जिसमें पौराणिक व ऐतिहासिक कथाओं के मंचन के लिए पात्र तरह–तरह के मुखौटे धारण करते हैं। इसमें प्रकृति और मनुष्य के बीच के सम्बंधों और सज्जन और दुर्जनों के बीच के संघर्ष से जुड़ी गाथाएं बड़े ही आकर्षक ढंग से पेश की जाती हैं। इसमें मुखौटा धारण किये पात्रों की सामूहिक लेकिन तेज लयात्मक गति किसी भी दर्शक को रोमांचित कर देती है। इस नृत्य–शैली में आम तौर पर वीर रस की प्रधानता रहती है। हालांकि छऊ नृत्य की सिर्फ हातियार धारा ही वीर रस प्रधान है। इसकी एक दूसरी धारा भी है। इसे काली भंग धारा कहते हैं। इसमें शृंगार रस की प्रधानता रहती है। रंग–बिरंगे मुखौटे, अनोखे वेष, कलात्मक व किचिंत तेज अंग–संचालन और बिना किसी संवाद के अभिनय द्वारा भाव व्यक्त करना और पूरी कथा समझाना इस नृत्य–शैली की विशेषता है।

'पइका' भी ओजपूर्ण नृत्य शैली है। उसमें नर्तक सैनिक वेश में नृत्य करते हैं। 'जदुर' नृत्य

स्त्री–पुरुष का सामूहिक नृत्य है, जिसमें वे धीमी गति से लय–ताल पर नाचते हैं। जतरा सामूहिक नृत्य है। इसमें स्त्री और पुरुष एक दूसरे का हाथ पकड़कर नाचते हैं। करमा नृत्य एक धार्मिक नृत्य है। नचनी एक पेशेवर नृत्य की शैली है। इसमें नचनी स्त्री और रसिक पुरुष नृत्य का प्रदर्शन करते हैं। यह नृत्य खासतौर से कार्तिक पूर्णिमा के अवसर पर दिखता है। नटुआ पुरुष प्रधान नृत्य है। इसके अतिरिक्त चौकारा, जमदा, घटवार, सोहराय, सायरो, लुरी आदि भी नृत्य की शैलियां हैं, जो झारखंड के जनजीवन में सामूहिकता का आंनद–रस घोलती हैं।

आदिवासी संस्कार गीतों में रस विवेचन

'रस' शब्द का सामान्य प्रचलित अर्थ है– आनंद, स्वाद, सुख या मजा। यह अर्थ लौकिक जीवन में आनंद, स्वाद, सुख या मजा। यह अर्थ लौकिक जीवन में मानव–शरीर को अनुभव होने वाली सुविधाओं से मिलने वाली खुशी से संबंधित है। जैसे– 'कोई दृश्य देखकर हमें बड़ा 'मजा' आया।'' अमुक गीत सुनकर कानों में रस घुल गया' आदि। परंतु काव्य के अंतर्गत 'रस' का अभिप्राय 'एक विशेष प्रकार का अलौकिक आनंद' है। काव्य का आनंद व्यक्ति, स्थान या समय की सीमा में नहीं बंधा रहता। वह शाश्वत्, सार्वभौम, सार्वकालिक तथा सार्वजनीन होता है। कालिदास के नाटक, बाल्मीकि के श्लोक, कबीर के पद, तुलसी के दोहे या प्रसाद, पंत आदि के गीत किसी भी युग के, किसी भी वर्ग के पाठक या श्रोता के अंतःकरण को समान तृप्ति प्रदान करते हैं। एक प्राचीन ग्रंथ में कहा गया है– 'जिस प्रकार एक ब्रह्मयोगी साधक को, साधना के चरम बिंदु पर पहुंचने के बाद मिलने वाली आत्मानंद की अनुभूति अनिर्वचनीय और अलौकिक होती है उसी प्रकार काव्य द्वारा मिलने वाला आंतरिक आनंद (काव्यास्वाद अर्थात् काव्य का आस्वादन) भी अलौकिक होता है।'

संस्कृत के प्राचीन आचार्य भरत ने उचित ही कहा है–कि 'रस के बिना अर्थ–अनुभूति का प्रवर्तन संभव नहीं।'

संक्षेप में कहें, तो 'काव्य–अध्ययन से अनुभूत होने वाला अलौकिक आंतरिक आस्वाद ही रस है।' इस संबंध में ध्यान देने की बात यह है कि काव्य द्वारा उद्भूत अलौकिक आनंदानुभूति का कोई–न–कोई आधारभूत 'कारण' होना आवश्यक है। उस 'कारण' के साथ कुछ सहायक 'परिस्थितियाँ', मिलकर उसे विशेष प्रभावशाली बना देती है। इन दोनों के माध्यम से अंतःकरण में अनेक भाव–तरंगों की 'हलचल' शुरू हो जाती है। यह 'हलचल' काव्य के पाठक या श्रोता (या दर्शक) के हृदय में एक ऐसी विशिष्ट 'रागात्मक संवेदना' को जागृत कर देती है जो अंततः एक 'अलौकिक आनंद' का रूप ले लेती है।

इस प्रकार काव्य में निहित अलौकिक आस्वाद (रस) की अभिव्यंजना मुख्य रूप से इन चार घटकों पर आधारित है– कारण, उसमें सहायक परिस्थितियां, उनके प्रभाव से होने वाली हलचल तथा उसके परिणामस्वरूप किसी विशिष्ट रागात्मक संवेदना का आस्वाद। इन्हीं को प्राचीन आचार्यो ने साहित्यशास्त्र की शब्दावली में क्रमशः विभाव, अनुभाव, संचारी भाव तथा स्थायी भाव कहा है। इसी आधार पर भारत के सर्वप्रथम साहित्यशास्त्री आचार्य भरत ने अपने 'नाट्य–शास्त्र' नामक ग्रंथ

में 'रस' की यह परिभाषा प्रस्तुत की है–

"विभाव, अनुभाव और संचारी (भाव) के संयोग से रस की निष्पत्ति (अर्थात् व्यंजना) होती है।"

इस परिभाषा में यद्यपि 'स्थायी भाव' का उल्लेख नहीं है, तथापि भरत ने बाद में, उक्त परिभाषा को स्पष्ट करते हुए, स्थायीभाव का भी अलग से विवेचन कर दिया है।

उपर्युक्त विवेचन के आधार पर रस के स्वरूप को इस प्रकार परिभाषित किया जा सकता है–

"विभाव, अनुभाव और संचारी भाव के संयोग से उदबुद्ध (जागृत या अभिव्यक्त) होने वाले स्थायी भाव के आस्वाद को 'रस' कहते हैं।" एक उदाहरण के माध्यम से 'रस' के उपर्युक्त स्वरूप को सरलतापूर्वक स्पष्ट किया जा सकता है–

खेलत हरि निकसे ब्रज–खोरी।
कटि कछनी पीतांबर बांधे, हाथ लिए भौंरा चक डोरी।
गए स्याम रवि–तनया के तट, अंग लसत चंदन की खोरी।।
औचक ही देखी तहं राधा, नैन बिसाल भाल दिए रोरी।
सूर स्याम देखत हीं रीझै, नैन–नैन मिलि परी ठगोरी।।

यहाँ कृष्ण और राधा 'विभाव' अर्थात् भाव के कारण है। कृष्ण का फिरकी, लट्टू आदि घुमाना 'अनुभाव' है। उनके हृदय में राधा को देखकर उठने वाले आकर्षण, औत्सुक्य, हर्ष आदि 'संचारी भाव' हैं। दोनों का परस्पर प्रेम (आकर्षण) अथवा 'रति' स्थायीभाव है जिससे 'शृंगार' रस की अभिव्यंजना हुई है।

इसी प्रकार रस की अनुभूति आदिवासी संस्कार गीतों में भी प्राप्त होता है। प्रस्तुत गीत में वाद्य–यंत्रों के माध्यम से हर्ष के संचारी भाव को अभिव्यक्त किया गया है। दोनों के परस्पर प्रेम–प्रसंगों का प्रश्न के माध्यम से 'रति' स्थायी भाव प्रदर्शित करना, जिसमें शृंगार रस की अभिव्यंजना हुई है। यह एक संथाली लोकगीत है जिसमें 'विभाव' के मृदु स्वर नगाड़े और करताल के माध्यम से अलौकिक आनन्द विखेर रही है।

1. कांहां मालिन बाजेय जड़ा रे धामसा,
   सुना, मालिन गे कांहा मालिन बाजाय करताल।
2. आखड़ाहिं बाजय जड़ा रे धामसा,
   सुना मालिन गे राजा घारे बाजय करताल।
3. केइसन केइसन बाजय जड़ा रे धामसा,
   सुना मालिन गे केइसन केइसन बाजय करताल।

4. हिकिड़ गिडिंग बाजय जड़ा रे धामसा,

सुना, मालिन गे झूमूर–झूमूर बाजय करताल।।

भावार्थ–इस पारंपरिक गीत में वाद्य यंत्रों का प्रश्नोत्तर शैली में वर्णन किया गया है। प्रश्न किया गया है कि युगल नगाड़े की जो ध्वनि है, वह कहां से आ रही है तथा करताल कहां बज रहे हैं? इसके उत्तर में कहा गया है–अखाड़ा (नृत्य मंच) में युगल नगाड़े बज रहे हैं जिसकी मधुर ध्वनि सबो को मोह रही है और करताल राजा के दरबार में बज रहे हैं। पुनः पूछा गया है। नगाड़े और करताल में कैसे बोल बज रहे हैं? उत्तर में हम सुनते हैं–

नगाड़े में "हिकिड़–गिडिंग, हिकिड़–गिडिंग" की मधुर ध्वनि रही है और "झूमूर–झूमूर" के मृदु स्वर करताल से निकल रहे हैं।

'अग्नि पुराण' में कहा गया है कि "काव्य में भाषा का चाहे जितना भी चमत्कार हो, परंतु उसका जीवन तो रस ही है।" आचार्य वामन कहते हैं कि 'काव्य की वास्तविक दीप्ति, चमत्कृति या कांति उसके रसत्व में ही निहित है।' एक अन्य प्रसिद्ध साहित्यशास्त्री आचार्य विश्वनाथ ने 'काव्य का स्वरूप' ही 'रसात्मक' बताते हुए कहा है– **'वाक्यं रसात्मकं काव्यम्।'** अर्थात् रसात्मक रचना ही काव्य है। स्पष्टतया 'रस' काव्य की आत्मा है। काव्य को पढ़ते, सुनते अथवा दृश्य काव्य (नाटक आदि) के रूप में देखते समय हमारा हृदय जो एक विशेष प्रकार का आंतरिक–आलौकिक संतोष, तृप्तिभाव या आस्वाद अनुभव करता है, वही एक विशिष्ट सांचे में ढलकर, साहित्य शास्त्र की शब्दावली में 'रस' कहलाता है।

काव्य में चित्रित अनुभूतियों से जब हमारे अंतः करण की अनुभूतियां एकरूप होकर, परस्पर एकरस होकर, हमारे मन–मस्तिष्क को एक आतंरिक तृप्ति का अनुभव या आस्वादन कराती हैं तब हम 'व्यक्ति'–मात्र न रहकर रचनाकार, रचना और उसमें विद्यमान पात्रों तथा उस रचना के असंख्य पाठकों, श्रोताओं या दर्शकों जैसे ही सामान्य सहृदय मानव रूप हो जाते हैं। तब हम आयु, वर्ग, जाति, देश और काल की सीमाओं में बंधे नहीं रहते, हम मानव–मात्र के रूप में प्रेम, करुणा, उत्साह आदि भावों के आस्वाद में निमग्न, तन्मय और आत्मविभोर हो जाते हैं। यही निमग्नता, तन्मयता, आत्मविभोरता काव्य के आस्वाद अथवा 'रस' के रूप में अभिव्यक्त होती है। स्पष्ट है कि 'रस' के रूप में अभिव्यक्त होती है। स्पष्ट है कि 'रस' काव्य का प्राण–तत्व है। काव्य–सौष्ठव के अन्य विविध आयाम, उपकरण अथवा माध्यम इसी के द्वारा संचारित अथवा संचालित होते हैं। उदाहरणतया किसी प्राणहीन शरीर का रंग–रूप, अलंकरण–सौष्ठव आदि निरर्थक है। वह निर्जीव है। उसी प्रकार रस–व्यंजना के अभाव में काव्य–शोभा के अन्य प्रतिमान निरर्थक हैं।

जिस प्रकार मानव–शरीर का संचालन उसके विभिन्न अंगों के माध्यम से संभव है उसी प्रकार रस की परिपूर्णता अभिव्यंजना उसके विभिन्न अंगों के संयोग–सामंजस्य पर आधारित है।

'रस' यदि काव्य की आत्मा है, तो 'भाव' रस का आधारभूत तत्व है। वही (भाव) अनेक रूपों, स्थितियों आदि के सोपान करता हुआ, अंततोगत्वा 'रस–निष्पत्ति' (रस की अभिव्यंजना) अथवा रसास्वाद की अवस्था तक पहुंचता है। आचार्य भरत ने 'नाट्यशास्त्र' में इस प्रक्रिया को एक दृष्टांत के माध्यम से समझाते हुए कहा है–

"जिस प्रकार बीज से वृक्ष, और वृक्ष से पत्र, पुष्प, फल का उदभव होता है उसी प्रकार भाव से रस और रस से अन्य भाव व्यवस्थित होते हैं।"

'भाव' मुख्य रूप से चार स्थितियों या रूपों के माध्यम से 'रस' की अवस्था प्राप्त करता है। इन्हीं को साहित्य शास्त्रीय आचार्यो ने 'रस के चार अंग' कहा है– (1) विभाव, (2) अनुभाव, (3) संचारी भाव, (4) स्थायी भाव। (रस की परिभाषा भी इन्हीं चार अंगों के आधार पर की गई है– 'विभाव, अनुभाव और संचारी भाव के संयोग से अभिव्यक्त होने वाले स्थायी भाव को 'रस' कहते हैं)।

(1) विभाव– 'विभाव' का अभिप्राय है– 'कारण' अथवा 'निमित्त'। इस आधार पर कहा जा सकता है कि "विभाग वे कारण या निमित्त हैं जो काव्य, नाटक आदि में अंतःकरण की रागात्मक संवेदनाओं को तरंगित (उदबुदध, जागृत) करते हैं।"

कारण–रूप भाव अर्थात् 'विभाव' के दो पक्ष स्पष्ट हैं– एक वह जो प्रवृत्त करता है अर्थात् 'प्रवृत्ति का कारण' है। दूसरा वह जो प्रवृत्त होता है अर्थात् 'प्रवृत्ति से प्रेरित' है। इन्हीं दोनों पक्षों को साहित्यशास्त्र की शब्दावली में (i) आलंबन विभाव औ.र (ii) आश्रय विभाव कहा जाता है।

(i) आलंबन विभाव–जो भाव की प्रवृत्ति का मूल कारण हो उसे 'आलंबन विभाव' कहते हैं।

(ii) आश्रय विभाव–जो आलंबन की ओर प्रवृत्त होने वाला कारण है उसे 'आश्रय विभाव' कहते हैं।

'विभाव' के उपर्युक्त दोनों पक्षों के अतिरिक्त एक अन्य सहायक पक्ष भी है– 'उद्दीपन विभाव'। 'उद्दीपन' का अभिप्राय है– उद्दीप्त अर्थात् प्रोत्साहित करने अर्थात् प्रवृत्ति को बढ़ाने में सहायक होने वाला।

इस प्रकार 'विभाव' के अंतर्गत, क्रमशः आलंबन, आश्रय और उद्दीपन– इन तीनों की स्थिति रहती है। एक उदाहरण से यह बात स्पष्ट हो जाएगी–

खेलत हरि निकसे ब्रज–खोरी।

कटि कछनी पीतांबर बाँधे, हाथ लिए भौंरा, चक, डोरी।।

मोर–मुकुट, कुंडल स्रवननि बर, दसन–दमक दामिनि–छबि छोरी।

गए स्याम रवि–तनया कैं तट, अंग लसति चंदन की खोरी।।

औचक ही देखी तहँ राधा, नैन बिसाल भाल दिए रोरी।

नील बसन फरिया कटि पहिरे, बेनी पीठि रूलति झकझोरी।।

संग लरिकिनी चलि इत आवति, दिन–थोरी, अति छबि तन–गोरी।

सूर स्याम देखत हीं रीझै, नैन–नैन मिलि परी ठगोरी।।

यह श्रृंगार रस का उदाहरण है। इसमें राधा आलंबन विभाव है। वह हरि (कृष्ण या श्याम) की आकर्षण (प्रेम)–प्रवृत्ति का कारण है। हरि (कृष्ण, श्याम) आश्रय विभाव है। यह राधा के आकर्षण (प्रेम)–भाव से प्रेरित या प्रभावित है। यमुना का तट, राधा की बड़ी आँखें, मस्तक की रोली, नीला लहँगा, झूलती हुई चोटी आदि उद्दीपन विभाव हैं। ये आकर्षण (प्रेम)–भाव को उद्दीप्त करने वाले तत्व हैं।

(2) अनुभाव– 'अनुभाव' का अभिप्राय है– 'पीछे (अर्थात् विभाग के पश्चात) आने वाला भाव' (अनु+भाव)। आश्रय जब आलंबन के प्रति प्रवृत्त होता है तब उसके द्वारा अनायास या सायास (अपने–आप ही अथवा प्रयत्न करने पर) कुछ ऐसे हाव–भाव, चेष्टाएँ आदि होती हैं जो आकर्षण (प्रेम) की संकेतक या परिचायक होती है। यही 'आश्रय की चेष्टाएँ (हाव–भाव आदि) 'अनुभाव' कहलाती है। साहित्यशास्त्र की शब्दावली में–

"भावों का प्रत्यक्ष बोध कराने वाली आश्रय की चेष्टाएँ 'अनुभाव' कहलाती हैं।"

उदाहरणतया जनक–वाटिका में सीता श्रीराम की छवि देखते ही मुग्ध हो जाती है। राम आलंबन और सीता आश्रय है। सीता राम की छवि बार–बार निहारना चाहती है। वह उपवन में विद्यमान पशु–पक्षियों अथवा पेड़–पौधों को देखने के बहाने बार–बार अपनी दृष्टि पीछे की ओर घुमाती है–

नख–सिख देखि राम कै सोभा......

परबस सखिन्ह लखी जब सीता

देखन मिस मृग बिहग तरु, फिरइ बहोरि बहोरि।

निरखि–निरखि रघुबीर छबि, बाढ़इ प्रीति न थोरि।।

यहाँ सीता (आश्रय) का पीछे मुड़ना, नजरें घुमा–घुमाकर देखना आदि चेष्टाएँ 'अनुभाव' कहालाएँगी।

(3) संचारी भाव–'संचारी' शब्द का अर्थ है– 'संचरण करने वाले' अर्थात् 'चलते रहने वाले' (बार–बार प्रकट–अप्रकट होते रहने वाले), अस्थिर या चंचल। ये भाव किसी–न–किसी रूप में प्रत्येक रस में संचरण करते हैं। जैसे 'हर्ष' नामक भाव 'अद्भुत' रस (विस्मय स्थायी भाव) में भी

रहता है, 'शृंगार' रस में भी और 'हास्य' रस में भी। अतः 'हर्ष' की गणना संचारी भाव में की जाती है। इसी प्रकार वैराग्य, ग्लानि, आलस्य, चिंता, मोह, स्मृति, लज्जा, गर्व, उत्सुकता, उन्माद आदि संचारी भाव हैं। इनका संचरण समय और स्थिति के अनुसार किसी भी रस में हो सकता है। इसी आधार पर "अंतःकरण की अस्थिर (चंचल) प्रवृत्तियों या समय और स्थिति के अनुसार सभी रसों में संचरण करते रहने वाले भावों को संचारी भाव कहते हैं।"

मानव–मन की अस्थिर प्रवृत्तियाँ असंख्य हो सकती है। फिर भी काव्य–मर्मज्ञ साहित्यशास्त्रीय आचार्यो ने मुख्यतः तैंतीस संचारी भावों का नामोल्लेख किया है। निम्नलिखित उदाहरण से 'संचारी भाव' का स्वरूप स्पष्ट हो जाएगा–

हरि अपनै आंगन कछु गावत।
तनक–तनक चरननि सौं नाचत, मनही मनहिं रिझावत।
बाँह उठाइ काजरी–धौरी, गैयनि टेरि बुलावत।
कबहुँक बाबा नंद पुकारत, कबहुँक घर में आवत।
माखन तनक आपनैं कर लै, तनक बदन मैं नावत।
कबहुँक चितै प्रतिबिंब खंभ मैं, लौनी लिए खवावत।
दुरि देखति जसुमति यह लीला हरष अनदर बढ़ावत।
सूर स्याम के बाल–चरित, नित नितही देखत भावत।।

यहाँ हरि (शिशु–कृष्ण) आलंबन है। यशोदा (जसुमति) आश्रय है। हर्ष, गर्व, मोह, उत्सुकता, धैर्य आदि संचारी भाव है। (इन्हीं संचारी भावों से पुष्ट 'वात्सल्य' स्थायी भाव से 'वत्सल' रस की व्यंजना हुई है)।

(4) स्थायी भाव– 'स्थायी' का अभिप्राय है–सदा स्थिर रहने वाले। साहित्यशास्त्र की शब्दावली में कहा जा सकता है कि "जो आंतरीय भाव रस के आस्वाद तक स्थिर रहकर, स्वयं ही रस–रूप में उदबुद्ध (अभिव्यक्त) होते हैं उन्हें 'स्थायी भाव' कहते हैं।"

ऊपर सूरदास का जो पद दिया गया है उसमें 'वात्सल्य' स्थायी भाव है जो कि 'वत्सल' रस की अभिव्यंजना के रूप में साकार हुआ है।

स्थायी भावों की संख्या अथवा उनके भेदों के संबंध में सर्वप्रथम आचार्य भरत ने अपने नाट्शास्त्र में चर्चा की है। उनके अनुसार स्थायी भाव आठ हैं–रति (स्त्री–पुरुष का प्रेम), हास, शोक क्रोध, उत्साह, विस्मय, भय, जुगुप्सा।

बाद के साहित्यशास्त्रीय आचार्यो ने 'शम' नाम नौवें स्थायी भाव को जोड़कर इस संख्या में एक की वृद्धि कर दी। इसके उपरांत, श्रीमद्भागवत के प्रभाव से जब काव्य में श्रीकृष्ण की

बाल–लीलाओं के हृदयस्पर्शी, सरस चित्रण की परंपरा चली।

आदिवासी संस्कार गीतों में प्रयुक्त रस–भाव का एक उदाहरण प्रस्तुत है। हल्दी लगाते समय गाये जाने वाले लगन गीत निम्न प्रकार हैं जिसमें रस भाव की स्पष्ट अभिव्यक्ति है। यह गीत 'हास्य रस' का उदाहरण है। इस गीत को आदिवासियों में एक भूमिज जनजाति हैं, उसके द्वारा गाया, मचिया देवी द्वारा कुरमाली भाषा में अनुवादित है।

स्थाई– हरदी पीसइते भोजी धामी गेल,
भोजी बेड़ी सुखी भेल,
भोजी बेड़ी सुखी भेली गो।
जाहिं आजा भोजिक बापके कोहिदिहिं,
कामिनी डाकिये देते वियोंनी डलाये देतेय गो।

भावार्थ–उपर्युक्त गीत से पता चलता है कि भाभी काफी धनी घर की है। कभी काम किया नहीं है, इसलिए हल्दी पीसते–पीसते भाभी पसीना से लथपथ हो जा रही है। उनको देखकर ननद और देवर दोनों उपहास करते हैं। तथा आजा (दादाजी) से कहते हैं कि है आजा, भाभी के पिताजी से कहिए कि हल्दी पीसते–पीसते आपकी बेटी पसीना से लथपथ हो गई है. इसलिए आप एक नौकरानी भेज दीजिए और उनके साथ एक वियोनी (पंखा) भी भिजवा दीजिए ताकि उन्हें हवा करके पसीना से मुक्त करा सके।[4]

यह गीत कन्या पक्ष एवं वर पक्ष दोनों पक्षों द्वारा गाया जाता है।

हल्दी तेल लगाने के पश्चात् वर और कन्या अपने घर से बाहर निकल नहीं सकते हैं और उन्हें सुरक्षा के दृष्टिकोण से वर के हाथ में सुपारी काटने को सरौता और कन्या को काजल की कजरौटी बराबर हाथ में रखनी पड़ती है।

विवाह के दिन ही मंडपाच्छादन किया जाता है। मंडप कच्चे बाँस के द्वारा ही छाया जाता है। इस दिन कन्या की मां और वर की मां को उपवास रहना पड़ता है। यह वर–पक्ष का मंडपाच्छादन गीत है–

1. कांचा–कांचा बोंसाकेरि, माड़वा छाड़ब,
   सेहो माड़वा नोये–नोये जाय।
2. नोये चला, नोये चला वर नूनू भाई,
   पगियांय "त धूरा लागि जाय।

3. लागे देहो, लागे देही आझूकेरी राइत,
आनबो परेकर धीया, धवाय लेबोइ पाग।।

कन्या पक्ष का मण्डपाच्छादन गीत

1. काकर बांधल हेकेई गो बाबा झिलिमिलि रे माड़वा,
काकर पसल हेकेई गो बाबा, हांका जोड़ि रे पेरूआ।
2. जैठाक बांधल हेकेई गो बाबा रे माड़वा,
जेठिक पसल हेकेई गो बाबा हांका जोड़ि रे पेरूआ।
3. अलमल करथ गो बाबा, झिलिमिलि रे माड़वा,
घूरी–घूरी कुंडरोय गो बाबा, जेठिक पसल रे पेरूआ।।

भावार्थ– ***कन्या***– बाबा (दादाजी) यह झिलमिल मंडप को किसने बांधा और इस कबूतर का जोड़ा को किसने पोसा है।

दादाजी– बेटी, इस झिलमिल मंडप का निर्माण तुम्हारे जेठा (बड़े पिताजी) ने किया और इस कबूतर के जोड़ा को तुम्हारी जेठि (बड़ी मां) ने पोसा।

कन्या– झिलमिलाता हुआ मंडप हवा से हिलता–डूलता है, साथ में कबूतर का जोड़ा भी गुटुर–गुटुर करता है। सुनने में अत्यन्त ही मधुर लगते हैं।

इधर वर सज–धज कर बारात जाने की तैयारी करता है। सर्वप्रथम नाई आकर वर का नाखून काटने के पश्चात् पैरों में अलता रंग लगाता है। इस अवसर पर महिलाएं नाई के प्रति उपहास और व्यंग भरे गीत गाती हैं।

इसके पश्चात् स्नान करने का रस्म होता है। "इस समय बहनोई कुदाल द्वारा प्रतीक स्वरूप एक तालाब बनाता है। उस पर एक जुआल स्थापित कर वर को उस पर खड़ा रखकर उसके माथे पर एक शालपत्र रखकर उस पर लोटा से बहनोई पानी डालता है। पानी वर के शरीर पर गिरता नहीं वरन लुढ़क कर चारों ओर तितर–बितर हो जाता है। वर को नववस्त्र पहनाया जाता है और विधिवत् सजाया जाता है। नई कंघी से बहनोई वर के केशों का सवांरने के पश्चात माथे पर मोर (मुकुट) पहना देता है। अनुष्ठान ऐसा प्रतीत होता है मानों युद्ध में जाने का अभिषेक हो रहा है। हाथ में धारण किया हुआ सरौता अस्त्र का प्रतीक है।

स्नान के बाद वर को पैदल चलने का रिवाज नहीं है। स्थानांतर में जाने के लिए बहनोई अपने गोद या कन्धे के सहारे ही ले जाते हैं। क्षौर कर्म के पश्चात् वर एक बार आंगन में आता है किन्तु घर में कदापि प्रवेश नहीं करता। यह युद्ध यात्रा का परिशेष का द्योतक है। यह युद्ध यात्रा प्राचीन काल के नारीहरण से तुलना की जा सकती है।

दृष्टान्त स्वरूप महाभारत के देवव्रत (भीष्म पितामह) ने अपने भाईयों (चित्रांगद और विचित्रवीर्य) के लिए काशी नरेश की अम्बा, अम्बिका और अम्बालिका तीनों कन्याओं का हरण किया था और विधिवत् अग्नि को साक्ष्य रखकर परिणय सम्पन्न कराया था। स्वभावतः वर की माता एवं कुटुम्बीजनों के चित में हर्षोल्लास के दिन भी एक विचित्र सी अन्तर्वेदना परिलक्षित होती है।

बारात जाने के पूर्व वर का "आम्र विवाह" होता है। एक प्राचीन और फलवान आम्र वृक्ष के तले "आम्र विवाह" सम्पन्न होता है। वर अपने दोनों हांथों से वृक्ष के तने को पकड़कर आलिंगन करता है। वर की ऊंगली के साथ वृक्ष के तने को बहनोई वर के दाहिने हाथ में बांध देते हैं–जिसे "कांकना बांध' कहते हैं। कांकना बांधने के समय महिलाओं द्वारा गीत गाया जाता है। उदाहरण निम्न प्रकार दर्शाया गया है।

कांकना बांधा गीत–

कांकना बांधा बोहनाई टा कन् गांयेरे बठेगे,
उतर दखिन पूरब पोछिम पहाड़पुरेरे। बठेगो।
कोधा हे तोर मेया छेल्या, कोथाये है तो बाड़ी हे,
तिलायबोनीर मेया छेल्या, पाहाड़पुरे बाड़ी हे।।

भावार्थ– प्रस्तुत गीत प्रश्नोत्तर शैली में है। सालियां, बहनोई के प्रति व्यंग करके आपस में पूछती हैं–कांकना बांधने वाला भोला–भाला बहनोई किस गांव के रहने वाले हैं, जो बिल्कुल अनाड़ी है। उत्तर में कुछ सालियां कहती हैं– उत्तर, दक्षिण, पूरब, पश्चिम चारों दिशाओं में से कोई एक दिशा में जो पहाड़पुर गांव है, बेचारे उसी गांव का रहने वाला है।

पुनः सालियां, बहनोई के विषय में पूछती हैं– आपकी बीबी–बच्चे कहां के हैं अर्थात् आपका ससुराल कहां है और आपका घर कहां है? उत्तर होता है कि उनका बीबी–बच्चा तिलावनी गांव के हैं और उनका अपना घर पहाड़पुर गांव है। यह गीत दोनों पक्षों के यहां गाया जाता है।

पात पाड़ी दे बहनोइ पात कुढ़ाइ दे
तर नापें धोती देबो रे बोहनाइ कांकना बांधी दे।

भावार्थ–कांकना बांधने के समय सालियां, बहनोई से अनुरोध करती है कि आप आम के पत्ते तोड़ दीजिए और उसका कंगन बनाकर मेरे भाई के हाथ में बांध दीजिए। (कन्या के लिए यह कांकन महुए के पत्ते का होता है) कांकना बांधने के लिए पुरस्कार स्वरूप आपको एक सुन्दर धोती दूंगी। यह गीत भी दोनों पक्षों द्वारा गाया जाता है।

(1) प्रो. डॉ. बंकिम चन्द्र महतो इस संबंध में कहते हैं कि आम्र विवाह अनुष्ठान वृक्ष पूजा का द्योतक है, शुभ यात्रा में निकलने के पहले सुप्राचीन आम्र वृक्ष को विवाह करके उसे आलिंगन करते

हुए दीर्घायु की कामना की जाती है। उस वृक्ष को सात बार नये अरवा धागे से बांधने के पवित्र कृत्य को अपनी आयु और सुरक्षा स्वरूप माना जाता है तथा आशीष के रूप में आम्र पल्लव का कांकना (वर को) बांधा जाता है।

(2) आम्र पल्लव कल्याण और मंगल का प्रतीक है। इसी उद्देश्य सिद्धि के लिए यह विवाह के पूर्व का अनुष्ठान विहीत है।

(3) आम्र वृक्ष में प्रचुर मात्रा में फल होते हैं। सन्तानोत्पति की प्रजनन क्षमता ही वृद्धि के उद्देश्य से यह रस्म प्रचलित है।

कांकना बांधने के पश्चात् एक बड़ा ही स्त्री आचार प्रचलित है। इस आम्र वृक्ष के तले वर खड़ा होकर आम की एक छोटी सी कोमल शाखा लेकर चबाता है और उसका रस वर की मां, ताई, चाची, मौसी आदि के हथेली में रखे हुए गुड़ पर बारी–बारी से थूक देता है, जिसे वे लोग खा लेती है। इस आचार को "अम्ल खावा" कहा जाता है। इस समय भी महिलाओं द्वारा गीत गाया जाता है। जो अम्ल खाती है वे उपवास रहती है। उसे वर की ओर से नये वस्त्र (साड़ी) दिये जाते हैं। नये वस्त्र पहनकर ही अम्ल खाए जाते हैं।

अम्ल खाने के पश्चात् मां अपने पुत्र को (वर को) गोद में बैठाकर अन्तिम बार के लिए अपना स्तन पान कराती है और 3 बार पूछती है–बेटा, तुम कहां जा रहे हो? उत्तर में वर (बेटा) कहता है– मैं तुम्हारी सेवा करने के लिए दासी लाने जा रहा हूं।

इसके बाद उसके कंधे पर एक नई चादर (उत्तरीय) रख देती है। उस चादर के एक कोने में सभी अशुभ नाशकारी मंत्रपूत सरसों बांध देती है। इस लौकिक आचार में सभी अशुभों का नारा करके कल्याण और आयु की कामना की जाती है। इसके बाद वर बारात के साथ प्रस्थान करता है। इधर पुरुष विहीन स्त्रियां सुरक्षा की दृष्टि से रात जागती हैं और मनोरंजन के लिए डोमकच गीत गाकर नृत्य करती हैं। इस समय पुरुषों की पोशाक पहनकर नृत्य करती हैं।

बेहराबे गे बरेक माय, साजल गुजल सड़िया,
तेरे अंगिनाय, हामें नाचबो मल्हरिया, तोरेअंगिनाय।

भावार्थ– महिलाएं वर की मां को सम्बोधित करके कहती हैं– हे वर की मां, तुम्हारे संदूक आदि जगहों में जो साड़ियां रखी है, उन्हें निकालो, उन कपड़ों को हम लोग पहनकर तुम्हारे आंगन में मल्हरिया के नाच नाचूंगी।

जब कन्या के गांव में वर बारात पहुंचती है तो गांव के हरेक परिवार के दरवाजे पर वर को कुछ क्षण ठहरना पड़ता है। इस समय गांव से प्रत्येक परिवार अपने–अपने दरवाजे पर वर को गुड़ और पानी खिलाते हैं। इसके बाद ही कन्या के घर के दरवाजे पर पहुंचते हैं। वहा एक दिखावा युद्ध किया जाता है। इस युद्ध को "नटुआ नृत्य" कहते हैं। युद्ध में कन्या पक्ष के योद्धा गण पराजय स्वीकार करते हैं। तत्पश्चात द्वार पर महिलाओं द्वारा विभिन्न प्रकार के गीतों से वर एवं बारातियों

का स्वागत करती हैं। उदाहरण स्वरूप एक स्वागत गीत प्रस्तुत है–

हेंसरल पेंसरल आइले बोरियात, बइसले हांठु माइड़,
बिड़ीतामुक खाले बोरियात उठले धीरे–धीरे।

भावार्थ– थके हुए आप लोग आये हैं और आकर बैठ गये तथा जब बीड़ी, तम्बाकु पीने के बाद कुछ थकावट दूर हुई तो आप लोग धीरे–धीरे उठ खड़े हुए।

विभिन्न गीतों के माध्यम से वर की परीक्षा के लिए उससे विभिन्न प्रश्न पूछे जाते हैं और उनका सम्भावित उत्तर भी दिया जाता है।

मंडप में जाने के पूर्व वर को सुपारी, जल एवं दूब घास से परछा जाता है। इस समय केन्द्र या रेड़ी के तने का बनाया हुआ ऊखल द्वारा तीन या पांच बार उसके चारों ओर घुमाया जाता है और एक सरवा में गोबर के पांच गोले एवं अरवा चावल के चौरट्ठे के पांच गोले रखे हुए रहते हैं। जिन्हें पहले गोबर के तत्पश्चात चौरट्ठे के गोले को आगे पीछे फेंकती हैं। इस प्रकार जितनी बार ऊखल को घुमाया जाता है उतनी बार इस सरवे को कुटती है। इसी ऊखली द्वारा वर–वधू को विदाई के समय गांव की सीमा पर इसी से परछा जाता है। लेकिन अब यह आचार कन्या की भाभी द्वारा सम्पन्न होता है। इसके बाद यह ऊखल कन्या का ससुराल बड़े ही यत्नपूर्वक ले जाया जाता है और ससुराल में भी इस ऊखल से वर–वधू को परछा जाता है। यह कार्य संभवतः किन्हीं अदृश्य बाधा और विघ्न के निवारण के लिए किया जाता है।

स्वागत सत्कार के पश्चात केवल बारातियों को मण्डप में बैठाया जाता है, तब तक वर को दरवाजे पर ही रुकना पड़ता है। वर पक्ष के यहां से नये बांस की दो हुड़पियों (टोकरियों) में लाई गई विभिन्न सामग्री को मण्डप में रखा जाता है। इन टोकरियों में कन्या के लिए "गोहुमा साड़ी" आभूषण तथा अन्य शृंगार प्रसाधन होते हैं। इन सभी सामग्री के अतिरिक्त चेंग मछली, दही, सुपारी, सिंदूर, सरसों, तेल, खप्पर का टुकड़ा, नटुआ, सूता, दस किलो धान, प्रदीप एवं 7 प्रकार की मिठाई रहते हैं।

इसी सामग्री में से सबसे पहले कन्या को एक पीतल का आभूषण साधारणतः चूड़ी पहनाई जाती है। तत्पश्चात सोने या चांदी के आभूषण तथा गोहुमा साड़ी पहनाकर "महुआ विवाह" के लिए ले जाया जाता है। महुआ विवाह ठीक वर के आम्र विवाह जैसा होता है। महुआ विवाह के पश्चात् कन्या को कन्या के बहनोई द्वारा "कांकना बांधा" जाता है। कांकना बांधने के समय भी गीत गाये जाते हैं जो वर पक्ष के "कांकना बांधा" गीत उल्लिखित है।

वियोग गीत –

रे रेला रे रेला रेला, रे रेला रायहलो

छोटू दे गाजुर हिन्दु रायहलो
नियारा जोर–तोर लायोर रायहलो
सांगी रे तासी डाकी रायहलो
डिंडा रे राज रे मंडी रायहलो
अदेरे राजो पुतो रायहलो
इदेका बारा पुंडकी रायहलो

उपरोक्त मुंडारी लोकगीत है।

भावार्थ– घोटुल कुंवारे आदिवासियों का एक पारम्परिक प्रेम–क्रीड़ा स्थल है। जब नायिका की शादी तय हो जाती है तो उदास प्रेमी कहता है–"घोटुल में शोर होता था, यहां तुम्हारा प्रेमी भी था, जिसे तुम उदास छोड़कर जा रही हो। अब तक तुम कुंआरों के राज में रहती थी, पर अब तुम इसमें कभी न आ सकोगी। शीघ्र ही तुम जान जाओगी कि वैवाहिक जीवन कैसा होता है।"

सारा धोती या साला धोती गीत–

1. कन देशले आइल रे बहनोई बाबू,
   सला संगे झूंट लांगे, साला के बहिनी मांगेरे।
2. आगु लूटिबि भाइरे साला धूती,
   त्बेरे बहिनी दिबि, तबेरे बहिनी दिबि रे।।

भावार्थ– कन्या पक्ष की महिलाएं कह रही हैं–किस देश से बहनोई आ गया है और अपने साले से झगड़ते हुए उसकी बहन को मांग कर रहा है।

महिलाएं आगे कहती हैं– पहले साला धोती लूट लो। उसके बाद ही बहन को सम्प्रदान में दो।

प्रो. डॉ. बंकिम चन्द्रजी के कथनानुसार आम्र पल्लव अस्त्र का प्रतीक है। जो पराजय स्वीकार करते हुए सालाजी वर को अपना शस्त्र समर्पित कर देता है। मस्तक के पगड़ी शिरस्त्राण का प्रतीक है। यह युद्ध की अन्तिम परिणति (पराजय) की ओर संकेत करता है।

आदिवासी जाति के वैवाहिक बन्धन का अंतिम निर्णय करने के समय वर पक्ष के लोग कन्या पक्ष के प्रश्नों के उत्तर देते हुये अपना परिचय प्रस्तुत करते समय यह श्लोक कहा जाता है जिसका आशय है कि हम आदिवासी हमारा पहनावा सफेद धोती है, नित्यप्रति अपने ईष्टदेव शिवजी का ध्यान करते हैं।

इस ऐतिहासिक साक्ष्य से यह प्रमाणित होता है कि आदिवासी जाति का इष्टदेव देवाधिदेव महादेव शिवजी हैं और यही कारण है कि वर्षान्त में चैत्र संक्रान्ति के दिन शिवजी के भक्तों का पर्व "भगता पर्व" का अनुष्ठान सभी स्थान पर चैत्र संक्रान्ति में ही केवल नहीं होता वरण उस दिन से शुभारम्भ होता है। कहीं वैशाख के संक्रान्ति में तो कही बुद्ध पूर्णिमा अथवा वैशाख या जेठ के किसी निश्चित दिन में मनाया जाता है।

आदिवासी बहुल गाँवों में प्रायः शिव मंदिर, जिसे स्थानीय भाषा में "मंडप" या मंडा कहा जाता है, देखने को मिलता है। मंदिर के निकट ही काली मंदिर भी देखने को मिलता है।

यह पर्व व्रत की तरह मनाया जाता है। प्रथम दिन केश और नाखून कटवाकर विधिवत् संयत रखा जाता है जिसे "संवत्" कहते हैं। यह व्रत स्त्री–पुरुष सभी करते हैं। संजत के दिन एक विशेष काष्ठ निर्मित शिवजी का प्रतिनिधि जिसमें प्रतिवर्ष एक–एक लोहे की काँटी (कील) गाड़ दी जाती है जिसे "पाट" कहते हैं। इस पाट को जनजाति के सभी परिवारों के यहाँ ले जाकर तुलसी मंच या तुलसी पीढ़ा में रखकर उसकी पूजा अर्चना की जाती है। "पाट" को ढ़ोनेवाले भक्त को "पाट भगता" या "पाटोनी" (प्रधान भक्त) कहा जाता है। पाट को लाने के समय उसके साथ पूजारी "पाट भगता, नाया तथा वाध ढ़ाक (वृहताकार ढ़ोल) व घड़ी घंटे भी बजते रहते हैं। परिवार के लोग आदर सत्कार के साथ दक्षिणा आदि देकर विदा करते हैं। प्रत्येक भक्त के हाथ में बेंत की एक छड़ी रहती है। महिला व्रतधारी के पास छड़ी नहीं रहती। महिलायें केवल व्रत करती है। मनौती करती है और मनोकामना पूर्ण होने के बाद भी व्रत करती रहती है।

दूसरे दिन पूर्ण उपवासी रहते हैं और संध्या के समय एक निश्चित तालाब में भक्तगण एक साथ मिलकर स्नान करते हैं। इसे "भगता स्नान" कहते हैं। स्मरण रहे यहाँ ढ़ाक, ढोल, घड़ी घंटे बजते रहते हैं।

"भगता स्नान" करने के पश्चात भींगे हुये कपड़े में ही "ढाक शुद्ध" करने के लिये मंडप आते हैं।

"ढाक शुद्ध" के पूर्व घुमइल दिया जाता है। अर्थात् ढाक द्वारा देवताओं की अराधना की जाती है जिसे "घुमइल देउआ" कहते हैं।

घुमइल देने के पश्चात जाँधाल बैठाया जाता है अर्थात् मंडप में बैठे हुये भक्तगण के कंधे पर ब्राह्मण, पोटोनी और गाँव के प्रधान "पैर देकर पार होते हैं जिसे "जाँधाल बइसा" कहते हैं। तत्पश्चात सभी भक्तगण एक दूसरे के बेंत पकड़कर मंडप के चारों ओर घूमते हैं, इसे "चाँवर झोला" कहा जाता है। इसके बाद ढ़ाक शुद्ध का प्रारंभ होता है।

ढ़ाक शुद्ध के समय सभी भगतागण मिट्टी पर लेट जाते हैं। उसके बाद "पाटोनी" प्रत्येक भगता के पीठ पर एक थप्पर मारकर कहते हैं–"कान पत" उत्तर में भगतागण कहते हैं–"हनुमान

पत" उसी प्रकार सभी भगतागण एक–एक करके उठकर नाचने लगते हैं। उसके बाद ढ़ाकशुद्ध के लिये मंडप में पुनः बैठ जाते हैं और सब मिलकर ढ़ाक शुद्ध के गीत गाने लगते हैं। उस समय सारा गाँव गुँजायमान हो उठता है।

ढ़ाकशुद्ध के गीत गाते हुये कुछेक भगतागण बोल उठते हैं–"दया करो" दयामयी हे, तुमार बिना केऊ नाय हे" तथा शिवाय बोलो, शिवाय बोलो" आदि कहकर लेट जाते हैं और कई एक बार लेटे हुये लुढ़कते हैं। इस अनुष्ठान को "गाजन" के नाम से जानते हैं।

इसी प्रकार सारी रात धूमधाम से तरह–तरह के नृत्यगीत आदि मंदिर के निकट होता है और उत्सव मुखर वातावरण में सभी लोग प्रफुल्लित हो उठते हैं। पर्व के दिन कहीं–कहीं भक्तगण एक ऊँचे लकड़ी में संयोजित और एक लकड़ी की सहायता से भक्तगण एक–एक करके घूमते हैं। इसे "भगताघुरा" कहते हैं तथा उस लकड़ी को "भगताखुँटा" कहा जाता है तथा उसे वर्षोभर तालाब के अन्दर रखा जाता है।

भक्तगण जब–जब मंदिर से भगता खुँटा तक जाते हैं वह एक अद्भूत दृश्य होता है। भक्त के पीठ के रीढ़ के दोनों ओर लोहे का अंकुश "भगता काँटा" घूसा दिया जाता है और अंकुश में मजबूत डोरी बाँधी रहती है। इस डोरी को हाथ से पकड़कर खींचते हुए भगता खुँटा तक नाचते हुये जाते हैं। तथा उसके साथ बहुत से विदुषक नाचते हुये उनका साथ देते हैं। ऊपर वाले क्षैतिज लकड़ी तक चढ़ने के लिये एक सिढ़ी की सहायता से चढ़कर ऊपर पहुँचने के बाद ऊपर में बने हुये मंच के लोग भक्त को क्षैतिज लकड़ी में सावधानीपूर्वक बाँध देते हैं और तीन, पाँच या सात बार ऊपर में ही घुमाया जाता है। घूमते समय भक्त अटल भक्ति और आनन्द से गद्गद् होकर भगवान शिव का स्मरण करते हुये गीत गाते हैं।

इस अनुष्ठान के बाद भक्तगण "पारन" करते हैं। पारन के दूसरे दिन शिवमंदिर के निकट के काली मंदिर में पाँठा की बलि चढ़ाई जाती है, जिसका प्रसाद गाँव के सभी लोग भक्तिपूर्वक ग्रहण करते हैं। उदाहरणार्थ कुछ गीत नीचे उल्लिखित है –

ढाक शुद्ध के गीत–

इ गंगा गणपति गोबरे थापिता,
इ चार कुन मंडली मध्ये मानिक थाक,
इ छँट–छँट हनु गिलाक बड़ बड़ डेग,
इ बड़ बड़लुगिलाक छँट छँट डेग,
इ नंकाडेगिते हनु करे अनुमान,
इ हनुमान आविलेन विज–सीता रूइलेन गाछ,

इ आगु मेले आम कुहु तबे मेले गाछ,
इ दिने दिने गाछारि बाढ़े हाथ सात,
इ छुतार भया काठ काँउ साँवरे हरे–हरे,
इ आगो काटि पेड़ो काटि मध्ये खानिक ढाक,
इ छुतार भयाय छुल्ये दिलो निरमल कोरये,
इ छुतार भयाय दियें दिलो दस भगतार हाथे,
इ दस भगताय दियें दिलो पाट भगतार हाथे।
इ पाट भगताय दियें दिलो कामार भयार हाथे,
इ बारह गाछ नाइरकल तेरो गाछ ताल,
इ ताहिं तरे विसकर्मा पाइटलेन साल,
इ सालो पाटिये रे भाई गइढ़लेन कँठा,
इ कामार भयाय ठुक्ये दिलो कामर गूँगा कँठा,
इ कामार भयाय दियें दिलों तातिभयार हाथे,
इ ताँति भयाय छाहे दिलो पाट राँगा साड़ी,
इ ताँति भयाय दियें दिलो मुची भयार हाथे,
इ मुचि भयाय दियें दिलो मुची भवार हाथे,
इ मुचि भयाय छाहे दिलों कइपलार साड़ी,
इ पाट पाये साध्योत्या मष्तके मन दिलो,
इ ढाक त पाली गूसाँय काठी कोधा पाथ्स,
इ साँताली पर्वते आछेन कँढ़रेर गाछ,
इ केमने चिन्हिबो गुसाँय कँढेरेर गाछ,
इ केमने चिन्हिबो गुसाँय कँढेरेर गाछ,
इ चाकइल चाकइल पाट रे पाण्डुल बरनजतो,
इ छुतार भयाय कए काटे साँवरे हरे हरे,
इ आगो काटि पेड़ो काटि मध्ये खानिक काठे,
इ छुतार भयाय छुल्ये दिलो निर्मल कोरये,

इ छुतार भयाय दिये दिलो पाट भगतार हाथे,
इ पाट भगताय दिये दिलो साध्योल्धार हाथे,
इ काठि पाये साध्योल्या मष्तके मन दिलो,
इ बाँ काठि सोरोसोति दाहिन काठि सोई,
इ साध्योल्यारे बाढयोल्या तरा दूहि भाई,
इ आढ़ाई काठि बाजाँय दिये गाजब के जाय,
इ दया करो दया मोयी हे........

भावार्थ– भगता पर्व का सर्व प्रधान एवं अपरिहार्य अनुष्ठान ढाक शुद्ध है। ढाक शुद्ध की कहानी कहते समय माँ गंगा एवं सिद्धि दाता भगवान गणपति (गणेश) का नामोच्चारण के साथ इस ढाक शुद्ध का शुभारंभ होता है। भाव इस प्रकार है–

सर्वप्रथम मंदिर में गोबर से निर्मित माँ गंगा एवं भगवान श्री गणेश की स्थापना की गई और चार कोण वाले मंडली के ठीक बीचों–बीच मणि की तरह शिवजी चमकते रहे। सीता देवी को लंका से लाने के लिये वीर हनुमान के दलों की चाल के विषय में कवि कहता है कि जो छोटे–छोटे बंदर हैं वे तेजी से चल रहे हैं और बड़े हैं वे धीरे–गंभीर और मंथर गति से चल रहे हैं। महावीर हनुमान ने लंका से आमत का बीज लाया और सीताजी ने उस बीज को आदरपूर्वक बोया। यथासमय बीज अंकुरित हुआ और आम का पौधा प्रतिदिन सात हाथ करके बढ़ने लगा। कहने का तात्पर्य है कि बहुत जल्दी ही वह पेड़ एक विशाल वृक्ष के रूप में परिणत हुआ। छुतार (बढ़ती) भाई ने उस वृक्ष के तने को लाकर अपने यंत्रों से ढोल (ढाक) की आकृति में अति सुंदर ढंग से बनाया। तत्पश्चात उस सुन्दर निर्मल ढाक को भक्तों के हाथ सुपुर्द कर दिया। सभी भक्तों ने उस निर्मल ढोल को आनंदपूर्वक अपने पाट भक्त (प्रधान भक्त) के हाथ अर्पित किया। पाट भक्त ने इस ढोल को कामार (लोहार) को दिया। कामार भाई उस ढोल को अपनी भट्ठी के समीप में ले गया जो भट्ठी बारह नारियल, तेरह ताड़–पेड़ों से घिरी हुई जगह में बनाई गई थी। वहाँ पीतल के मनोहर कड़े बनाये गये और उन सुन्दर कड़ो से ढाक को सजाया।

अब कामार भाई ने ताँती को यह ढाक दिया तब ताँती ने उस ढाक को एक सुन्दर कपड़े से ढँक दिया। अब ताँती भाई ने कड़े युक्त और सुन्दर (साड़ी) कपड़े से सुसज्जित इस ढाक को मोची भाई के हाथ दे दिया। मोची भाई ने कपिला गाय के सुन्दर चमड़े से उस ढाक को अति सुन्दर ढंग से छा दिया और छाने के बाद पाट भक्त के हाथ समर्पित कर दिया। पाट भक्त ने इस सुंदर सुसज्जित ढाक को साधोत्या (वादक) के हाथ दिया। साधोत्या इस सुन्दर ढाक को पाकर सोचने

लगा और कहने लगा कि गुँसाईजी ढाक को मैं बिना छड़ी के कैसे बजाऊँगा?

उसने गुँसाई से कहा मैं छड़ी कहाँ पाऊँगा? तब गुँसाई (पाट भक्त) उत्तर देता है कि साँताली पर्वत पर कड़हर का पेड़ मिलेगा वहीं से तुम ढाक के लिये छड़ी काटकर लेते आओ। तब साधोल्या पुनः पूछता है—मैं उस पेड़ को कैसे पहचानूँगा? तब गुँसाई ने उसे पेड़ की पहचान करवायी। तब गीत के स्वर संस्कार स्वरूप गाये जाने लगे। इस स्वर लहरी में एक अद्भुत शक्ति निहीत है जो श्रम करते समय थकान को दूर करने में सहायता करती है और श्रम करने वाले को अविराम गति से परिश्रम करने में सहायता पहुँचाती है।

साधारण गृहस्थ के घरों में महिलायें ढेंकी में धान कूटते समय इन गीतों को गाती रहती है और अपनी थकान दूर करती है।

नदी व समुद्र में नाव चलाते समय माझी भी इन्हीं गीतों को गाकर मनोरंजन के साथ अपनी क्लाँति का अपमोदन करता है।

कल कारखाने में विशालकाय यंत्रों को स्थापित करने के समय श्रमिक वर्ग एक विशेष प्रकार के संगीतमय वाक्यों के सहारे गीत गाते हैं और शनैः शनैः यंत्र को यथा स्थान पर स्थापित करने में समर्थ हो जाते हैं।

आदिवासी संस्कृति में कृषि कार्य करते समय विविध प्रकार की स्वर लहरी की सहायता से गीत गाकर अपना मनोरंजन करते हुये बड़ी कुशलता से अपना कार्य संपादित करते हैं। इस प्रकार के गीतों का वर्णन नीचे दिया जा रहा है।

आषाढ़ा – 1. सरावन मासे ना जायहा चाकोरी गो,
मिंजि जातोई लोम्बी लोम्बी केश।

2. केथिक सुखाबे पोरभू दुइयो गड़ पनया हो,
केथिक सुखाबे लोम्बी केश।

भावार्थ–यह एक आदिवासी संस्कार गीत है। आषाढ़ और श्रावण मास में कृषि कार्य के उपयोगी प्रचुर वर्षा होती है और कृषि कार्य करने का यह सर्वाधिक उपयुक्त समय है इसलिये गृहस्थ के लोग बाहर जाकर कोई नौकरी करना उचित नहीं मानते हैं। इससे अपनी खेती–बारी नहीं हो पायेगी और कृषि उत्पाद न होने के कारण सभी को भुखमरी का शिकार होना पड़ेगा। इस प्रसंग में श्रृंगार से भरे इस गीत के माध्यम से नायिका अपने नायक (पति) से कहती है कि आषाढ़ और श्रावण के महीने में नौकरी के लिये बाहर नहीं जाना चाहिये। बाहर जाने से मेरे सुन्दर लम्बे–लम्बे केश भींग जाएंगे जिसे सुखाना बड़ा कठिन होगा और नहीं सुखाने पर सर्दी आदि की बीमारी होना

स्वाभाविक है।

वह पुनः पूछती है कि हे प्रभु मैं अपने दोनों पैरों के पानी को कैसे सुखाऊँगी और मेरे सुंदर और लम्बे केशों को कैसे सुखाऊँगी? तब नायक कहता है कि धुप से दोनों पैरों के पानी को सुखा लो और आग के ताप (झरक) से अपने लम्बे व सुन्दर केशों को सुखा लेना।

राग–रागिनी प्रयोग के अनुसार यह मुहम्मद रजा की राग–रागिनी पद्धति में प्रयुक्त मालकौंस पुरुष राग श्रेणी का राग है जिसके 6–6 पुरुष राग तथा 6–6 रागिनियाँ होती है। मोहम्मद रजा बागे श्री राग को राग मालकौस की रागिनी मानते हैं। अतः आदिवासी संस्कार गीतों में राग– रागिनी की स्पष्ट छाप है। स्व. भातरखंडे ने भी इस पद्धति को स्वीकार किया है।

आदिवासी संस्कार गीतों में राग–रागिनी का भी प्रयोग हुआ है, जैसे–

1. निहुरी निहुरी डॉडा टुटी केतिखन छुटी,
   निहुरी निहुरी डॉडा टुटी रे फुटी, केतिखन घुटी।।
2. रोद पानी राइत काना केसने सुखायब देना,
   सबरन खाय सिनान कोरि रे बोसि, केतिखन छुटी।
3. फूल देलो लुर धान आदते खामारे बान,
   निहुरी निहुरी डॉडा टुटी केतिखन छुटी।
4. ढेकी रे ढेकी, बाछा खाति मोरि,
   धान कुटा, धान सिझा रे केतिखन घुटी।

राग–रागिनी पद्धति के अनुसार प्रस्तुत संस्कार बेलावती थाट के कारण विवादित हो गया है। इसे पुन्डरीक विरढल की राग माला भी माना जा सकता है, क्योंकि बेलावुली थाट, नट–नारायण राग की रागिनी है। इस श्रेणी के पुरुष रागों का 5–5 रागिनियाँ और 5–5 पुत्र माने गये हैं।

एक अन्य विचारधारा श्री दामोदर पंडित की है जिन्होंने संगीत दर्पण में राग–रागिनी प्रणाली के तीन मत बताएँ हैं। श्री पंडित के अनुसार यह रार्गाणव मत राग–रागिनी श्रेणी का है जिसमें 6 राग और 30 रागिनियाँ होती है। इसका पुरुष राग देश अथवा देशाख्य है।

इससे स्पष्ट हो जाता है कि आदिवासी संस्कार गीतों में भी राग–रागिनी के स्वरूप स्पष्ट है। यद्यपि ये विशुद्ध लोक गीत की धुन हैं तथापि मध्यकालिन मेल–वर्गीकरण का अंश इन संस्कार गीतों में प्रर्याप्त है।

भावार्थ–प्रस्तुत आदेवासी संस्कार गीत में ढेकी कूटने वाली एक विवाह बंधन में बंधी हुई महिला की उक्ति प्रस्तुत की गई है जिसमें वह कहती है कि ढेकी कूटते–कूटते मेरी कमर अट रही

है। अर्थात् परिश्रम से थक चुकी हूँ। मुझे इस काम से क्या ससुराल में मुक्ति मिलेगी? मैं स्वर्ण रेखा नदी में स्नान कर अपने कपड़ों को कब धूप में सुखा सकूंगी क्योंकि काम करते–करते कुबेला हो गई है। स्नान का समय पार हो गया है। झुलुर नामक धान में फूल आ गये हैं। अब यह धान भी तैयार होने वाला है और कूटने का सिलसिला बढ़ जायगा, मैं यूँ ही परिश्रम करते–करते मर रही हूँ फिर भी धान सिझाकर पुनः ढेकी में कूटना होगा। कहने का तात्पर्य नारी परिश्रम का अंत नहीं है।

1. सातो भइया, सातो भइया सातो हाराबहिया,
   मेरे एके बाबाय एके बाँबाये पारो होई को–दिरिया,
   मेरे एके बॉबाय एके बॉबाये पारो होइ कोदरिया।।
2. गोछयिते गछलम् माय मंझिल हारा काड़ोवा,
   थोरे ताओ नाहिं उठय गो निरमल पनियों,
   थोरे ताओ नाहिं उठय गो निरमल पनियों।।
3. गोछयिते गछलम माय संझिल हारा काड़ोवा,
   भीरे ताओ नाहिं उठय गो निर्मल पनियाँ,
   भीरे ताओ नाहिं उठय गो निर्मलपनियाँ।।
4. गोछइते गछलम माय घुरल सींघा भेइवा,
   योरे ताओ नाहिं उठय गो निर्मल पनियाँ,
   योरे ताओ नाहिं उठय गो निर्मल पनियाँ।।
   सातो भइवा .... इ ....
5. गोछइते गछलम माई इंदूर बोन्दी बेटिया,
   योरे भभकल उठय गो निरमल पनियाँ।
   योरे भभकल उठय गो निरमल पनियाँ।।

भावार्थ–प्रस्तुत श्रम गीत में एक किसान और उसके सातों पुत्र एक जलाशय खोद रहे हैं, जिसके लिये विभिन्न मन्नतें रखी गईं किन्तु जलाशय में पानी नहीं मिलता। अंत में बेटी को गहने पर निर्मल जल की धारा उमड़ पड़ी। इसी कहानी को गीत के रूप में गाया गया है। भाव यह है सातों भाई अपने–अपने सात हल बैलों (काड़ा) के सहारे जलाशय के लिये हल चला रहे हैं और उस मिट्टी को उनके बाबा (पिता) अकेले ही कुदाल की सहायता से हटा रहे हैं। पहले मझले हल के काड़े को गछा गया, बाद में संझले काड़े को गछा गया फिर मुड़े हुये सिंग वाले काड़ा को गछा गया अर्थात्

बहुत गड्ढ़ा खोदा गया किन्तु फिर भी उस तालाब में पानी नहीं निकला। अंत में अपनी छोटी बहिन (पिता की छोटी लड़की) को गछते ही जलाशय में निर्मल जल की धारा फूट पड़ी और यह देखकर सभी प्रफुल्लित हो उठे।

विविध गीत

1. काँहाँ मालिन बाजेय जड़ा रे धामसा,
   सुना, मालिन गे काँटा मालिन बाजाय करताल।
2. आखड़ाहिं बाजय जड़ा रे धामसा,
   सुना मालिन गे राजा घारे बाजय करताल।
3. केइसन केइसन बाजय जड़ा रे धामसा,
   सुना मालिन गे केइसन केइसन बाजय करताल।
4. हिकिड़ गिडिंग बाजय जड़ा रे धामसा,
   सुना, मालिन गे झूमूर–झूमूर बाजय करताल।।

भावार्थ–इस पारंपरिक गीत में वाद्य यंत्रों का प्रश्नोत्तर शैली में वर्णन किया गया है। प्रश्न किया गया है कि युगल नगाड़े की जो ध्वनि है, वह कहाँ से आ रही है। तथा करताल कहाँ बज रहे हैं? इसके उत्तर में कहा गया है–अखाड़ा (नृत्य मंच) में युगल नगाड़े बज रहे हैं जिसकी मधुर ध्वनि सबों को मोह रही है और करताल राजा के दरबार में बज रहे हैं। पुनः पूछा गया है। नगाड़े और करताल में कैसे बोल बज रहे हैं। उत्तर में हम सुनते हैं –

नगाँड़े में 'हिकिड़–गिडिंग, हिकिड़–गिडिंग' की मधुर ध्वनि रही है और 'झूमूर–झूमूर' के स्वर करताल से निकल रहे हैं।

विविध गीत

1. आमा तरें सुलतलेरे दादा,
   नीमा तरें रे चोर।।
2. गोड़ेकेरि बिछुआरे दादा,
   लेये गेलो रे चोर।।
3. ताओ नाहिं जानोलेरे दादा,
   पापी पियो चोर।।

आदिवासी संस्कार गीतों में स्वरलिपि के कुछ उदाहरण इस प्रकार हैं। यह एक विवाह गीत है। यह खोरटा भाषा में गाया गया एक भूमिन संस्कार गीत है।

आदिवासी विवाह गीत

साते हो घोड़वा गोसाई सातो असवार
अगिलहिं घोड़वा देवा सुरूज असवार
घोड़वा चढ़ल देवा करथी पुछार
कउने अवासे बसे मगत हमार

यह संस्कार गीत आदिवासी जनजातियाँ विवाह के समय गाते हैं। यह गीत खोरटा भाषा में गाया गया है।

अहो सगुनि अहो सगुनि सगुने बिआह
मैं तो जनइती गे सगुनी होयतो बिआह
अरे काँचे बाँसे डलवा गे सगुनी रखती बिनाय

शहनाई आदि की गुरू गंभीर आवाज से अखाड़ा मुखरित हो उठता है और इस गुरू गंभीर आवाज की तुलना वर्षाकाल के मेघगर्जन से की जाती है।

निष्कर्षतः कहा जा सकता है कि यह छोनृत्य वर्षाभिनन्दन के उद्देश्य से अनुष्ठित एवं मंचन होता है। प्राचीनकाल में यह नृत्य वन्य जीवन एवं मानव में वन्य–पशुओं एवं अन्य प्राकृतिक उपादानों की अनुकृति करते हुये तथा लौकिक मानवीय क्रिया–कलापों का अभिनय किया करते, परन्तु वर्तमान में ऐतिहासिक, पौराणिक धार्मिक कथाओं तथा देवताओं के संबंध में इस नृत्य का प्रचलन दृष्टिगोचर होता है।

क्षेत्रीय कार्य करते समय 'गणेश वन्दना' एवं 'अभिमन्यु वध' के आदिवासी अभिनय का स्वरांकन एवं छायांकन किया गया है जो निम्न प्रकार से सवाँरा गया है। इस प्रकार के गीत आदिवासियों के सभी संस्कारों में गाये जाते हैं। संस्कार गीत के अतिरिक्त मनोरंजन आदि के लिए भी गीतों का आदिवासी समाज में प्रचलन है, जैसे –

गणेश वन्दना–गणेश का प्रवेश : सिन्दूरो बरणों अंग मुषिको वाहन,
सकल काजेर सिद्धि दाताहर गौरिरंनदन,
नमो–नमो नारायण, नमो शिवेरो चरण।

कार्तिक का प्रवेश : सिकि सड़ानन मयुर बाहन, पार्वोतिनंदन,
धीरे आसेन बीर हाते धनु स्वर।

नन्दी भंगेर प्रवेश : छेले धरा लइगो एइला,
विस्टुपुरेर पाइख मारारा,

छेल्यार मागो, छेला घरा लुका,
ओई देखो आइसछे टूटा हड़का धरा।।

शिव का प्रवेश : बोम–बोम भोला बामे गिरि बाला,
हाड़ेर माला–गले दले,
भोलार हाते त्रिशुल धरा।

परशुराम का प्रवेश : शिवभक्त परशुराम कैलाये चलिलो,
गणेश कार्तिक दुई भाई, तारा ढार ना ड़िलो,
इसके पश्चात युद्ध होता है और इस युद्ध में केवल वाद्य–यंत्र का इस्तेमाल किया जाता है।

भावार्थ–शिव पार्वती के पूत्र श्री गणेशजी की मैं वन्दना करता हूँ जो सिन्दुर वरण के हैं और जिनका वाहन मूषक है तथा जो सभी कार्यों में सिद्धि प्रदान करने वाले हैं। उस सिद्धिदाता गजानन, गणेश को मैं प्रणाम करता हूँ।

पुनः पार्वतीजी के द्वितीय पूत्र देव सेनापति षड़ानन कार्तिकेय की मैं वन्दना करता हूँ जो मयूर वाहन वाले और हाथ में तीर धनुष लिये हुए हैं। इस कार्तिकेय को भी मैं प्रणाम करता हूँ।

भगवान शंकरजी के नन्दी और भृंगी नामक दो सहचर आ रहे हैं जिनका चेहरा बड़ा ही कुरूप है और इन्हें देखकर गाँव के लोग अपने बच्चों को यह कहकर छिपा लेते हैं, कि ये दोनों बच्चा पकड़ने वाले हैं किन्तु वास्तव में ये बच्चा पकड़नेवाले नहीं है वरन् विष्टुपुर के पक्षी मारने वाले व्यक्ति है।

अब, देवाधिदेव भगवान महादेवजी बम–बम भोला करते हुए आ रहे हैं उनके गले में हड़्डियों के हार लटक रहे हैं और उनके बायीं ओर गिरिराज कन्या स्वयं पार्वती भी है। शिवजी के हाथ में त्रिशुल विद्यमान है। मैं भगवान शंकर एवं पार्वतीजी को भक्तिपूर्वक प्रणाम करता हूँ।

अनन्तर परशुधारी भृगुराम (परशुराम जी) भी कैलाश शिखर पर गमन कर रहे हैं। इन्हें देखकर भगवान श्री गणेश एवं कार्तिकेय दोनों भाई उनके मार्ग को अवरुद्ध करते हैं, उन्हें कैलाश पर्वत जाने के लिए रोक रहे हैं।

इस प्रकार आदिवासी जन जीवन में लोकगीतों का एक विशेष स्थान है। जनजातियों में इनका व्यापक प्रभाव है। ये गीत भावुक और संवेदनशील जनजाति के हृदय का स्वाभाविक उद्‌गार है। इन गीतों में छन्द, स्वर का नहीं वरन् लय का माधुर्य होता है। इन गीतों में अभिव्यक्ति की भावनाओं और विचारों की विलक्षणता होती है। अपने क्षेत्र की सभ्यता, संस्कृति और परम्पराओं की सच्ची झाँकी इन गीतों में प्रकट होती है। इनके भाव–वैविध्य और शैलीगत भिन्नताओं की कोमल

संयोजना से मन मुग्ध हो जाता है। ये गीत जिन संस्कारों में गाये जाते हैं, उनके साथ मिलकर तो ऐसा प्रतीत होता है कि इतने मधुर और प्रभावशाली गीत अन्यत्र नहीं मिल सकते हैं। इनमें आदिवासी जनजीवन की अन्तरंग धारा का ज्ञान निहित है। ये अपने क्षेत्र विशेष के लिए वरदान स्वरूप हैं तथा लोक जीवन को सतत् रससिक्त करते रहने की इनमें अद्म्य क्षमता होती है। ये लोकगीत विभिन्न संस्कारों, ऋतुओं तथा विभिन्न त्योहारों में गाये जाते हैं। खेतों–खलिहानों में काम करते समय परिश्रम जनित थकावट को दूर करने के लिए गाये जाते हैं। अतः ये गीत छंद, स्वरलिपि, राग–रागिनि आदि में आबद्ध नहीं होकर भाव–संवेदनाओं आदि से ओत–प्रोत होते हैं।

जन्म से विवाह तक के संस्कारों से सम्बन्धित आदिवासी संस्कार गीतों को जिन भावों से सम्बन्धित लौकिक विधियाँ और उपविधियाँ प्रचलित हैं, उन सब प्रकार के गीतों को यथासंभव इस लेखन में समाहित करने का प्रयास किया गया है।

मृत्यु–संस्कार में प्रायः गीत नहीं गाये जाते हैं। केवल हो और संथाल जाति के शिवनारायणी सम्प्रदाय में ही मृत्यु के समय, श्मशान जाते हुए गाने बजाने का प्रचलन है। ऐसे अवसर पर प्रायः निर्गुण गीत ही गाये जाते हैं। इसलिए इन गीतों को इस पुस्तक में स्थान नहीं दिया गया है।

प्रस्तुत पुस्तक में जिन गीतों को संकलित किया गया है, वे सभी आदिवासियों के विभिन्न क्षेत्रों से एकत्रित किये गये हैं। इन गीतों को आदिवासियों के भाषा–रूपों की दृष्टि से नहीं बल्कि संस्कारों के अनुसार स्थान दिया गया है। जो गीत जिस रूप में प्राप्त हुए हैं, उन्हें उसी रूप में प्रस्तुत किया गया है। एक ही विधि के गीत, जो विभिन्न क्षेत्रों से प्राप्त हुए और उनमें परस्पर साम्य मिला, उनमें से किसी एक ही गीत को इस लेखन में स्थान दिया गया है। सांगीत कला के आग्रहवश प्रायः गीतों में ह्रस्व के स्थान पर दीर्घ और दीर्घ के स्थान पर ह्रस्व का उच्चारण स्वाभाविक है। ऐसे स्थलों पर गीत के उच्चारण के अनुसार ही वर्ण विन्यास एवं स्वर लिपियों को रखा गया है।

इन गीतों में जिन शब्दों का प्रयोग हुआ है, वे शब्द भावार्थ के दृष्टिकोण से प्रयुक्त हुए हैं। रागों को स्पष्ट करने के लिए सांगीतिक विश्लेषण भी दिये गये हैं। परन्तु प्रस्तुत लेखन में भावों की प्रधानता है जो आदिवासी लोकगीतों की आत्मा है।

आदिवासी संस्कार गीतों में सहज भावाव्यक्ति की प्रधानता रही है। रस, छंद अलंकार आदि के बंधन की सीमा रेखा बहुत सख्त नहीं है। हृदय के सहज उन्मुक्त भाव की अभिव्यक्ति ही संस्कार गीतों की मुख्य प्रकृति होती है।

आदिवासी संस्कृति का सम्पूर्ण कलेवर प्रकृति पर आश्रित है, अतः आदिवासियों के जीवन से जुड़े संस्कार और संस्कार गीतों में भी प्रकृति की प्रधानता देखने को मिलती है। वास्तविकता यह है कि आदिवासियों के जीवन में और इनके जीवन से जुड़ी क्रियाओं में प्राकृतिक लयात्मकता है,

सहजता और सरसता भी है जो इनके द्वारा गाये जाने वाले गीतों में स्पष्ट दिखता है। आदिवासियों के संस्कार गीत केवल सम्बन्धित अवसरों में ही नहीं गाये जाते हैं, वरन् दैनिक कार्यक्रमों में भी ये गीत गाते हुए कार्यो का सम्पादन होता है, जैसे–कटनी, रोपनी, पिसाई आदि कार्य करते समय भी ये गीत गाये जाते हैं। गीत–संगीत इनकी जीवन शैली में समाहित है और ये गीत कहीं किताबों में या काव्यों में नहीं बल्कि जनजिह्वा में संकलित है। यही कारण है कि इनके संस्कार गीतों में भी छंद–अलंकार की अपेक्षा भाव रस की प्रधानता है।

छन्द के बन्ध, अलंकार की बेड़ियों से तनिक हटकर ये आदिवासी गीत रस और भाव से ओत–प्रोत होकर गाये जाते हैं। आदिवासियों की यह एक सहज अभिव्यक्ति है। यह श्रोता का कार्य है कि वह इन गीतों में रस, छन्द, अलंकार की उपस्थिति तय करे, सत्य तो यह है कि ये गीत मात्र भावों को हृदय के उद्‌गारों को गायक द्वारा लय प्रदान किया गया है। इन गीतों का प्राण तत्व लय और भाव है।

विवाह के अन्य गीत

1. धरना धरले आजा, बेढ़ना बेढ़ले गो,
   आजा राखि दिहा खिड़ोकी दुआइर।
2. खिड़कोकी दुआरिंग बेटी किया भालबे गौ,
   आजा भालोबो तरे पोरिवार।

कन्या अपने आजा (दादाजी) से कह रही है कि आप संबंध जोड़ (स्थापित कर) चुके हैं। अतः आप ऐसा सुदृढ़ और मधुर सम्बन्ध स्थापित करें ताकि विवाह के बाद भी हमारे सभी ससुराल के सदस्यगण आ–जा सकें। साथ ही आपके परिवार भी आ–जा सकें।

प्रस्तुत गीत लगन के समय भी गाये जाते हैं।

"धरना" शब्द अलंकारिक है। पहले अर्थ में एक परिवार के साथ संबंध स्थापित करना और दूसरे अर्थ में उस संबंध को सुदृढ़ कर (बांधना) रखना ताकि बाहरी आपदाओं से कन्या सुरक्षित रहे। इस गोत्र में अनुप्रास और श्लेष दोनों ही अलंकार का कुशलतापूर्वक प्रयोग किया गया है। इस गीत में "खिड़की" और "दुआइर" शब्द का प्रयोग किया गया है जिसका भाव मधुर सम्पर्क से है।

इन गीतों में विवाह ठीक करने की बातें कहीं गयी है। जब विवाह पक्का समझा जाता है और "दुआइर जाँता" के दिन विवाह का दिन निश्चित किया जाता है तब विवाह के तीन दिन, पाँच दिन, सात दिन या नौ दिन पहले "लगन बाँधा" रस्म होती है। साधारणतः लोग तीन दिन का ही व्यवहार करते हैं। लगन के रस्म में मुख्यतः हल्दी की गाँठे होती है। इसके अलावा सुपारी, अरवा, चावल, सूता और कुछ पैसे आदि सामग्रियाँ शामिल रहते हैं। विवाह के जितने दिन पहले लगन बाँधी जाती

है, उतनी ही हल्दी की गाँठे नये सफेद कपड़े को हल्दी के रंगों में रंगकर उसमें पटसन की रस्सी में बाँधी जाती है। इसी दिन से वर और कन्या को हल्दी और सरसों तेल लगाया जाता है। कभी–कभी कुर्मि समुदाय में "टिप" लगन भी होता है। "टिप" लगन का तात्पर्य है जिस दिन विवाह का दिन होता है और केवल उसी दिन यानि विवाह के दिन ही कन्या और वर का हल्दी तेल लगाया जाता है।

हरदी पीसइते भोजी धामी गेल,
भोजी बेड़ी सुखी भेल,
भोजी बेड़ी सुखी भेली गो।
जाहिं आजा भोजिक बापके कोहिदिहिं,
कामिनी डाकिये देते वियोंनी डलाये देतेय गो।

उपर्युक्त गीत से पता चलता है कि भाभी काफी धनी घर की है। कभी काम ही नहीं किया है, इसलिए हल्दी पीसते–पीसते भाभी पसीना से लथपथ हो जा रही है। उनको देखकर ननद और देवर दोनों उपहास करते हैं तथा आजा (दादाजी) से कहते हैं कि हे आजा, भाभी के पिताजी से कहिए कि हल्दी पीसते–पीसते आपकी बेटी पसीना से लथपथ हो गई है, इसलिए आप एक नौकरानी भेज दीजिए और उनके साथ एक वियोनी (पंखा) भिजवा दीजिए ताकि उन्हें हवा करके पसीने से मुक्त किया जा सके।

यह गीत कन्या पक्ष एवं वर पक्ष दोनों पक्षों द्वारा गाया जाता है। यह गीत आदिवासी संस्कार गीत है। इस गीत से यह व्यक्त होता है कि पिछड़ी जनजातियों में गाये जाने वाले गीतों का स्वर पक्ष अधिकतर सप्तक के पूर्वार्द्ध या उत्तरार्द्ध के तीन–चार स्वरों में ही पूर्ण हो जाती है।

हल्दी तेल लगाने के पश्चात वर और कन्या अपने घर से बाहर निकल नहीं सकते हैं और उन्हें सुरक्षा के दृष्टिकोण से वर के हाथ में सुपारी काटने को सरौता और कन्या को काजल की कजरौटी बराबर हाथ में रखनी पड़ती है।

विवाह के दिन ही मंडपाच्छादन किया जाता है। मंडप कच्चे बाँस के द्वारा छाया जाता है। इस दिन कन्या की माँ और वर की माँ को उपवास रखना पड़ता है।

यह वर–पक्ष का मंडपाच्छादन गीत है –

1. काँचा–काँचा बॉसाकेरि, माड़वा छाड़ब,
   सेहो माड़वा नोये–नोये जाय।
2. नोये चला, नोये चला वर नूनू भाई,
   पगियाँय त धूरा लागि जाय।

3. लागे देहो, लागे देही आझूकेरी राइत,
   आनबो परेकर धीया, धवाय लेबोइ पाग।

उपरोक्त गीत में 'विभाव' के दोनों पक्षों का मिश्रण है। अर्थात् रस में प्रयोग होने वाला 'विभाव' की तीनों स्थितियाँ–आलंबन, आश्रय और उद्दीपन इस गीत में प्रयुक्त है। यह गीत 'करुण रस' का उदाहरण है। विभाव, अनुभाव और संचारी भाव के संयोग के कारण स्थायी भाव से करूण रस की अभिव्यक्ति हो रही है। यहाँ भाभी आश्रय विभाव तथा उसका देवर जो मंडप बाँध रहा है वह आलंबन विभाव है। चिन्ता, स्मृति, उन्माद आदि संचारी भाव है। इनके संयोग से उद्‌बुद्ध करूण रस के स्थायी भाव से अभिव्यक्ति हुई है। अतः यह करुण रस है।

प्रस्तुत गीत में मण्डपाच्छादन कच्चे बाँस द्वारा छाया गया है और वर का पगिया भेंट किया गया है। पगिया गंदा हो रहा है। इसलिए भाभी वर नूनू अर्थात् अपने देवर से कहती है–पगिया गंदा हो रहा है, जरा झुक करके चलिए, इसी संदर्भ में देवर अपनी भाभी से कहता है–भाभी आज की रात गंदा होने दीजिए, मैं अब दूसरे की धीया (पुत्री) लाने जा रहा हूँ, उसी के द्वारा पगिया धुलवाऊँगा।

काकर बाँधल हेकेई गो बाबा झिलिमिलि रे माड़वा,

काकर पसल हेकेई गो बाबा, हाँका जोड़ि रे पेरूआ।

बैठाक बाँधल हेकेई गो बाबा, रे माड़वा,

जेठिक पसल हेकेई गो बाबा हाँका जोड़ि रे पेरूआ।

टलमल करथ गो बाबा, झिलिमिलि रे माड़वा,

घूरी–घूरी कुँडरोय गो बाबा, जेठिक पसल रे पेरूआ।

कन्या–बाबा (दादाजी) यह झिलमिल मंडप को किसने बाँधा और इस कबूतर के जोड़ा को किसने पोसा है।

दादाजी–बेटी, इस झिलमिल मंडप का निर्माण तुम्हारे जेठा (बड़े पिताजी) ने किया और इस कबूतर के जोड़े को तुम्हारी जेठि (बड़ी माँ) ने पोसा।

कन्या–झिलमिलाता हुआ मंडप हवा से हिलता–डुलता है, साथ में कबूतर का जोड़ा भी गुटुर–गुटुर करता है। सुनने में अत्यन्त ही मधुर लगते हैं।

इसके बाद "अम्ल खावा" रस्म होता है। "अम्ल खावा" गीत निम्न प्रकार से दर्शाया गया है।

पात पाड़ी दे बहनोई पात कुढ़ाई दे,

तर नापें धोती देबो रे बोहनाई कांकना बाँधी दे।

अर्थात् कॉकना बाँधने के समय सालियाँ बहनोई से अनुरोध करती है कि आप आम के पत्ते को तोड़ लीजिए और मेरे भाई के हाथ में बाँध दीजिए। कथा के लिए यह कंगन महुएं के पत्ते का

होता है। काँकना बाँधने के बदले आपको एक सुन्दर धोती दूँगी।

इसके बाद अम्ल खावा रस्म होता है –

अन्त में कन्या का भाई पराजय स्वीकार करता है और दोनों मैत्रीपूर्ण भाव से कुछ मिठाई, पान के खिलि एक दूसरे को खिलाते हैं तथा आपस में आलिंगन करते हैं। इसके बाद वर और साला दोनों अपनी–अपनी पगड़ी आपस में बदल लेता है। इसे "सारा धोती" या ""साला धोती" कहते हैं।

इधर वर पक्ष की ओर से प्राप्त किये हुए वस्त्राभूषण कन्या को पहना दिये जाते हैं, तदुपरान्त सुसज्जित कन्या को एक नये बाँस की टोकरी (डाला) में बिठाकर बहनोई मंडप में ले जाते हैं।

बहनोई द्वारा नये बाँस की टोकरी में कन्या को बिठाकर मण्डप में लाने के समय गाये जाने वाले गीत निम्न प्रकार हैं–

1. आजा आमार बड़ो गुनेर लोक छिलो,
   जुड़ि बाछ्ये, बिहा दिलो,
   जुड़ि बाछ्ये बिहा दिलो गो।

बहनोई द्वारा यह भाव व्यक्त किया गया है कि कन्या अति गुणवान थी, जिसे बिदाई करते दुख होता है।

यह आदिवासियों में गाया जाने वाला वैवाहिक गीत है। हो तथा मुण्डा जातियों में अम्ल खावा का एक गीत है। उस समय यह गीत गाया जाता है –

नूनूर बिहाय आसूबी मोसी, नूनूर अम्ल खाबी गो,
नूनूर बाबय कापड़ दिबेक मोसी, हाँस्ये हाँस्ये जाबी गो।।

भावार्थ–प्रस्तुत गीत दोनों पक्षों के घर में गाये जाते हैं। कन्या पक्ष के कोई लड़की मौसी को सम्बोधित करती हुई कहती है। ऐ मौसी! मेरी बहन के विवाह के अवसर पर अम्ल खाने के लिए अवश्य आना।

अम्ल खावा गीत का दूसरा उदाहरण –

1. महुल गाछेर तीन खेइ सूता, महुल गाछ के साज्येछे,
   नूनूर मोसी प्रेमदुलाली गो, अम्ल खाइते बइसेछे।
2. महुल गाछेक तीन खेइ सूता, महुल गाछके साज्येछे,
   नूनर काकी प्रेमदुलाली गो, अम्ल खाइते बइसेछे।।

महुआ वृक्ष को अरवा सूता से तीन बार लपेटा गया, इससे महुआ वृक्ष की शोभा बढ़ गई है। इस वृक्ष के तले कन्या की मौसी प्रेमदुलारी है जो अम्ल खाने के लिए बैठी है। ठीक उसी प्रकार

काकी (चाची) भी अम्ल खाने के लिए प्रतीक्षा कर रही है।

"अम्ल खावा" के पश्चात कन्या को घर पर लाया जाता है। इधर वर और बाराती की उपस्थिति में आँगन में एक अल्पना अंकित किया जाता है। अल्पना अरवा चावल के आटे की घोल से बनाई जाती है। इसे "चोक पूरा" कहा जाता है। यह रस्म केवल कन्या की फुआ अदा करती है।

भालो कोयके चोक पुरिहा फुफू
आइज फूफूक सोलो आना,
आइज फूफूक सोला आना गो।

हे फूआ! तुम इस विवाहोत्सव के खुशी की मुहूर्त में अच्छी अल्पना (चोक) अंकित करो। यह अल्पना कन्या के लिए मंगल का परिचायक है। इस अल्पना के लिए तुम्हें अपने भैया की ओर से पुरस्कार स्वरूप वांछित वस्त्राभूषण और पैसे मिल जाएँगे तथा तुम खुश हो जाओगी।

सभी क्रियाएँ सम्पन्न हो जाने के पश्चात अन्तिम रस्म सिन्दुरादान की रस्म है। अब वर को मण्डप में लाया जाता है। उस दिन कन्या का भाई अन्तिम प्रहरी बनकर दरवाजे पर युद्ध के लिए तैयार रहता है। इस समय वर और साले साहब के माथे पर पगड़ी बँधी हुई रहती है। अपने–अपने बहनोई के कंधों पर चढ़कर युद्ध करते हैं और पखुड़ी सहित आम्र–पल्लव वर और सालेसाहब के मध्य तीन बार आदान–प्रदान करने के बाद साले साहब अपना पल्लव वर के हाथों में समर्पित करता है।

बोहनोई आमार बेड़ा दुसमन छिलो,
डालाय भोरये बाहराँय दिलो,
डालाय भोरये बाहराँय दिलो गो।।

कन्या स्वयं आक्षेप करती हुई कहती है, मेरे आजा (दादाजी) बहुत गुणी व्यक्ति थे, जिन्होंने योग्य वर के साथ मेरा विवाह किया परन्तु मेरा बहनोई बड़ा दुश्मन है, जिसने डाला (बाँस की टोकरी) में बैठाकर मुझे घर से बाहर निकाल दिया।

इसके बाद वर का बाँया हाथ तथा कन्या के दाहिने हाथ के साथ कच्चे धागे से बाँध दिये जाते हैं। तदुपरान्त सिंदुरादान की रस्म होती है। सिंदुरादान के समय जब वर कन्या के माथे पर सिन्दुर डालता है उस समय मण्डप में बैठे सभी लोग तीन बार "हरि हरि बोल्ला" की ध्वनि से वातावरण को गुजाँयमान करते हैं। सिन्दुरादान के पश्चात् वर और वधू की चादरों को गाँठे बाँधकर जोड़ दिया जाता है। इस समय महिलाओं के कण्ठ से दर्द भरे गीत गूँजने लगते हैं।

सिन्दुराबान के समय गाये जाने वाले गीत –

1. खल खल हाँसय गो बाबा, सोसुर घारेक रे लक,

कन धारिई बसइ गो बाबा नोहिअरेक रे लक।।

2. आगु दिगे बइस गो बाबा सोसुर घारेक लक,
पेछू दिगे बराइ गो बाबा नोहिअरेक लक।।

3. झर झर काँदय गो बाबा नोहिअरेक रे लक,
खल खल हाँसय गो बाबा सोसुर घारेक लक।।

भावार्थ–प्रस्तुत गीत करुण रस का है। सिन्दुरादान के पश्चात् दोनों पक्षों के लोग मण्डप में बैठे हुए हैं, लेकिन बैठने का ढंग में भिन्नता है। वधु पक्ष के लोग पीछे बैठे हैं और निरन्तर रोते जा रहे हैं, मानो आँखों से झरने की भाँति आँसू अविरल धारा में बहते जा रहे हैं। ठीक इसके विपरीत वर पक्ष के लोग खिलखिला कर जोरों से अट्हास कर रहे हैं। यह एक वेदना और आनन्द का मिश्रित दृश्य दीख रहा है।

विवाह के पश्चात वर और वधू मण्डप में ही "चुमावन" के लिए बैठाये जाते हैं। सबसे पहले कन्या पक्ष के वयोवृद्ध लोग जैसे–दादा, दादी या नाना, नानी भेंट स्वरूप धातु के बर्तन प्रदान कर वर–वधू का चुम्बन लेते हैं। दादा–दादी या नाना–नानी न रहने पर यह कार्य पिता या जेठा (बड़े पिताजी) करते हैं। उसके बाद कन्या की माँ, मौसी, फुआ, ताई तथा अन्य कुटुम्ब जन भेंट स्वरूप वर्तन या अन्य वस्तु प्रदान कर दोनों का चुमावन करते हैं। इस रस्म को चुमावन या बाँदापन कहते हैं।

चुमावन या बाँदापन गीत –

1. बाँप जे चुमाइल कि, कि दिये मिनि के चुमाइल,
घरेरो अन्य धन, बाड़ी दूब घास, रूपा दाका गे मिनि बापे चुमाइल।

2. माये जे चुमाइल कि कि दियें मिनि के चुमाइल,
घरेरो अन्य धन बाड़ीरो दूब घास गेया दियें गे मिनि माये चुमाइल।

भावार्थ–प्रस्तुत चुमावन सबसे पहले पुत्री के पिता ने घर के अन्न (अरवा–चावल) एवं धान तथा बागान के दूर्बा घास और चाँदी के सिक्के से अपनी कन्या को चुमाया। तत्पश्चात कन्या की माँ ने घर के अरवा, चावल, बागान के दूर्वा घास तथा कामधेनू (दूधारु) गाय देकर चुमाता है।

उत्तर में कन्या कहती है–"अपने भाई को"। इस रस्म को "घार भरा" कहते हैं। इस रस्म का उद्देश्य है कि कन्या द्वारा अपने माता–पिता एवं भाई के घर में धन–सम्पत्ति रहने का आशिर्वाद प्राप्त करता है। कुर्मि जाति में कन्या को लक्ष्मी माना गया है। अतः कहीं इस विदाई के साथ–साथ घर की लक्ष्मी ही न चली जाय। इसलिए यह रस्म अनिवार्य रूप से सम्पन्न होती है।

अन्य गीत –

1. बाँधेर आइये जाइते जाइते पायेर आलता गो रेवाली,
   मायेर चोइखे धूला दिये मूनी, सासुरीरो अन्तर जुड़ाली।
2. लील साड़ी, लाल साड़ी मागो सकल साड़ी गो साध कुराली,
   एक खोइड़का सिंदुरेर लागी परेर बेटा हाथे धीली।।

भावार्थ–कन्या विदा होकर तालाब के तट के रास्ते (आइ) में जा रही है, उस समय माँ कन्या से कह रही है–इस समय तुम अपने सभी सहेलियों को छोड़कर जा रही हो इतना ही नहीं तुम इतनी कठोर एवं निर्दयी हो कि अपनी माँ को दुःख देकर अपनी सास की अर्न्तआत्मा को सुख शान्ति एवं खुशियों से भरने जा रही हो।

उत्तर में कन्या अपनी माँ से कह रही है–तुमने विभिन्न प्रकार की एवं विभिन्न रंग–बिरंगी साड़ियाँ देकर मेरी समस्त लालसाएं पूरी कर दी। कहने का तात्पर्य यह है कि जन्म से लेकर युवावस्था तक विभिन्न प्रकार के कष्ट दुख एवं अन्य यातनाओं को झेलकर मुझे बड़ा किया, लेकिन आज तुमने एक बिन्दी भर सिंदूर के लिए मुझे एक पराए लड़के के हाथ में सौंप दिया।

विदाई गीत –

मायो काँदे बापो काँदे, छामड़ाय डाँढ़ायें गो,
खेलिबा संगोति काँदे, घूलाते लटाये गो।

भावार्थ–कन्या विदाई के समय गीत के माध्यम से अपने दादाजी (आजा) को कह रही है कि घर पुआल (खेड़) से आच्छादित है, वह पुआल कुछ दिन के बाद भारी हो जाता है और उसे तुम बाहर कर दोगे। इसी प्रकार आज मैं बड़ी हो गई हूँ और आपका बोझ बन गई हूँ। इसलिए आज मुझे भी पुआल की तरह घर से बाहर कर रहे हो। ताकि अब आप निश्चिंत हो सकोगे। मैं अपनी ससुराल जा रही हूँ। प्रस्तुत गीत में कन्या अपने दुःख भरे अभिमान से कह रही है।

गीत गाती हुई महिलाएं वर–वधू को विदा करने के लिए गांव की सीमा तक पहुंचाती हैं। उस समय वर और वधू को एक सराबे में आग रखकर, उसमें सरसों, केश तथा भिलवे का धूंआ उन लोगों को लगाती है। विघ्न–बाधाओं से बचाने के लिए ही निगंछा (टोटका) किया जाता है तथा गांव की सीमा में वर और वधू की चादरों की गांठें कन्या की भाभी खोल देती है। इसके लिए वर या वर के पिता पारितोषिक रूप में कुछ पैसे देते हैं। इसे "संगीत छाड़ा" या संग छाड़ा" कहते हैं।

गांव की सीमा पर वर–वधू को अन्तिम विदाई देने के पश्चात महिलाएं जब कन्या के घर में पुनः प्रवेश करती हैं उस समय एक सुन्दर रस्म का रिवाज है। दरवाजे पर दो शिशुओं (जिनमें एक

लड़का और एक लड़की होते हैं) को पहले गुड़ पानी खिलाया जाता है। इसके बाद ही वे महिलाएं कन्या के घर में पुनः प्रवेश करती हैं। सम्भवतः वर–वधू अपने यहां इस रस्म को सम्पादित करें। इसी का पूर्वाभास प्रतीत होता है। यह आदिवासी संस्कार गीत का एक सुन्दर उदाहरण है।

इधर जब वर–वधू अपने गांव में प्रवेश करते हैं तो गांव के प्रत्येक परिवार के लोग अपने–अपने दरवाजे पर उन्हें कुछ क्षण रोककर गुड़–पानी खिलाते हैं और नववधू का मुखड़ा देखने के लिए कुछ पैसे देते हैं। जिसे "मू देखान" कहते हैं। इसके पश्चात वर–वधू अपने दरवाजे पर पहुंचते हैं, उस समय कन्या के घर से आई हुई रेड़ी या केंद की ऊखल से पूर्ववत् वर–वधू को परछा जाता है। परछने के बाद वर की मां अपनी नव–वधू का मुखड़ा देखने के लिए एक आभूषण पहनाती है। उसके बाद वर–वधू को गुड़–पानी खिलाती है। गुड़–पानी खिलाने के पश्चात् वर द्वारा वधु को बांए हाथ में एक लोहे की चूड़ी पहनाया जाता है जो सुहाग का प्रतीक है। इसे "खाड़ू" नाम से जाना जाता है। यह चूड़ी कुर्मि समुदाय की प्रत्येक विवाहित महिला अपने पति के जीवितावस्था तक अनिवार्य रूप से धारण करती है।

किसी कारणवश यह चूड़ी टूट जाती है तो इसे तुरंत बना लेना पड़ता है। जब तक यह चूड़ी अपने हाथ में नहीं पहन लेती तब तक उसे उपवास ही रहना पड़ता है। इससे प्रतीत होता है कि यह चूड़ी कुर्मि समुदाय की विवाहित महिलाओं के लिए बहुत ही महत्वपूर्ण है और उसके पति के जीवित रहने का द्योतक है।

"खाड़ू" पहनाने के बाद जब वर–वधू अपने घर में प्रवेश करना चाहते हैं तो वर की बहनें उन्हें दरवाजे में ही रोक लेती है। उस समय वर अपनी प्यारी बहनों को पारितोषिक रूप में कुछ पैसे देता है। प्राचीन काल में अपनी बहनों को गाय या बकरी दान देने की प्रथा थी, जो अभी केवल उसके मूल्य स्वरूप कुछ पैसे देकर मुक्त हो जाते हैं। पारितोषिक पाकर प्रसन्न बहनें दरवाजा छोड़ देती हैं और घर के अन्दर ले जाकर आदरपूर्वक बैठाकर उन्हें खीर खिलाती हैं। यहां वर की तरह वधू भी अपनी वांछित वस्तु पाने के लिए रूठती है। वांछित वस्तु प्राप्त करने के बाद ही वधू खीर खाती है।

कन्या के घर की भांति वर के घर में भी वर–वधू मण्डप में "चुमावन" के लिए बैठाए जाते हैं। जिस प्रकार कन्या के घर में सबसे वयोवृद्ध, जैसे– दादा–दादी, नाना–नानी सर्वप्रथम चुमाते हैं, ठीक उसी प्रकार यहां भी चुमाते हैं। तदुपरान्त वर–वधू को स्नान करवाने के लिए एक तालाब पर ले जाते हैं और वहीं वधू की बुद्धि परीक्षा हेतु तालाब में एक लोटे को छुपा दिया जाता है। उस लोटे को वर–वधू दोनों को खोजना पड़ता है। दोनों में से उस लोटे को जो पहले खोज निकालता है वही विजयी होता है। इसी प्रकार विवाह की रश्में पूरी हो जाती है। इस रस्म को "घोटी लूका" कहा जाता है।

आदिवासी समुदाय में वेद प्रतिपादित विधवा विवाह प्रचलित है, जो "सांधा" नाम से परिचित है। महर्षि दयानन्द सरस्वती के "ऋग्वेदादि भाष्य भूमिका" के "नियोग" अध्याय में वर्णित है। प्रातः स्मरणीय ईश्वरचन्द्र विद्यासागर ने भी विधवा विवाह के प्रचलन के लिए अथक परिश्रम किया था।

यह "सांघा" विधवा या परित्यक्ता स्त्री का होता है। यह कुर्मि संस्कृति की अपनी पहचान है। विधवा या परित्यक्ता स्त्री का सांधा विधुर से होता है। यदि संयोगवश अविवाहित मुरुष से हो, तो पहले उसका विवाह केले के वृक्ष से सम्बल करते हैं। इसके पश्चात् विधवा या परित्यक्ता स्त्री से विवाह करता है।

"सांघा" में सिंदुरादान के समय वर अपनी भावी वधू की मांग में अपने हाथ से सिन्दुर नहीं डालते, केवल वह सिन्दुर को पैर के अंगूठे से छू देता है। तत्पश्चात वधू सिन्दुर को स्वयं मांग में डालती है।

इन गीतों के साथ कई तरह के नृत्य होते हैं जैसे–

(1) वन्दना गीत, (2) पर्व से सम्बन्धित गीत,

(3) भाई और बहन की बातचीत के गीत, (4) ससुराल के कष्टों के वर्णन से परिपूर्ण गीत,

(5) पूत्र की मनोकामना से सम्बन्धित गीत के साथ विलंवित लय में पैरों को चार पांच कदम आगे–पीछे करती हुई खड़े होकर नृत्य करती है।

(6) प्रेम गीत से विविध एवं पर्व समापन गीत गाते समय पैरों की गति द्रुत हो जाती हैं और एक या दो कदम आगे–पीछे होकर निहुरते हुए नृत्य करती है। यह नृत्य देखने में बड़ा ही आकर्षक है। इन सभी नृत्यों को जावा नाच, करम नाच, पांता नाच, दांड–साली नाच, झिंगाफुल्नया आदि नामों से जाना जाता है। कुछ गीतों के नमूने दिये जा रहे हैं–

प्रस्तुत गीत आदिवासी संस्कार गीतों में एक जन्म संस्कार गीत है। पुत्र की मनोकामना से संबंधित गीत के साथ नृत्य करती हुई आदिवासी कन्याएं यह गीत गा रही है।

1. गइड़ारों घाटे जावा उठाबो गो एमनि जावाय पेंगड़ालिल्य,
   शाल पगड़ार पारा गो, एमनि जावाय पंगड़ा लिल्य, शाल पंगड़ार पारा।

2. उठ उठ उठ जाया, मनशुद्ध कोरये गो,
   तोरि लाग्ये कलई ना पालन गो,
   तोरि लाग्ये कतई ना पालन।।

3. नाय खाय बासि भात, नाय खाय ताता गो,
   नाय खाय ढूंढसा जन्हाइर पड़ागो,

नाय खाय ढूंढसा जन्हाइर पड़ा।।

भावार्थ–गड़िया (छोटे तालाब) पर जाकर हम सहेलियों के साथ जावा उठायेंगी और यह जावा चन्द दिनों में ही शाल बीज के अंकुर की तरह अतिशीघ्र अंकुरित हो उठेगा।

हे, मेरे जावा। तुम मन शुद्ध करके अतिशीघ्र अंकुरित होकर उठो। तुम्हारे लिए ही हम लोग संयम नियम का पालन कर रही है। हम लोग न बासी और न अत्यधिक गर्म खाना खाती हैं और न ही झुलसी हुई मकई ही खाती हूं क्योंकि बासी खाने से जावा भुआ जाता है। गर्म खाना एवं झुलसी हुए चीजों को खाने से जावा झुलस जाता है। इसलिए जावा को ताजा और हरा–भरा रखने के लिए ही ऐसी वस्तुओं का सेवन नहीं करती है।

शान्त रस में स्थायी भाव निर्वेद या वैराग्य है। संसार की क्षण भंगुरता से हृदय में जो वैराग्य भाव पैदा होता है, उसे शान्त रस कहा जाता है। इस गीत में तत्व ज्ञान के कारण देवता की शरण में जाना आदि आलेखन है। देवता से अराधना करना उद्दीपन है। आदिवासी किसान की शांति के लिए ईश्वर की पुकार अनुभाव है। भक्ति स्थायी भाव है तथा उज्जवल भविष्य की याचना करना संचारी भाव है। इन्हीं कारणों से यह गीत शान्त रस के उदाहरण के रूप में निष्पादित हुआ है।

आदिवासी संस्कार गीत में अन्य भाव–

1. खजा हो खजइते, पूछा हो पूछोइते,
   कन घारा लागे अहिरा का
   बोलियोरे, कन घारा लागे अहीरा का आंगनाहिं
   आहोइ अहिरा तुलसी का पीढ़ा हो
   उपरी हीं गोरोया राजा।
2. बल अहीरे बुवराहिं आहोइ अहीरा दुवरां दुसाधा हो,
   खिड़कीहिं आहोइ छड़िकदारा,
   बोलियोरे, खिड़कीहिं आहोइ छड़िकदारा,
   आंगनाहि आहोइ अहीरा शिवकेये,
   गोकुरिया केसे केये दुकबइ महाला।
3. बल अहीरे दुअराहिं मारबो अहीरा दुअरा दुसाधा हो
   खिड़कीइ मारोबो छड़िकदारा,
   बोलियोरे, खिड़की मारोबो छड़िकदारा,
   अंगनाहि मारबो अहिरा शिवकेये,

गोकुरिया, ढुकी जाइबो भीतर महाला।।

भावार्थ– अमुक किसान का घर खोजते एवं पूछते हुये पहुंचते हैं। आगे उत्तर में कहते हैं जिनके आंगन में सुन्दर तुलसी मंच है और द्वार पर दुसाथ एवं खिड़की पर छड़ि लिये हुये (छड़िकदार) पहरेदार पहरे दे रहें हैं। वहीं अमुक किसान का घर है।

पुनः प्रश्न करता है कि द्वार पर दुसाध एवं खिड़की पर छड़ि लिये छड़िकदार खड़े हैं तथा आंगन में तुलसी मंच पर गोरोया राजा है। कैसे अन्दर प्रवेश कर सकूँगा। उत्तर में कहता है–द्वार पर के दुसाध एवं खिड़की पर छड़िकदार को मारकर हम लोग अंदर प्रवेश कर सकेंगे। इस प्रकार गीत गाते हुए आंगन में प्रवेश करते हैं और अपर का गीत "जागो मां भगवती, जागो मां लक्ष्मीजी" गाते हैं। उस गीत के बाद जागरनिया गीत का सिलसिला लगातार चलता रहता है। वे कैसे किसान के घर आये तथा विदाई तक के गीत गाने लगे।

1. बोटियें–बोटियें हामें जाहेलाम,
   त्हर गइयोंय आनलो घुराय।
2. चाला–चाला घिंगवारा हामर घारा भाई,
   हामर गला बोड़ि महियान।
3. बइसेलाइतो दे तो घिंगबाइर,
   मची–मचोला भाई,
   खायलाइतो दे तो गुआ–पान।।

एक अन्य रूप

1. छोटे–छोटे धुरू पात, फूले लदा बोइद गो,
   बेटि चललि सोसुर घार गो,
   बेटि चललि सोसुर घार।
2. आकू का दिन बेटि रोहि बोसि लिहा गो,
   कोये देबो पिठवा संदेश गो,
   कोये देबो पिठवा संदेश।
3. पिठवा संदेश मांया गो, तोहारि उसास गो,
   जदूते हेति बेड़ी धूर गो।

भावार्थ–प्रस्तुत गीत में बेटी ससुराल जाने के लिए तैयारी कर रही है। वह सोलह श्रृंगार से सुसज्जित है। उसके माथे की बेणी (खोंपा) में नाना प्रकार के फुल गुंथे हुए हैं। जिसकी तुलना

धूरू नामक फूल के पौधे से की गई है। इस पौधे में फूलों की सुंदर छटा देखते ही बनती है।

बेटी ससुराल जा रही है। इस कारण माँ कहती है– हे बेटी, आज–भर ठहर जाओ। मैं तुम्हारे लिये संदेश के रूप में पिठा (पुआ–पकवान) बना देती हूं। बेटी कहती है–नहीं मां, इसमें तुम्हार झंझट बढ़ जायेगा और इधर मुझे बहुत दूर का सफर तय करना होगा।

1. छुटू–मूंटु कियारिंइ कुरोइथ बुनी दिहा रे,
   कुरोइथ बुनी दिहा।
2. दीदी जाती सोसुर घार साड़ी किनि दिहा रे,
   साड़ी किनि दिहा।

भावार्थ : प्रस्तुत पारंपरिक गीत में छोटी बहन कहती है कि दीदी ससुराल जा रही है। वह जावा नहीं उठा सकेगी। इसलिए एक छोटी सी क्यारी में कुरथी बुनकर दीदी को ओर से जावा बुनने का अनुरोध सहेलियां से कह रही है। पुनः वह कहती है, भैया दीदी ससुराल जा रही है, उसके लिये नई रंगीन साड़ी खरीद कर ला दो। इधर विलंब होने के कारण लोदना नामक जगह की बस छूट गई और रंगीन साड़ी घर में टंगी हुई रह गई अर्थात् उस रंगीन साड़ी को दीदी नहीं ले जा पाई। भाई बहन का यह अकृत्रिम प्रेम–भाव का द्योतक है।

1. रूनूकी–झूनूकी भाला रे भाई।
   बिछियांय, पंइरियांय आइला बेचाइ।
2. जाने हो पावोइतेल, सुने हो पावोइतलें,
   भाला रे भाई, विछियांय, पंइरियांय लेबो मलाई।

भावार्थ–प्रस्तुत गीत में लड़की अपनी सहेली रूनूकी–झूनूकी को इमली के पेड़ के नीचे रहकर बिछिया, पंइराई बेचने वाले को देखने के लिए कह रही है। क्योंकि उन आभूषणों को वह खरीदेगी और पहनेगी। प्रस्तुत गीत इस आशय को प्रदर्शित करता है। इधर रूनूकी–झूनूकी सहेलियां उसे उपरोक्त आभूषण बेचनेवाले की खबर नहीं देती है या लड़की उस खबर को सुन नहीं पाती है। आभूषण बेचने वाला चला जाता है। इसलिए लड़की आरोप करती हुई बोलती है कि यदि मैं आभूषण बेचनेवाले की पुकार या सहेलियों की पुकार यथासमय सुन पाती तो मैं उन आभूषणों को अवश्य खरीद लेती, किन्तु हाय! ऐसा नहीं हुआ–अर्थात् वांछित पछतावा है। मनोवांछित वस्तु की अप्राप्ति का भाव इस पारंपरिक गीत में परिलक्षित होता है।

यह एक संथाली संस्कार गीत है–

खद्दी चांदी हियो रे नाद नौर

फागू चांदी दुलम रे नाद नौर
भर चांदी चांदो रे नाद नौर
मिरिम चोवो हो–सोड ले डना.......

भावार्थ–बच्चे का जन्मोत्सव है, चांद निकल रहा है। खुशी में फूल–फल भी लाया गया है। पूरी रात आदिवासी गण चांद को सेते हैं। फिर उसे त्याग देते हैं। अतः सबको बुलाओ। बड़े मुर्गे की बली चढ़ाओ। टूटे घड़े या हंड़िया से अर्ध्य दो, तो बच्चा दीर्घायु होगा।

उपरोक्त गीत में भय पैदा करने वाला पशु–बली की कल्पना भी है और जादू–टोना की क्रियाएं भी है जो आलंबन और उददीपन भाव का द्योतक है। अतः आदिवासी संस्कार गीतों में रस का प्रयोग इस रूप में भी हुआ है। आचार्य दुलारचन्द गुप्त का कहना है कि 'हो' भाषा में एक प्रसंग है कि जब एक आदिवासी बालक का 'मुंडन संस्कार' हो रहा था तो मुंडन की तैयारियों के भय से बालक कहता है "ए गुंगु बा हमें अब नीं बांचब", तो उस संस्कार का पाहन (मुखिया) कहता है– "बाढ़ी–खुन कमाई कर परिवारेक खेमा बाचावे है।" इस प्रसंग में आचार्य गुप्तजी का कथन है कि यहां वीर रस और रौद्र रस के बीच की स्थिति है।

इसी प्रकार आदिवासी संस्कार गीतों में रस के प्रयोग की बहुलता है, परन्तु इसकी कोई वैज्ञानिक प्रमाणिकता कहीं नहीं मिलती है। परन्तु यह स्वीकारना होगा कि अन्य लोकगीतों की भाँती आदिवासी संस्कार गीतों का माधुर्य इनके रस–भाव के कारण है। इसीलिए आदिवासी लोकगीतों के मुर्धन्य ज्ञाता डॉ. फनीभूषण महतो का कथन है कि "आदिवासी संस्कार गीतों में रस के प्रयोग को बारीकियों से देखने की आवश्यकता है। वस्तुतः इन गीतों के रस का रसास्वादन गायक ही जान सकता है, पाठक नहीं। कुछ अन्य उदाहरण–

प्रस्तुत गीत आदिवासियों के विवाह के समय गाये जाते हैं। मुख्यतः यह विदाई गीत है। कन्या अपने अभिभावकों को सम्बोधित करते हुए अपना उद्‌गार व्यक्त कर रही है–

विदाई गीत

भूल्यना भूल्यना दादा भूल्यना आमोक गो,
देखो दादा जाबे आमार घर,
विदाय दाउ दादा दाउ चरण धूला गो,
हमें जाबो निज सोसूर घर,
सब किछु भूल्य नूनू, सब किछु मिछा गो,

ना भूल्य गो सामीरो सेवा।

इसी प्रकार अगली पंक्तियां भी गाई जाएंगी। इस गीत को लम्बे समय तक गाने के लिए महिलाएं "दादा" के स्थान पर "बाबा", "काका", "मामा" आदि जोड़ते हुए गाती हैं।

भावार्थ–कन्या के आजा (दादाजी) के गांठ में (गमछा में) पान–सुपारी बांधा हुआ है यानि कन्या के आजा को किसी प्रकार की चिन्ता नहीं है, इसलिए वह समाज के बीच प्रसन्नचित्त बैठे हुए हैं परन्तु वर के आजा के गांठ में तीता तमाकू है वह काफी चिन्तित हैं। चिन्ता का विषय यह है कि कन्या को दहेज में आभूषण देना है अर्थात् काफी खर्चो का सामना करना पड़ेगा, इसलिए वह खर्च के भय से समाज से हटकर यानि अलग बैठे हुए हैं।

मृत्यु गीत–सृष्टि के बाद प्रलय होना प्रकृति का अटूट नियम है। इसी प्रकार जन्म के बाद मृत्यु का होना भी अनिवार्य है। यहाँ मानव का जन्म होता है और एक समय उसकी मृत्यु भी हो जाती है। यजुर्वेद में कहा गया है–"भस्मान्त शरीरम्"। इसलिए दाह संस्कार को अन्तिम संस्कार या अन्त्येष्टि क्रिया" कही जाती है।

प्रिय जन की मृत्यु में परिवार के सभी सदस्य शोक मग्न हो जाते हैं और उसके विरह–व्यथा से विलाप करते हैं। ऊंचे स्वर में रोदन करते हैं। और यदि अपने माता या पिता की मृत्यु हो जाय तो शोक का अन्त नहीं रहता। पुत्र, कन्या शोक विह्वल तो होते हैं, तदुपरान्त वे लोग पागल–सा हो जाते हैं।

मृत्यु के समय जो रोना–धोना हुआ सो तो हो गया, अब मृत्यु के दसवें दिन "क्षौर कर्म" होता है। उस दिन संध्या के समय पुत्री एवं अन्य महिलाएं एक साथ नदी या तालाब जहां क्षौरकर्म होता है वहां रोती विलखती हुई पहुंचती हैं और घाट में पहुंचने के बाद भी ऊंचे स्वर से बिलख–बिलख कर रोती है।

इस प्रकार का एक मृत्यु गीत नीचे प्रस्तुत किया जा रहा है–यह गीत मुझे क्षेत्रीय कार्य करते समय श्रीमती हेमवती देवी, ग्राम–बाराबांध, जिला– गोड्डा (संथाल परगना–झारखण्ड) से प्राप्त हुआ।

इस गीत में पिता की मृत्यु हो गई है, उसके दस कर्म के उपलक्ष्य में और क्षौर कर्म के समय बेटी व अन्य कन्या एवं महिलाएं तालाब या नदी के किनारे अन्तिम स्नान कर रही है। इस समय रोती हुई विलाप करती हुई विषाद की चरम अवस्था का गीत कन्या प्रस्तुत कर रही है। कन्या अपने पिता की मृत्यु के बाद स्नान करते समय कह रही है–

हो बाप गो आ तर नाये नाहाय ले
जाय लागलिओ बाप गो।

हो बाप गो आज कांहा बाप हामर जाए निदाय

सुतलाहे बाप गो।

हो बाप गो आर कांहा हामर बापे आज छोड़ी देलेइ बाप गो,

हो बाप गो आज तर नामें बाप आज नाहाय सिनाय

बसइलाहो बाप गो।

हो बाप गो आज बापेक नामें आइजखिने नाहाय

बइसलाइहो बाप।

भावार्थ–हे पिता! तुम मुझे छोड़कर कहां जाकर चिर निद्रा में सो रहे हो। मैं तुम्हारे दसकर्मो के उपलक्ष्य में यहां (घाट पर) पर अन्तिम स्नान कर रही हूं।

हृदय के इस शोकोद्‌गार के माध्यम से पिता का शुभाशीर्वाद पाने की अभिलाषा प्रकट कर रही है। यह संकेत मिल रहा है।

संगीत का शास्त्रीय पक्ष किसी भी भाषा के लोक–गीत में गौण रहा है, प्रधानता रही है–माधुर्य एवं लयात्मकता की। यही स्थिति आदिवासी संस्कार गीतों में भी सहज उपलब्ध है। इन गीतों में गति है, लय है, और है कभी न खत्म होने वाला माधुर्य। इन्हीं कारणों से यह भी देखने को मिलता है कि सहजता की ओर अग्रसर होते ये आदिवासी संस्कार गीत अपने मूल स्वरूप में भी बदल जाते हैं। एक व्यक्ति से दूसरे व्यक्ति तक पहुंचने के क्रम में इन गीतों के कुछ शब्द बदल जाते हैं और ऐसी अवस्था में छन्दों की यथास्थिति को बनाए रखना असंभव है।

आदिवासी संस्कृति का संपूर्ण कलेवर प्रकृति पर आश्रित है, अतः इनके जीवन से जुड़े संस्कार और संस्कार गीतों में भी यह प्राकृतिक प्रधानता देखने को मिलती है। वास्तविकता तो यह है कि इनके जीवन में, उनसे जुड़ी क्रियाओं में एक प्राकृतिक लयात्मकता है, सरसता है जो इनके द्वारा गाये जाने वाले गीतों में सहज सुलभ है। इनके द्वारा गाये जाने वाले संस्कार गीत सिर्फ उन अवसरों पर ही नहीं बल्कि इनके दैनिक कार्य–व्यापार में भी गाये जाते हैं, जैसे–रोपनी, करनी, पिसाई, जुताई आदि कार्य करते वक्त भी ये इन गीतों को गाते हैं। गीत–संगीत इनके रोम–रोग में बसा हुआ है। इनके सारे गीत कागज पर नहीं, जन–जिह्वा पर संकलित हैं, शायद यही कारण है कि इनके गीतों में छंद–अलंकार की अपेक्षा भाव–रस की प्रधानता है। छंद के बन्ध संस्कार गीत रस और भाव से भरे सरल हृदय की सहज अभिव्यक्ति है।

बिहार–झारखण्ड अन्य कलाओं की तरह संगीत की भी साधना, समाहार और आविष्कार की भूमि रही है। संगीत को मुक्ति का मार्ग घोषित करने वाले बिहार के ही एक प्राचीन ऋषि

याज्ञवल्क्य थे–

'वीणावादनतत्वज्ञः श्रुतिजातिविशादः।
तालज्ञश्चाप्रयासेन मोक्षमार्गं प्रयच्छति।'

ऐसी घोषणाओं से दिव्यता लेकर सामगान गुंजित आश्रमों से प्रवाहमान संगीत भारतीय जीवन और संस्कृति का अभिन्न अंग बना था कि ऐसी ही धार्मिक निष्ठा के कारण बिहार में संगीत की शास्त्रीयता दीर्घकाल से रक्षित रही। यों तो बिहार का हर जिला, हर कस्बा संगीत की सुरभि से आच्छादित है, किन्तु सम्पूर्ण प्रदेश की सांस्कृतिक गतिविधियों का हृदय–स्थल मिथिलांचल रहा। मिथिला की बानगी कुछ और ही है। ब्रजभूमि की तरह मिथिला भी साहित्य और संगीत का अजस्र स्रोत रहा। यहां की अमराइयों में चले जाइये, खेत–खलिहानों में विचरिए, डगर–वीथियों से गुजर जाइए, ऐसा लगेगा कि हर गोशे–गोशे से संगीत की निर्झरिणी फूट रही है। चाहे घर में नन्हे–मुन्नों का आगमन हो अथवा विवाह का मांगलिक अवसर हो, चाहे बोना, निराना, फसल काटना, चक्की पीसना आदि घर–गृहस्थी के धंधे हों, चाहे देव–पूजन की शुभ बेला हो, चाहे पर्व–त्योहारों, उत्सवों की घड़ी हो–सभी संगीत से मंडित होते हैं। लोकगीतों और लोकधुनों की प्रचुर सम्पदा और न जाने कितनी बेशुमार गीत–शैलियों को सुनने और लुत्फ उठाने वाला ठगा–सा रह जाता है कि किसे सुने, किसे न सुने– महेशबानी, नचारी, लग्नी, समदऊन, बटगमनी, कोहबर, जतसार, झूमर और न जाने लोक–संगीत। वैद्यनाथधाम, देवघर के भवप्रीतानन्द के रचे झूमर की तर्ज सुनकर आज भी लोग झूम उठते हैं।

भोजपुर तथा दक्षिण बिहार का इलाका भी सांस्कृतिक सम्पदा से भरपूर रहा है। गया जिले में कई गांव थे जिनमें 'खेलड़िन' नाम की नाचने–गानेवाली पेशेवर औरतें रहा करती थी। इनका खेलड़िन का नाच मशहूर था। अकसर विवाह आदि के अवसर पर ये बुलायी जाती थी। विवाह के मौके पर ये अपने गीतों में गालियां देती थीं। दस–पन्द्रह की संख्या में पंक्तिबद्ध होकर ये गायन–नर्तन करती थीं। कहते हैं छपरा में 'पूरबी' नामक लोकधुन का जन्म हुआ जिसे बनारस की तवायफों ने अपनाकर काफी लोकप्रिय बनाया। बिहार में होरी, चैती और कजरी गाने का भी अपना ढंग है, जो उत्तर प्रदेश से भिन्न है। कुतुबपुर (छपरा) के भिखारी ठाकुर की लोकगीत तथा लोकनाट्य शैली में 'विदेसिया' तथा अन्य प्रस्तुतियां जनमानस को आलोड़ित करती रही है। भारतवर्ष के विभिन्न अंचलों में अनेक लोकगायक, अभिनेता, नाटककार हुए, लेकिन उनमें दो व्यक्तित्व निश्चय ही अपने क्षेत्रों में असाधारण थे। एक तो महाराष्ट्र के फट्टे बापूराव–जिन्होंने प्रसिद्ध 'तमाशा' मंडली स्थापित की। दूसरे हैं भिखारी ठाकुर–भरतमुनि की परम्परा में गीत–नाट्य प्रयोक्ता और उन्नायक। छोटा नागपुर एवं संथाल परगना की आदिम जनजातियों के अन्तर्गत लोकनृत्य एवं गीत की सबल परम्परा रही है जिसमें मुंडा, उरांव, हो, संथाल आदि की नृत्य–गीत शैलियां नयनाभिराम हैं। मादल

की थाप और बांसुरी की टेक पर यहां की अल्हड़ युवतियां यौवन की उमंग में जब एक–दूसरे की कमर में हाथ डालकर नृत्य करती हैं तो उसे देख कौन मदमस्त न हो उठेगा! छोटा नागपुर के ही सरायकेला–खरसांव रियासत का छऊ, एक अनूठी नृत्य शैली है जिसमें पौराणिक आख्यानों के आधार पर मुखौटा धारण कर सामूहिक तथा एकल नृत्य किया जाता है। यह नृत्य केरल के कथकली की तरह है जिसकी वेशभूषा और मुख–विन्यास भी वैचित्र्यपूर्ण होता है। कथकली की तरह यह नृत्य भी रामायण तथा महाभारत की कथाओं पर आधारित होता है। वैसे लौकिक जीवन के विभिन्न क्रिया–कलापों की अभिव्यक्ति भी इस नृत्य शैली में बखूबी होती है। छऊ नृत्य का संवर्धन तथा विकास सरायकेला–खरसांवा के राजपरिवार द्वारा होता रहा। राजपरिवार के सदस्य इस नृत्य शैली के संरक्षक ही नहीं रहे बल्कि स्वयं कुशल प्रस्तोता–नर्तक भी हुए। राजकुमार सुधेन्द्रनारायण सिंह देव तथा केदारनाथ साहू को छऊ नृत्य में विशिष्ट दक्षता के लिए केन्द्रीय संगीत नाटक अकादमी भी पुरस्कृत, सम्मानित कर चुकी है। आजादी के बाद समय के बदलाव और राज्य सरकार द्वारा समुचित प्रोत्साहन और संरक्षण नहीं दिये जाने के कारण ये समस्त लोकगीत, नृत्य–विधायें कालकवलित होती जा रही है।

लोकनृत्य–संगीत ही नहीं, अभिजात संगीत की परम्परा भी भुलाई नहीं जा सकती। मैथिल (मिथिलावासी) जिन्होंने बिहार के सामाजिक एवं सांस्कृतिक जीवन में महत्वपूर्ण पार्ट अदा किया है, संगीत को जीवन का अभिन्न अंग मानकर उसे विकासशील बनाते रहे। मिथिला में संगीत का इतिहास ग्यारहवीं सदी से प्रारंभ होता है जबकि सिमरांव के करनाट राजवंश का आधिपत्य नान्यदेव (1097–1133 ई.) ने स्थापित किया। नान्यदेव एक उच्चकोटि के कला–पारखी तो थे ही, संगीतकार भी चोटी के थे। इन्होंने रागों का सम्यक् विश्लेषण और वर्गीकरण कर राग–संगीत को नयी दिशा दी। उनकी संगीत विषयक पुस्तक 'सरस्वती हृदयालंकार' की पाण्डुलिपि पूना के भंडारकर रिसर्च इंस्टीट्यूट में आज भी सुरक्षित है।

संस्कार और संगीत के बीच एक अटूट सम्बन्ध है। संस्कारों की नृत्य मुद्राओं में अभिव्यक्ति भी होती रही है। यह संस्कार नृत्य अभिव्यक्ति की प्रथम रचना है।

मार्गी संगीत (शास्त्रीय संगीत) को मैथिल समाज में मान्यता मिली। महान युग–प्रवर्तक संगीत शास्त्री पंडित विष्णु नारायण भारतखण्डे ने संगीतकारों को मुख्यतः तीन वर्गों में रखा है– कलावंत, वाग्गेयकार तथा पंडित। करनाटवंश के अन्तिम सम्राट् हरिसिंह देव के दरबारी मैथिल विद्वान और कुशल संगीतज्ञ ज्योतिरीश्वर ठाकुर (14वीं सदी ई.) ने कलावंत का उल्लेख विद्यावंत के रूप में किया है। 'वर्णरत्नाकर' के संपादक डॉ. एस. के. चटर्जी के अनुसार विद्यावंत पेशेवर गायक तथा संगीत–शिक्षक होते थे, जिनकी कुशलता और गणना किसी भी तरह से उच्च पद प्राप्त भाट से कम नहीं हुआ करती थी। इस संदर्भ में संस्कारों का वर्णन, सात प्रकार के गान–दोष तथा चौदह

प्रकार के गीत–दोष का उल्लेख मिलता है। इसमें इन संस्कारों का वर्णन मिलता है।

'रागतरंगिणी' की रचना मुस्लिम शासनकाल में हुई। भारतखण्डे के अनुसार उत्तर भारतीय संगीत के इतिहास को सूत्रबद्ध करने का सर्वप्रथम जिस ग्रंथ में प्रयास किया गया वह लोचनकृत 'रागतरंगिणी' है। इस पुस्तक में संस्कारों का उल्लेख है जिससे संगीत पर मुस्लिम प्रभाव परिलक्षित होता है। वास्तव में संस्कार का जो नवीन स्वरूप इस ग्रंथ में दर्शाया गया है उस आधार पर परवर्ती संस्कार संगीत की नींव रखी गयी।

कर्णाट संगीत ग्रंथों को छोड़कर मध्यकाल में प्राथमिकता के आधार पर 'रागतरंगिणी' सदृश उत्तर भारतीय संगीत पर अन्य मानक ग्रंथ उपलब्ध नहीं हैं।

बिहार में संगीत एवं नृत्य का केन्द्र मिथिला रहा, जहां से प्रदेश के अन्य हिस्से उत्प्रेरित होते रहे। 'वर्ण–रत्नाकर' छठे 'कल्लोल' के तीन भागों का उल्लेख करते हुए नाना प्रकार के नृत्यों का विवरण, अवनद्ध वादकों की दस विशेषताएं तथा बारह प्रकार के तालवाद्य, लय–ताल के छंद एवं मात्राएं और दस रसों का भी व्यौरा प्रस्तुत करता है। 'वर्ण–रत्नाकर' के रचयिता ज्योतिरीश्वर ठाकुर तीस प्रकार की भाव–भंगिमाओं, बीस प्रकार की वीणाओं तथा मृदंग के प्रकारों की चर्चा करते हैं। मैथिल संगीतकारों ने प्रदेश के बाहर भी लोकप्रियता प्राप्त की। इन संगीतकारों का ऐसा प्रगाढ़ सम्पर्क रहा कि प्रसिद्ध नेपाली संगीत रचनाकार सिंह भूपाल को पन्द्रहवीं सदी का एक मैथिल शाराक भी बताया जाता है। 1414–65 ई. में 'मालती–माधव' के मैथिल टीकाकार जगधर का आविर्भाव हुआ, जिनकी प्रसिद्ध कृति 'संगीत–सर्वस्व' की हस्तलिखित प्रति नेपाल में रखी हुई है। एक विशिष्ट संगीतकार के रूप में बुधन मिश्र बंगाल गये और त्रिपुरा के राजदरबार में उन्हें यथोचित सम्मान मिला।

मध्यकाल में बिहार के उदारमना सूफी संत भी संगीत के आकर्षण से प्रभावित हुए। हिन्दवी (हिन्दी) मुस्लिम सूफी कवि शेख कुतबन ने अपने प्रेम–काव्य 'मृगावती' (अप्रकाशित) में भरत–पिंगल का उल्लेख किया है। उन्होंने 'किंगरी', 'बीन' आदि कुछेक वाद्य–यंत्रों के नाम गिनाए हैं जो गोरखपंथी साधुओं द्वारा व्यवहृत होते थे।

बिहार के सूफी संत सदीर्फुन अहमद मनेरी (चौदहवीं सदी ई.) भावुक हृदय संगीत प्रेमी थे। वह सोम गायन (धार्मिक गोष्ठियों एवं प्रवचनों में गाए जाने वाले भजन व आध्यात्मिक गान) बहुत चाव से सुना करते थे। यह मुस्लिम सूफी संत यहां की भाषा और संगीत के बहुत समीप थे और संगीतकारों को प्रश्रय देते थे।

मुगल–साम्राज्य के पराभव के साथ ही सेनियां ध्रुपदिये पूरब की ओर जाकर विभिन्न रजवाडों

के संरक्षण में बस गये। ऐसे रजवाडों में दरभंगा, डुमरांव, टेकारी, गिद्धौर एवं बेतिया का विशेष योगदान रहा। जिसने न केवल संगीतकारों को आश्रय दिया वरन् इन राजघरानों के राजे स्वयं उच्चकोटि के संगीतकार हुए। बेतिया एवं दरभंगा का मल्लिक घराना आज दयनीय अवस्था में होते हुए भी ध्रुपद की वैभवशाली परम्परा को ढो रहा है। सेनिया परम्परा एवं खंडार वानी की दुर्लभ एवं बेमिसाल रचनायें अमता (दरभंगा) एवं बेतिया के मल्लिक गायकों के पास अभी भी मूल रूप में सुरक्षित हैं। मुगल दरबार के पतन के पश्चात् घरानेदार गवैये देसी रियासतों में आश्रय पाने लगे। कुरूक्षेत्र के निकटवर्ती ग्राम अमलोक के दो संगीतकार चमारी मल्लिक (गायक) तथा कंगाली मल्लिक (बीनकार) का दिल्ली दरबार में आना–जाना होता था। पर दरबारों में किन्हीं कारणों से इन दोनों को सम्मान नहीं मिला। मुगल दरबार की इन महफिलों में बेतिया नरेश गजसिंह (1659–1694ई.) भी अकसर शरीक होते थे। गजसिंह संगीत–विशेषकर ध्रुपद–प्रेमी थे और अपने दरबार के लिए अच्छे ध्रुपदियों की तलाश में रहते थे। इन्होंने दोनों मल्लिकों को बेतिया लाकर अपना दरबार संगीतज्ञ नियुक्त किया। कहते हैं बेतिया धराने का श्रीगणेश यहीं से होता है। वस्तुतः संगीत की लय ही संस्कार गीतों का प्राण श्रोत है।

पर बेतिया नरेशों में बेतिया घराने के सबसे सशक्त स्तंभ महाराजा आनन्द किशोर सिंह (1816–1838) हुए। बेतिया घराना के आश्रयदाताओं तथा उन्नायकों में ये सिरमौर रहे। ये न केवल चोटी के गायक थे अपितु रचनाकार भी पहले दर्जे के थे इनके विषय में प्रसिद्ध है कि ये अपने आश्रित गायकों को पांच ध्रुपद तथा पांच घमार की चीजों की तालीम देकर ही नित्य मुख–प्रक्षालन किया करते थे। इनके दरबार में विख्यात सेनिया उस्ताद प्यार खां और ताज खां आते रहते थे। कहते हैं आनन्दकिशोर प्यार खां के शागिर्द हो गये। शाह आलम के जमाने में तथा मुगल सल्तनत के पराभव काल में छज्जू खां रबाबिया और ज्ञान खां तथा जीवन खां ध्रुपदिये जो सेन–परम्परा के अन्तिम सशक्त स्तंभ माने जाते थे बहुत ख्यातिवान हुए। प्यार खां इन्हीं छज्जू खां के पुत्र थे। जाफर खां और बासत खां, प्यार खां के सहोदर थे जो रवाव, सुरसिंगार तथा ध्रुपद में निष्णात थे। इनके दरबार में फकीरचंद मल्लिक मशहूर हुए। ये मल्लिक संगीतकार गौड़ ब्राह्मण और उनमें कुछेक कत्थक भी थे। अतएव प्रामाणिक तौर पर इनकी जाति निर्धारित करना कठिन है। बासत खां के पुत्र मुहम्मद अली खां रबाबी के शागिर्द प्रख्यात संगीतकार तथा संगीत संरक्षक वीरेन्द्र किशोर राय चौधुरी के अनुसार घराना के प्रवर्तक लखनऊ के प्रख्यात सेनी उस्ताद हुए। आनन्द किशोर के दरबार में हैदर खां सेनी भी जो प्यार खां के चचेरे भाई थे, आया जाया करते थे। इनके समय में फजलखां नामक एक मशहूर ध्रुपद गायक हुए जिन्हें दरबार में प्रतिष्ठा मिली। फजल हुसैन खां के वंशज अपने को सेनिया कहते हैं। हो सकता है फजल हुसैन खां, हैदर खां सेनी के शिष्य हों। पर फजल हुसैन के सुपुत्र मेहंदी हुसैन का विवाह काले खां की बहन से हुआ। काले खां जिला अराई के ग्राम कोंच से

बेतिया आये। पर मूलतः वे कालपी के रहने वाले थे।

यहाँ कुछ संस्कार गीतों के श्रोत के रूप में उदाहरण प्रस्तुत है –

1. सुरह–झपताल (मध्यगीत)

'काली के पगन में लगन करो नर अधम
संगी के आन्वे न जान्वे जगत में।
भवसागर को चाहत तरण तो
प्राण करो रे पगन में शरण गुरू के मत में।
तन य है सपन निज नैनन सौ देखो अब
कपट तजि के जपहूं अघ घटन पल में
पाप त्रिताप संताप सब छुटि मैं
लह श्री आनन्द जप नाम यह चित में।'

निम्न रचना का काव्यात्मक सौन्दर्य द्रष्टव्य है–

2. बहार–चौताल

'सघन वन द्रुम वेलि डार पात सब
लहन हात ऋतु वसन्त आयो मान।
रंग–रंग के फूले फूल सरस सुगन्ध
भंवर गुंजत कोयल कुहुकत तनि।
सर सप्त सम्पूरण कर गावे कंठ मध
उपजावत तुकन आदि वरणन जान
तिनकि अस्तुत करत आनन्दकिशोर गावे
पावे मन वांछित फल होये विद्यानिधान।'

3. जनम–जनम को पाप ताप नाशत।
दुख दारिद्र–भअजन जो नाम करो बखान
जा लगि मुनिगण नित ध्यावत।

हो अधम जीवगण काहे भूले काली नाम

कौन काम दिन काटत।

नवलकिशोर कहे रात जो काली नाम जपत

सो अमर पद पावत।

4. पशुपति गिरिजापति हर शंकर अरधांगी।

वामदेव महादेव गंगाधर शिव पिनाकी।

नवलकिशोर यह कीजिये कश्पादृष्टि,

भक्त युगल चरण को शम्भूसहित श्रीभवानी।

संगीत की उत्पत्ति कब, कैसे और किसके द्वारा हुई, अन्धकार के गर्त में है। वास्तव में संगीत का इतिहास स्वयं मानव का इतिहास है। जैसे–जैसे मानव का आध्यात्मिक विकास होता गया, संगीत की उन्नति होती गई। इसकी उत्पत्ति के विषय में अनेक विद्वानों ने अपने–अपने अनुमान लगाये हैं। ऐसी अनेक किंवदन्तियां भी प्रचलित हैं, जिनमें संगीत की उत्पत्ति देवी–देवताओं के द्वारा बताई गई है। इस प्रकार की मुख्य किंवदन्तियां लगभग 7 हैं, किन्तु उनमें पारस्परिक विरोध है। अतः इनका आश्रय लेना व्यर्थ है। संगीत जितना पुराना है, उतने ही पुराने है–संस्कार गीत।

आदिवासियों में संस्कार गीतों को अभिव्यक्त करने का एक और माध्यम है–नृत्य। लोकनाट्यों और लोकनृत्यों का लोकजीवन से घनिष्ठ संबंध है। विभिन्न उत्सवों, में, मांगलिक कार्यो के अवसर पर, चांदनी रात में विभिन्न ऋतुओं में पुरुष, स्त्रियां और बालक अलग–अलग परंपरागत अभिनय प्रस्तुत करते हैं। कुछ लोकनाट्य ऐसे हैं, जिसमें पुरुष पात्र ही भाग ले सकते हैं। स्त्रियों द्वारा अभिनीत नाट्यों में पुरुषों का समावेश वर्जित है, जैसे–छौ नृत्य।

ये गीत कई तरह से नृत्य के साथ जुड़े और विविध संस्कार युक्त भी हैं–

(1) वन्दना गीत, (2) पर्व से सम्बन्धित गीत, (3) भाई और बहन की बातचीत के गीत, (4) ससुराल के कष्टों के वर्णन से परिपूर्ण गीत, (5) पूत्र की मनोकामना से सम्बन्धित गीत के साथ विलंचित लय में पैरों को चार पाँच कदम आगे–पीछे करती हुई खड़े होकर नृत्य करती है, (6) प्रेम गीत से विविध एवं पर्व समापन गीत गाते समय पैरों की गति द्रुत हो जाती हैं और एक या दो कदम आगे–पीछे होकर निहुरते हुए नृत्य करती है। यह नृत्य देखने में बड़ा ही आकर्षक है। इन सभी नृत्यों को जावा नाच, करम नाच, पाँता नाच, दाँड–साली नाच, झिंगाफुल्नया आदि नामों से जाना जाता है।

कुछ गीतों के नमूने दिये जा रहे हैं –

प्रस्तुत गीत आदिवासी संस्कार गीतों में प्रयुक्त मुक्त छंद का उदाहरण है। यह गीत जन्म संस्कार गीत है। पुत्र की मनोकामना से संबंधित गीत के साथ विलंबित लय में नृत्य करती हुई आदिवासी कन्याएँ यह गीत गा रही है।

1. गइड़ारों घाटे जावा उठाबो गो एमनि जावाय पेंगड़ालिल्य,
   शाल पगड़ार पारा गो, एमनि जावाय पंगड़ा लिल्य, शाल पंगड़ार पारा।
2. उठ उठ उठ जावा, मनशुद्ध कोरये गो,
   तोरि लाग्ये कलई ना पालन गो,
   तोरि लाग्ये कतई ना पालन।।
3. नाय खाय बासि भात, नाय खाय ताता गो,
   नाय खाय ढूँढ़सा जन्हाइर पड़ागो,
   नाय खाय ढूँढ़सा जन्हाइर पड़ा।।

गो आदि मवेशियों को प्रचुर मात्रा में हरी घास एवं अन्य खाद्य दिये जाते हैं। घर में विविध प्रकार के अरवा चावल के चौरट्ठे (गुँडि) का पुआ बनाया जाता है। मस्त होकर गृहस्थ के सभी आँबालवृद्धवनिता इसे खाते हैं और मवेशियों को भी खिलाते हैं। तत्पश्चात देर रात में जब "घिणोआर" माँदर, ढोल, धमसा, करताल, बाँसुरी आदि के साथ गीत गाते हुये लोग गाय को जगाने के लिए आते हैं, तो गाय को भी पुआ पकवान खिला–पिलाकर तथा चावल व पैसे देकर विदाई करते हैं। घिणोआर के घर से निकलने के साथ ही घर की गृहिणी या गृह स्वामी टूटे हुये सूप को छोटी सी लाठी से आधात कर बजाते हुये मुख्य आंगन से बाहर जाते हैं और उस सुप को गाँव के रास्ते में फेंक दिया जाता है। इसे "दादूर खेदा" कहा जाता है। कुर्मि समुदाय का अटल विश्वास है कि अलक्ष्मी को इस क्रिया द्वारा बाहर निकालते हैं और लक्ष्मी के आहवान की कामना करते हैं।

इसकी आकृति कहीं–कहीं चौखुंटो के अगल–बगल झालर सी बनाई जाती है। तथा कहीं–कहीं वृताकार बनाकर इसके चारों ओर झालर–सी अंकित करती हैं एवं प्रत्येक साथियों में सिंदुर के टीके लगाये जाते हैं। दृश्य बड़ा ही आकर्षक प्रतीत होता है।

गो चुम्बन के प्रसंग में डॉ. बंकिम चन्द्र महतो कहते हैं–"बाँदना पर्व गौ और भैंस आदि मवेशियों के विवाह अनुष्ठान के अतिरिक्त कुछ नहीं है। विवाह का अर्थ बंधन होता है। वंशवृद्धि के लिये प्रजनन प्रथा का एक अनुष्ठान है। ऐसा प्रतीत होता है कि बाँधना पर्व का वास्तविक उद्देश्य एवं रहस्य गौ एवं भैंस आदि मवेशियों के वंशवृद्धि के लिये प्रजनन के जादू–टोना का अनुष्ठान में निहित

है। अनुष्ठान में बैल एवं गाय, काड़ा एवं भैस के विवाह के नियमों का पालन किया जाता है। मानव समाज में दम्पति के आँचल में गाँठ बाँध दिया जाता है। और अशुभ से बचने के लिये निमछा (निर्मछन) की जादू–टोना की जाती है। तत्पश्चात चुमान (चुम्बन) किया जाता है एवं विवाह गीत गाया जाता है। संभवतः इस अनुष्ठान से ही "बाँधना" शब्द का उद्‌भव हुआ है क्योंकि यह "बाँधना" पर्व के सर्वाधिक शकुन का अनुष्ठान है।

इधर गाँव के चौराहे या गाँव के मुख्य रास्ते में जगह–जगह पर खुँटा गाड़ा जाता है। जिस खुँटा में उक्त बैल या साँड़ को बाँधा जाता है। एक मजबूत खुँटा को इस तरह से मजबूती से गाड़ा जाता है ताकि एक शक्तिशाली बैल आदि खेलते समय सहजतया उखाड़ न सके। फिर उस खुँटा को जंगली फूल–पत्तों से सजाया जाता है। तत्पश्चात खुँटा के चारों ओर गोबर द्वारा लिप पोत कर उस पर अल्पना अंकित कर दिया जाता है।

संसार के सभी प्राणियों को प्रत्यक्ष रूप से खाद्यान्न एवं उद्‌भिजों को परोक्ष रूप से आवश्यक तत्व देकर पावस ऋतु के प्रतिकूल वातावरण के साथ संग्राम करने वाले कृषि प्रवीण कर्मवीर ज़नजातीय समुदाय अपने पशुधन को भी एक दिग्विजयी वीर योद्धा के रूप में देखना चाहता है। बरद् खुँटा का यह अनुष्ठान इसी का प्रत्यक्ष प्रमाण एवं ज्वलंत दृष्टांत है।

इन तीनों प्रश्नों के उत्तर गीत का उत्तरार्द्ध देता हुआ कहता है कि –

1. देवाधिदेव महादेव (ईश्वर) ने तुम्हारी सृष्टि की है,

2. गुसाय राय ने पृथ्वी पर तुम्हें लाया तथा

3. गोरोया देवता तुम्हें प्रत्येक घर में वितरित करके सम्पूर्ण पृथ्वी में प्रसारित किया।

अमावस्या के दूसरे दिन यानी प्रतिपदा के दिन पशुधन के प्रतिनिधि दल अत्यन्त आशावान होकर अपने सृष्टिकर्ता के शुभागमन की प्रतीक्षा उत्सुकता से कर रहे हैं–कब संध्या की बेला आ पहुँचेगी और आ पहुँचेगें उनके सृष्टिकर्ता गोष्ठबिहारी स्वयं महादेवजी जो उनके अभियोग पक्ष में निवेदित सभी अभियोगों से मुक्त करेंगे। अंत में गोधुली का लग्न उपस्थित हो गया। गोधारण भूमि से सभी पशुधन गोशाला आ रहे हैं। गोशाला के द्वार पर आकर चकित होकर सहसा खड़े हो गये और सोचने लगे–क्या कोई भूल तो नहीं कर रहे हैं। गोहाइल (गोशाला) की ज़मीन पहचान में नहीं आ रही है। उस गर्तभूमि को समतल बनाकर मिट्टी द्वारा लीपकर उस पर अल्पना अंकित कर सजाया गया है। द्वार के दोनों ओर गोबर के ढ़ेला, गेंदे का फूल, कंटेली का फूल, पत्ते, दूब घास, ज्वलंत प्रदीप आदि रखे हुथे हैं। चारों ओर नई एवं हरी दूब घास रखी हुई है। कुल मिलाकर एक अभूतपूर्व दृश्य दृष्टिगोचर हो रहा है। ये ही तुम लोगों के दुख और कष्ट का नमूना है?

न काम है, न धन्धा? निश्चिंत होकर चुपचाप सुख की नींद में मग्न हो, राजा की तरह ऐसो–आराम में रहकर भी तुम्हें शान्ति नहीं है?

डॉ. श्री लाहा ने बाँदना गीतों को मुख्यतः दो वर्गो में ही वर्गीकृत किया है। वहीं डॉ. (सुश्री) संतोष कुमारी जैन ने निम्नप्रकार से विभाजित किया है–(1) पर्व संबंधी गीत, (2) पशु संबंधी गीत, (3) अहीर और कृषक संबंधी गीत, (4) गुढ़ अर्थ वाले चोंचर गीत एवं, (5) विविध गीत।

भावार्थ–हे गो देवता! तुम जागो, हे लक्ष्मी तुम जागो और हे अमावस्या की रात्रि, आज तुम जागे रहो। हम लोग तुम सबों की वन्दना करते हैं और मंगलमय आशीष मांग रहे हैं कि हमारी संतान संतति सुख से जीवन व्यतीत करे और हमारे पशुधन की उत्तरोत्तर अभिवृद्धि हो।

अमावस्या के सूची भेद अंधकार में सजे–सजाये घर आंगन में मिट्टी की दीप–मालिका आकाश के तारों की भाँति टिमटिमाती हुई अपने क्षीण ज्योति से अंधकार को दूर करने में अपनी पूरी शक्ति लगा रही है जो आँखों को विशेषकर विरह व विधूर जनों की आँखों को अकृत्रिम शांति प्रदान कर रही है। गाँवों के चारों ओर लोकधुनों में वन्दना गीत के मुखर वातावरण में मृदंग, ढोल, धमसला, करताल, बाँसुरी आदि वाद्ययंत्रों के साथ बाँदना गीत गाने वालों के दल जिन्हें घिंगुआर कहते हैं, कृषक के गृह द्वार में पहुँचते हैं, उस समय यह गीत गाते हैं –

जागरनिया गीत में रस–

बल अहीरे बुवराहिं आहोइ अहीरा दुवरां दुसाधा हो,
खिड़कीहिं आहोइ छड़िकदारा,
बोलियोरे, खिड़कीहिं आहोइ छड़िकदारा,
आंगनाहि आहोइ अहीरा शिवकेये,
गोकुरिया केसे केये ढुकबइ महाला।

1. बोटियें–बोटियें हामें जाहेलाम,
तरह गयोय आनलो घुराय।
2. चाला–चाला घिंगवारा हामर घारा भाई,
हामर गला बोड़ि महियान।
3. बइसेलाइतो दे तो घिंगबाइर,
माची–मचोला भाई,
खायलाइतो दे तो गुआ–पान।।

भावार्थ–डगर–डगर हम लोग जा रहे थे, उस समय तुम्हार गइया (पशुधन) ने हमें बुलाया एवं कहने लगा, चलो–चलो घिंगुआर, हमारे घर, हमारे मालिक बड़े ही महान है। हमारे मालिक बैठने के लिये माची–मचौला देगें और खाने के लिये देंगे–पुआ–पकवान, गुआ और पान।

विदाई के पूर्व घिंगुआरों में से कोई एक व्यक्ति पशुधन के नये सूप में धान–दूर्बा लेकर चुमाते हैं। जिसे "गोहाइल भरा" कहा जाता है। उस समय निम्नांकित गीत सुनने को मिलता है।

1. कन जे गइया हेकोइ उरंगी सुरंगी भाई,
   कन जे गइया लक्ष्मी।
2. धवली जे गइया हेकोइ, उरंगी–सुरंगी भाई,
   कोइली जे गइया लक्ष्मी।
3. लाली जे गइयाँय अहीरा मुड़ा उठाय भालोइ भाई,
   सेहो गइयाँय लेतोइ दूबी धान।

भावार्थ–कौन सी गाय उरंगी–सुरंगी है और कौन सी गाय लक्ष्मी है? उत्तर में धवली (सफेद) गाय उरंगी–सुरंगी है और काली गाय लक्ष्मी तथा लाली गइया मस्तक उठाकर देख रही है अर्थात् लाली गाय दूर्बा घास आदि खाने के लिये इच्छुक है।

पुआ–पकवान, खान–पान के बाद आशीष देते हुये गायकदल निम्नलिखित गीत प्रस्तुत करते हैं।

1. केते नाचबो काकी केते कुदबो गो,
   आँगनाय त धूरा उड़ि जाय।
2. रोजे जे आवोइ काकी भाट–भिखारी गो,
   आझु आइतो गॉले के घिंगुआर।
3. सावेक घिंगुवारे, खाले काकी,
   पनी नाहिं पोड़ोतो, जुगे–जुगे लेतो तहर नाम।
4. रोजे जे आइले काकी कोहिस बइसेगो,
   आझु काकीक मुहुँहु ना राव।
5. जोल्दि कोरिहें काकी विदायो कोरे गो,
   चेलि जाइबो दसर दुआइर।
6. एके जे घारॉय काकी पेटा नहिं भोरोते,
   हामर पेटा हाथी के समान।

7. जागो हो आमा काकी जागो हो नीमा गो,
जगी जाइतो गहालीकर घार।

8. चुमाइयके फला काकी कुछु जे पाअबेये गो,
पाँच पूता दसो धेनु गाय।।

भावार्थ–कितना नाचूँगा चाची और कितना कुदूँगा? आँगन में तो धूल उड़ने लगी है। रोजाना तो बाट–भिखारी आते हैं परन्तु आज गाँव के घिंगुआर आये हैं। गाँव के घिंगुआर को खिलाने से चाची बेकार नहीं जायेगें। युग–युग तक तुम्हारा नाम लते रहेंगे।

1. बल अहीरे कने तो देतो भालिन झिलीमिली साड़ी रे
बाबू हो, कने तो देतो धेनुगाय,
आर कने त देता भाला दुईअ कानेक सनागो,
कनै देतो सिंथा के सिंदुर।

2. बल अहीरे बाये जे देतो भाला झिलीमिली,
साड़ी रे बाबू हो, माये ते देतो धेनुगाय,
आर सोसुरे जे देतो भाला दुइअ कानेक सनागो,
ताकर पुताँय सिंथा के सिंदुर।

3. बल अहीरे केइसे राखबे भाला झिलीमिली साड़ी रे बाबू हो,
केइसे राखबे धेनुगाय,
आर केइसे राखबे भाला दुइयों कानेक सोनागो,
केइसे राखबे सिंथा के सिंदुर।।

4. बल अहीरे पेड़िये जे राखब भाला झिलीमिली साड़ी रे
बाबू हो, गहालिये राखब धेनुगाय,
आर काने राखब भाला दुइयों कानेक सोनागो,
सिंथाहिं जे राखबो सिंदुर।

5. बल अहीरे छिड़ि फाटि जायतो भाला
झिलीमिली साड़ी रे बाबू हो।
मोरि हेराय जायतो धेनुगाय,
आर बेचि खुचि खायतो भाला दुइयो

कानेक सना गो,

रोहि जायतो सिंधा के सिंदुर।।

पहले गो चुमान पशुधनों का विवाहोत्सव है। इन पशुधनों का चुमान करने के लिये जो गृहस्वामिणी नववस्त्र एवं विविध श्रृंगारों से सुसज्जित होकर गोहाइल में प्रवेश करती है। इस गृहिणी के विषय में यह गीत गाया गया है जिसका भाव इस प्रकार है।

प्रश्न–किस प्रकार झिलमिल साड़ी को रखेगें? और किस प्रकार धेनु–गाय तथा किस प्रकार सोने की बाली को रखेंगी, और किस प्रकार भरूँगी अपनी मांग में सिंदूर?

उत्तर–बक्सा में झिलमिल साड़ी रखूँगी तथा गोशाला में रखूँगी धेनुगाय एवं कानों में सोने की बाली रखूँगी एवं अपनी मांग में भरूँगी सिन्दुर।

अब गृहस्वामिनी पशुधनों को श्रृंगारती है। निम्नांकित गीत में बैलों की सजावट पर वर्णन किया गया है –

1. किया वरण वरदा तोरे आठो अंग हो किया चरण तोरो सिंग।
2. धवला वरण वरदा तोरो आठो अंग हो,
   कांसों के वरण तोरो सींग।
3. धवला वरण वरदा, तोरो आठो अंग हो,
   काजर वरण तोरो आँइख।
4. केथिंइ साजाबो वरदा आठो तोरो अंग हो,
   केथिंइ साजाबो तोरो सींग/आँइख।
5. पितरें साजाबो वरदा तोरो आठो अंग हो,
   सिंदूरे साजाबो तोरो सिंग।
6. पितरे साजाबो वरदा तोरो आठो अंग हो,
   काजरे साजाबो तोरो आँइख।।

भावार्थ–हे गो देवता! तेरे आठों अंग किस वर्ग के हैं? तथा सींग किस वर्ग के हैं?

उत्तर–धावला (सफेद) वर्ण के आठो अंग है। बाँस के वर्ण का सींग तथा काजल वर्ण यानि काले रंग की आँखें हैं।

किन चिजों से तुम्हारे आठो अंगों को सजाओगी तथा किन चीजों से सींग और किस तरह से सजाओगी तेरी काली काली आँखों को?

पीतल की बनी वस्तुओं से (धुँधरू, घंटी आदि) से तुम्हारे आठो अंगों को सजाओगी तथा सींगों को सजाओगी सिंदुर से एवं आँखों को काजल से।

1. कड़वाहिं वरदाहिं चुकोति मेराबोइ भाई,
   लड़ेलाय त जाइतो बेड़ी घूर।
2. जाईते देबो वरदा घंटा घुंघरा हो,
   घुरोहित देबोये सिंगार
3. लड़ेलाय जो जाबे वरदा महालंका देशा गो,
   महालंका देशे आहोय, ईश्वर महादेवा,
   ताकर जेच रण धूला पान।
4. आझू के दिने वरदा नाचले खुचले हो,
   नाची खुची हे तामातुल।
5. नाचवेरे वरदा गाँवेकेरि नाँटाय हो,
   जगाय देवसी घारेकेरि नाम।

भावार्थ–काड़ा एवं बैल दोनों आपस में बातचीत कर रहे हैं कि वे दोनों लड़ने के लिये बहुत दूर जायेंगे। गृहस्वामी उन्हें कहता है। लड़ाई में जाने के समय घंटी और धुँधरू पहनाऊँगा और विजय यात्रा से लौटने के साथ तुम्हें विविध श्रृंगारों से विभूषित करूँगा। तुम लोग लड़ने के लिये बहुत दूर अर्थात् स्वर्ण लंका देश तक जाओगे जहाँ ईश्वर महादेव है। इनकी चरण धूली लेकर तुम युद्ध करना और निश्चित विजय प्राप्त करके ही लौटना।

अहीरे काँहारे कड़ोवा तोहरी जनम–जनम रे,
बाबू हो, काहाँ त लेले गिरहवास?
आर कनेहिं पोसोलो कनेहिं पालोलो,
कनेहिं देलोय भोरा नाम।
बल अहीरे पच्छिमें रे काड़ोवा, तोहोरी जनम–जनम रे,
बाबूहो, पुरूवे त लेते गिरहवास।
आर किसानेहिं पोसोलो गुलिनिहिं पालोतो,
बागाहिं देलोय भोरा नाम।

प्रस्तुत गीत में टुसू अपने ससुराल का वर्णन करती हुई कहती है कि मेरी सास अच्छी नहीं है। उसने बहुत गाली–गलौज करके मुझे मायके आने के लिये विदाई दी। मेरी जेठानी बहुत अच्छी है। उसने मुझे प्यार भरे फूलों से सजाकर आदर के साथ विदाई दी।

बाछयो जाछयो जाछयो टुसू
फिरे डाँदाव आनग्याते,
सोम बछरेर मनेर कथा,
बोल्ये राखो साख्याते।

रंग – माँयगो आमार बाप कोथा गेलो,
आमि दोइलछे साड़ी हाट जाको।

भावार्थ–टुसू की सहेलियाँ उसे कह रही है कि हे टुसू! तुम अब हम लोगों को छोड़कर ससुराल जा रही है थोड़ी देर के लिये हमारे आँगने में ठहरो और तुम्हारे पूरे वर्ष में घटने वाली मन की बातें खुलकर कहो।

लोकनाट्यों में संभाषण के बीच नृत्य और गीत चलते हैं। दर्शकगण इन लोकनाट्यों को रात–रातभर देखते रह जाते हैं। इसकी भाषा बहुत ही सरल होती है, जिसे गांव का अनपढ़ व्यक्ति भी आसानी से समझ जाता है। इसके अभिनय के लिए अलग रंगमंच की आवश्यकता नहीं होती। खुले आकाश में इसका अभिनय होता है। इन प्रचलित लोकनाट्यों और लोकनृत्यों की पृथक अपनी विशेषताएं हैं। जन–जीवन को सरस बनाए रखने में इनका बहुत बड़ा हाथ है। संस्कारों पर आधारित आदिवासी लोकगायन के निम्नलिखित प्रारूप प्रचलित है।

प्रकीर्ण लोकगीत–प्रकीर्ण लोकगीत के अंतर्गत लोकोक्तियां या कहावतें, मुहावरे, पहेलियां आदि का समोवश होता है। साधारण जनता बातचीत तथा दैनिक व्यवहार में कहावतों और मुहावरों का प्रयोग करती है। मनोरंजन तथा बुद्धि–परीक्षा के लिए पहेलियों का प्रयोग होता है। भाषा में सौंदर्य और सौष्ठव लाने के लिए लोकोक्तियां और मुहावरों का प्रयोग होता आ रहा है। ये लोकगीत के जगमगाते रत्न हैं। इनके द्वारा हमें लोकजीवन के महत्व को परखने में सहायता मिलती है।

कहावतें मनुष्य जीवन के प्रत्येक उपयोगी विषय से संबंधित हैं। खेती, आनंद, उत्सव, शोक, व्यवसाय, दवा–दारू, जानवरों की पहचान, लड़ाई–झगड़ा प्रेम, नीति, जातियों के भेद और स्वभाव आदि प्रत्येक विषय से इसका संबंध है।

कहावतों और मुहावरों में अंतर होता है। मुहावरे अपने में अपूर्व होते हैं। इनका प्रयोग किसी वाक्य के साथ उसके अर्थ में चमत्कार उत्पन्न करके साधारण वाक्यों से अधिक प्रभावशाली, समृद्ध

और ओजपूर्ण बनाने का होता है, जबकि कहावतों का प्रयोग किसी बात के समर्थन और पुष्टि अथवा विरोध और खंडन के लिए होता है। लेकिन दोनों की उत्पत्ति और विकास का क्रम बहुत कुछ समान होता है। इसके अतिरिक्त भी एक और बहुत बड़ा अंतर है। मुहावरों का अर्थ बदल जाता है, लेकिन कहावतों में ऐसा नहीं होता। हम कह सकते हैं कि समय के भयानक चक्र में बड़े–बड़े साम्राज्य विलीन हो जाते हैं, परंतु कहावतें और मुहावरे अक्षुण्ण रहते हैं, इनका विनाश नहीं होता।

कहावतों को हम निम्नलिखित श्रेणियों में विभक्त कर सकते हैं–

1. नैतिक, धार्मिक और उपदेशात्मक।
2. लोक व्यवहार संबंधी।
3. मानव–चरित्र के संबंध में आलोचनात्मक और व्यंग्यात्मक।
4. खेती और ऋतु संबंधी।
5. जीव-जंतु संबंधी।
6. रीति–रिवाज, शादी–विवाह, यात्रा अंधविश्वास आदि।
7. जाति और वर्ग संबंधी।

पहेली या बुझौवल की प्रथा प्राचीन है। इसका उपयोग मनोरंजन और बुद्धि–परीक्षा है। विवाह के अवसर पर भी कहीं–कहीं दूल्हे की बुद्धि–परीक्षा के लिए इसका प्रयोग होता है। इसका वर्ण्य–विषय बहुत व्यापक है। साधारण से साधारण चीज भी इसकी पकड़ से नहीं छूटती। पहेली भी हमारे जीवन और साहित्य के लिए अमूल्य निधि है। पहेलियों को निम्नलिखित श्रेणियों में विभाजित किया जा सकता है–

1. प्राकृतिक विषयों तथा जीव–जंतुओं से संबंधित।
2. मनुष्यों के आपसी व्यवहार से संबंधित।
3. व्यावहारिक वस्तुओं से संबंधित–जैसे सूई, खुरपी, हंसुआ, कुदाल, बाजा आदि से संबंधित।
4. भोजन की सामग्रियों में संबंधित।
5. फुटकर।

संस्कारों पर आधारित–मगही मागधी का अपभ्रंश है। सामधी मगध की लोकभाषा थी। डॉ. ग्रियर्सन ने शुद्ध मगही और पूर्वी मगही के नाम से इसके दो रूप निश्चित किए हैं। पूर्वी मगही क्षेत्र के अंतर्गत कुछ नागपुरिया और कुरमाली क्षेत्र को माना है। शुद्ध मगही दक्षिणी–पश्चिमी छोटानागपुर,

हजारीबाग जिले के उत्तरी भाग और पलामू जिले के थोड़े से पूर्वी भाग में बोली जाती है। सिंहभूम जिले में भी कुछ लोग शुद्ध मगही बोलते हैं। मगही बोलनेवालों की जनसंख्या करीब पचहत्तर लाख है।

मगही में मुद्रित साहित्य का अभाव है। इधर विद्वानों ने इस ओर ध्यान दिया है। अब तो कई शोध–प्रबंध भी मगही के संबंध में तैयार हो रहे हैं। मगही में शिष्ट–साहित्य का अभाव रहा है। इसलिए इसके लोकगीतों में जन–जीवन के वास्तविक चित्र मिलते हैं। इसके लोकगीत भावों की सुकुमारता और काव्य की मनोहरता की दृष्टि से उच्चकोटि के हैं। बिहार की दूसरी भाषाओं की तरह इसमें भी सभी अवसरों पर गाए जाने वाले सभी श्रेणियों के लोकगीत उपलब्ध हैं। इन गीतों में बसंत का उल्लास, बरसात के हिडोले, विरह की कारुणिक दशा, पति–पत्नी और सास–पतोहू की कलह, ननद–भाभी विनोद, भाई–बहन स्नेह, माता–पिता का वात्सल्य आदि के हृदयग्राही वर्णन हुए हैं।

बेटी–विदाई के अवसर पर गाए जाने वाले एक मगही संस्कार गीत के कुछ अंश उदाहरणार्थ प्रस्तुत हैं, जो आंसू की बूंदों के साथ कांपते हुए स्वर से गाए जाते हैं–

'सुरूज के जोते बाहर भेलन दुलरइतो बेटी,
गेरे बदन कुम्हलाय।
पहिले जनइतूं बेटी तमुआ तनइतूं,
गोरे बन्दन कुम्हलाय।।
काहे लागि अजी बाबा तमुआ तनइत,
गोरे बदन कुम्हलाय।
होयतो भिनसरव बाबू कोइली कुहुंकतो,
लगबो सुन्नर बर साथ।।
काहे लागि अगे बेटी खोआ खांड़ खिलउलूं,
काहेला पिअवलूं दूध।
काहे लागि अगे बेटी पुतर जानि मानलूं,
लगबअ सुन्नर बर साथ।।
जनइत हलअजी बाबू धिया हइ कुमारी,
लगतइ सुन्नर बर साथ।
काहे लागि अजी बाबू खोआ खांड़ खिलवल,
काहेला पिअवल दूध।
काहे लागि अजी बाबू पुतर जानि मानल,
लगबो सुन्नर बर साथ।।

भावार्थ–सूरज की ज्योति में दुलारी बेटी बाहर निकली, उसका गोरा बदन कुम्हला गया। पिता ने पूछा– 'बेटी, मैं अगर पहले जानता तो तंबू तनवा देता, तुम्हारा गोरा बदन नहीं कुम्हलाता।

बेटी ने उत्तर दिया– 'बाबूजी, किसलिए तंबू तनवाएंगे? मैं तो भोर होते ही, जब कोयल कुहुकने लगेगी, अपने सुन्दर वर के साथ चली जाऊंगी।'

पिता ने कहा– 'बेटी, किसलिए मैंने तुम्हें खोआ–खांड़ खिलाया, किसलिए दूध पिलाया तथा किसलिए तुम्हें पुत्र की तरह प्यार किया, जो तुम सुन्दर वर के साथ चली जाओगी?'

बेटी ने सांत्वना देते हुए कहा– 'पिताजी, आप जानते थे कि बेटी कुमारी है, जो सुन्दर वर के साथ चली जायेगी, फिर आपने मुझे क्यों खोआ–खांड़ खिलाया, किसलिए दूध पिलाया और किसलिए पुत्र की तरह प्यार किया? मैं तो सुन्दर वर के साथ चली जाऊंगी।'

कुरमाली–कुरमी जाति के लोगों की बोली होने के कारण इसका नाम कुरमाली पड़ा है। डॉ. ग्रियर्सन ने इसे पूर्वी मगही क्षेत्र में रखा है। मानभूम, मयूरभंज, बामरा आदि क्षेत्रों में इसके बोलने वाले पाए जाते हैं। पश्चिमी मापदह में यह खोट्टा कहलाती है। इस क्षेत्र में एक ही गांव में कुरमाली, बंगला, आदिवासी भाषा बोलने वाले रहते हैं, इस कारण इस बोली पर यहां की अन्य बोलियों का प्रभाव पड़ा है। मगही से इसका व्याकरण विशेषतया विभक्तियों और क्रियापदों को लेकर बहुत अधिक साम्य है। अन्य बिहारी भाषाओं की तरह यह भी मागधी प्राकृत की संतान है।

कुरमाली में लिखित परिनिष्ठित साहित्य का अभाव है, परंतु इसके लोक साहित्य का भंडार समृद्ध है। इस क्षेत्र के लोक–साहित्य संबंधी सामग्रियों का संकलन–कार्य अब तक बहुत ही कम हुआ है।

एक कुरमाली विवाह गीत है–

'भूखा लगल ब रे, पियास लगइ रे।
जिलाबी मिठाइ मंगाइ देबइ रे।
सुंदर बरा रे।
नींद लगइ रे, नींद लगइ रे।
खटिया पलंगा मंगाइ देबइ रे।
सुंदर बरा रे।'

भावार्थ–'ओ सुंदर वर, जब तुम्हें भूख और प्यास लगेगी तो मैं जलेबी और मिठाई मंगा दूंगी। जब तुम्हें नींद आयेगी तब खटिया और पलंग मंगा दूंगी। ओ सुंदर वर!''

नगपुरिया–नगपुरिया को सदानी या सदरी भी कहा जाता है। नगपुरिया छोटा नागपुर में, विशेषतया रांची पठार में बोली जाती है। सदान या सद उस क्षेत्र में बसने वाले आदिवासी के लिए प्रयुक्त होता है। इस बोली पर भोजपुरी का प्रभाव है और इसके एक रूप पंचपरगनिया पर मगही का। उच्चारण की दृष्टि से भोजपुरी से किंचित् भिन्नता इसमें पायी जाती है।

नगपुरिया का अध्ययन विदेशियों द्वारा शुरू किया गया। डॉ. हिटली और रेवरेंड फादर वुकाउट ने नगपुरिया सदानी का व्याकरण लिखा है तथा ईसाई धर्म–प्रचारकों ने इस बोली में कई पुस्तकें लिखी हैं। यहां के लोकगीत और लोककथाओं का संग्रह भी इन लोगों ने प्रकाशित किया है।

इस क्षेत्र में विशेष अवसरों के लिए विशेष गीत प्रचलित है। झूमर यहां का प्रिय गीत है। झूमर के साथ नाच भी होता है। यहां के गीतों पर आदिवासी गीतों का भी प्रभाव पड़ा है। एक नगपुरिया लोकगीत में कोई परित्यक्ता विरहिणी गाती है–

अंबा मंजरे मधु मातलएं रे,
तइसन पिया मातलएं मोर।
जइसन सूखल पतइ उइड़ मोर।
तइसने पिया छुटलएं मोर।
भाइ जे कहएं दिन चाइर आवे रे,
भवजी कहएं ठांवे नखे।
आइयो बाबाओ छोड़ी गेलएं रे,
केकरा दूरा जाइए बइठो।

भावार्थ–'जिस प्रकार आम वृक्ष की मंजरी से मोहित होकर भ्रमर उसमें मोहित हो जाते हैं, उसी प्रकार मेरे प्रिय अन्यत्र मस्त हो गए हैं। जिस प्रकार सूखे पत्ते वायु के झोंके से उड़ जाते हैं, उसी प्रकार मेरे प्रिय भी अन्यत्र उड़ गए हैं। जिस प्रकार नाग–नागिन अपनी केंचुल छोड़ जाते हैं, उसी प्रकार मेरे प्रिय मुझसे छूट गए हैं। भाई तो कहते हैं कि चार दिनों के लिए मेरे धर आ सकती हो, लेकिन भाभी कहती हैं– यहां तुम्हारे लिए स्थान कहां? मेरे माता-पिता भी चल बसे, अब मैं किसके दरवाजे पर जाकर बैठूं।'

गाथा गीत–कुछ स्थानीय महत्ववाली लोकगाथाओं को छोड़कर प्रायः सभी लोकगाथाएं सारे झारखंड में प्रचलित हैं, इसलिए अलग–अलग भाषा–क्षेत्र के अनुसार इन पर विचार न करके केवल विभिन्न भाषाओं के कुछ उदाहरण दे दिए गए हैं। भाषा की भिन्नता के साथ–साथ स्थानीय मान्यताएं, रचनाएं और कहीं–कहीं कथानक में भी कुछ साधारण–सा अंतर पाया जाता है। प्रमुख गाथागीत निम्नलिखित है–

(1) लोरिकायन–लोरिक मनियार वीर रस से ओत–प्रोत एक बहुत बड़ी गाथा है। यह विशेषतया बिहार और उत्तर–प्रदेश में गायी जाती है। दूसरे राज्यों में भी कुछ भिन्नता के साथ यह प्रचलित है। मुख्यतया इसे अहीर लोग गाते हैं क्योंकि इस गाथा का नायक भी अहीर जाति का ही था। इसके मुख्य भार हैं– लोरिक–संवरू का जन्म, संवरू का विवाह, लोरिक का विवाह, चनवा–उढ़ार, हल्दीघाटी की लड़ाई, नेउरापुर की लड़ाई, पिपरी की पहली लड़ाई (संवरू के साथ), पिपरी की दूसरी लड़ाई (लोरिक के साथ), लोरिक का काशीवास और मृत्यु। इनके अतिरिक्त भी कुछ स्थानों में प्रचलित इस गाथा में लोरिक के पुत्रों उसके भतीजों और पोते इंदल का वर्णन मिलता है।

(2) राजा सलहेम–राजा सलहेम मानकी जनजाति के थे। इस जाति के लोग आज भी इनकी पूजा करते हैं। यह गाथा ढोल, मृदंग आदि पर गायी जाती है।

राजा सलहेम एक सुंदर युवक था, जिस पर दीना मालिन आसक्त थी। वह उसके पाने के लिए वर्षों तक प्रयास करती रही। इसमें चूहड़मल और सलहेस की प्रतिद्वंद्विता, चूहड़मल द्वारा राजा के यहां चोरी करने और सलहेस को फंसाने तथा सलहेम को कारावास के दंड से दौना द्वारा देवी की सहायता से छुड़ाने का वर्णन है। उदाहरणार्थ कोल्हांचल क्षेत्र में प्रचलित इस गाथा में दौना द्वारा राजा सलहेम से अनुनय–विनय करते हुए कहा गया है–

'सुन–सुन सुरमा तोरा कहयी हो।
तेरे असरा पर बारह बरस जब, अंचला बान्धली हमें।
कहियों नय रे निदरदा, पलंगे पर दरसन देवय कयलय नय गी।'

(3) दीना भदरी–यह उरांव की जातीय गाथा है। इसके नायक दीना और भदरी उरांव जाति के थे। दोनों भाई थे और जोगिया नगर के रहने वाले थे। दोनों बड़े बहादुर थे। एक बार राजा कनकसिंह के बुलाने पर सारे नगर के लोग आ गए, लेकिन दीना और भदरी नहीं गए। राजा क्रुद्ध होकर घोड़े पर सवार हो दीना–भदरी के घर पहुंचे। बात बढ़ गई। राजा ने छल से दीना–भदरी को मरवा डाला और उनके माता–पिता को घोर यातनाएं दीं। कुछ दिनों के बाद दोनों की मृतात्माओं ने जदुआ–बचुआ को मारकर बदला चुकाया। यह गाथा करुण–रस प्रधान है और इसका प्रचलन विशेष रूप से झारखंड में ही है।

(4) नयका बनजारा– शोभनयका नाम वणिक–पुत्र का विवाह गुमला में बारी नामक लड़की से हुआ था। शोभा गौना कराकर व्यापार के लिए मारंग चला जाता है। पत्नी के साथ वह एक रात भी नहीं बिता पाया। रास्ते में रात को एक हंस के जोड़े की बातें सुनकर उसे पता चलता है कि आज रात्रि के शुभ मुहूर्त में पत्नी के समागम से उत्पन्न पुत्र बहुत प्रतिभावान होगा। वह वहां से चलकर रातों–रात घर पहुंचा और अपनी पत्नी के साथ समागम किया। चलते समय निशानी के रूप में

अपनी अंगूठी पत्नी को देता गया। तेरहवें वर्ष वह मोरंग से व्यापार करके लौटा। इस बीच गर्भवती बारी को सास–ससुर ने घर से निकाल दिया। वह अपने देवर चतुरगुन के साथ रहती थी। शोभा के लौटने पर दोनों और सुख से रहने लगे।

(5) हिरनी–बिरनी–हिरनी–बिरनी नट जाति की दो बहनें थीं, जो पोसनसिंह नामक चरित्रवान और विवाहित व्यक्ति पर आसक्त थीं। दोनों ने पोसनसिंह को बहुत परेशान किया। अंत में एक खूंखार भैंसे को नाथकर पोसनसिंह दोनों बहनों को अपनी दासी बनाने में समर्थ हो सका।

(6) लुकेसरी देवी–लुकेसरी आदिवासी कन्या थी, जो छेछनमल को पाने के लिए व्रत कर रही थी। उसे पता चला कि उसका प्रेमी योगी बन गया है, वह उसे ढूंढ़ने चली। छेछनमल से भेंट होने पर छेछनमल ने उसे पूजनीया देवी के रूप में ग्रहण किया। आज भी वह देवी के रूप में पूजी जाती है।

इनके अतिरिक्त आल्हा, गोपीचंद, कमलामाय, आजरूक, नेवारक कथा, कारू खिरहैर, मैनावनी, बिहुला आदि दर्जनों लोकगाथाएं आदिवासियों में प्रचलित हैं।

लोकनाट्य और लोकनृत्य

झारखंड में सर्वाधिक प्रचलित लोकनाट्य और नृत्य हैं– जट–जटिन, भकुली–बंका, बगुली, डोमकछ, सामा–चकेवा आदि।

(1) जट जटिन– इसे 'जाट–जाटिन' भी कहते हैं। यह झारखंड का बहुप्रचलित लोक–नाट्य है। इसका प्रचलन प्रायः सारे झारखंड में है, लेकिन उतरी छोटानागपुर में स्त्री–समाज के मनोरंजन का यह एक प्रमुख साधन है। इसका अभिनय सावन महीने से लेकर कार्तिक महीने की शुभ चांदनी रातों में होता है। इसमें केवल स्त्रियां ही भाग लेती हैं। जट और जटिन का अभिनय कुमारी लड़कियां ही करती हैं। जट को दुल्हे की पोशाक पहनाई जाती है तथा जटिन को रंगीन साड़ी और कुमुदनी के फूलों से आकर्षक ढंग से सजाया जाता है। दोनों दलों की स्त्रियां पंक्तिबद्ध आमने–सामने करीब पांच–छः हाथ के फासले पर खड़ी रहती है। अभिनय के समय एक दल गाता हुआ दूसरे दल के पास आता है और उलटे पांव लौट जाता है। जट का दल खड़ा होकर तथा जटिन का दल पहले खड़ा होकर, फिर झुककर गाता है। जट–जटिन को दोनों दल अपने पीछे छिपाए रहते हैं।

सबसे पहले सहगान होता है, उसके बाद अभिनय आरंभ होता है। इसकी कथा जट–जटिन के दाम्पत्य जीवन पर आधारित है। विवाह के बाद जट को जटिन के चरित्र पर शंका होती है, जिसका निवारण वह अपने प्रेम–व्यवहार से करती है। जट, जटिन के विरोध के बावजूद चुपके से विदेश चला जाता है। जटिन पति–वियोग में विकल हो उसे ढूंढने चलती है। राह में जमींदार, पुलिस, दारोगा, सुनार आदि उसे अपने साथ चलने का प्रलोभन देते हैं, लेकिन वह किसी के बहकावे

में नहीं आती। विदेश से लौटने पर साधारण वाद–विवाद में जट, जटिन को मार बैठता है। जटिन कहीं जाकर छिप जाती है। जट उसे ढूंढने निकलता है। वह ग्वालिन, गोढ़िन, चूड़िहार आदि का रूप धारण कर अपनी प्रियतमा को ढूंढते हुए– 'आंगन में दुभिया जनमि गेल गे माई, जटिवन बिनु'–का प्रलाप करता है। जटिन प्रकट होती है और उसे लेकर वह घर लौटता है।

इस लोक–नाट्य से ग्रामीण जीवन का अच्छा परिचय मिलता है। इसमें व्यवहृत उपमादि ठेठ ग्रामीण है। इसमें पद्य के साथ–साथ गद्य का भी प्रयोग होता है।

कुछ उदाहरण प्रस्तुत हैं–

जट– जाय दहि आगै जटिन, देश रे बिदेस।
तोहरा लय लयवो जटिन, सेनुरा सनेस।।

जटिन– सेनुरा जे थिकय जटा, मंगिया के धूर।
घरहिं में रहु जट्टा, नयनाक हजूर।।"

जट– 'लभके चलिहे गे जटिन, लभ के चलिहे गे।
जइसे कांचकरचिया लभे, वोइसे लभिहे गे।

जटिन– न लभबे हो जाटा, न लभबे हो।
हम तबाबा के दुलारी धिया, गरब से चलबइ हो।।'

(2) **भकूली–बंका**–इसका अभिनय प्रायः 'जट–जटिन' के साथ ही होता है, लेकिन कहीं–कहीं इसका स्वतंत्र रूप भी प्रचलित है। इसके अभिनय का समय और साज–सज्जा 'जट–जटिन' के सदृश ही है।

इसके मुख्य पात्र– अंका बंका, दीदी, टिहुली और भकुली हैं। भकुली अपनी तीनों बहनों में छोटी है, जिसका विवाह बंका से होता है। वह कुछ दिनों में अपनी ससुराल के वातावरण में घुल–मिल जाती है। कुछ दिनों के बाद बंका को भकुली के चरित्र पर संदेह होता है। भकुली रूठकर अपने पिता के घर चली जाती है। वह पति के परिवार के लोगों के मनाने पर नहीं लौटती, लेकिन अपने यार के साथ वापस आ जाती है। पति के घर वाले उसकी उपेक्षा करने लगते हैं और वह फिर अपने पिता के घर चली जाती है।

(3) **डोमकछ**–इसका अभिनय लड़के के विवाह के समय होता है। परिवार के सभी पुरुष बारात में चले जाते हैं। घर में स्त्रियां ही रह जाती हैं। चोरों के भय से स्त्रियां रात भर इसका अभिनय करती है। स्त्रियां पुरुषों के कपड़े पहनकर पुरुषों का अभिनय करती है। इसके मुख्य पात्र हैं– जलुआ, पुलिस, दारोगा, अनारकली, डोमिल आदि। कभी–कभी इसमें सामयिक प्रसंगों को भी जोड़ दिया जाता है।

(4) सामा–चकेवा–सामा–चकेवा (श्यामा–चकेवा) का अभिनय कार्तिक शुक्ल सप्तमी से पूर्णिमा तक होता है। इसके अभिनय में स्पष्टतया कथोपकथन तो नहीं होता, परन्तु सामूहिक रूप से गाए जाने वाले गीतों में प्रश्नोत्तर चलते रहते हैं। इसके पात्र जो मिट्टी के बने होते हैं, लड़कियों के माध्यम से अभिनय में भाग लेते हैं। इसमें अभिनय, गीत और नृत्य का समन्वय रहता है। इसके पात्र श्यामा और चकेवा भाई–बहन हैं। इनके अतिरिक्त सतभइया, चुंगला, खिड़रिच, वनतीतर, झांझी कुत्ता, वृन्दावन, ऐंठला–ऐंठला, मुहटेढ़ी, बटदेखनी, ग्वालिन, हाथी आदि मुख्य पात्र हैं। लड़कियां रास भी रचाती हैं। कृष्ण की बांसुरी बजाती हुई मूर्ति को बीच में रखकर शेष पात्रों को गोलाकार रख दिया जाता है और लड़कियां स्वयं नाचती–गाती हैं।

प्रायः सभी लोकनाट्यों में नृत्य का समावेश है। इनके अतिरिक्त नेटुआ का नाच भी झारखंड में बहुत प्रचलित है। इस नाच की मंडली होती है। किसी गाथा को गाते समय ये लोग विशेष प्रकार का नृत्य भी करते हैं। 'गोंढऊ' तथा 'हुरूकवा' के नाच में नृत्य का प्रचलन है। कुछ जाति–विशेष के नृत्य भी हैं, जो अब लुप्त होते जा रहे हैं। किसी पर्व–त्योहार या शादी–विवाह के अवसर पर कभी–कभी इन लोगों का नृत्य होता है। ये नृत्य आदिवासियों के अन्य नृत्य की तरह नियमबद्ध न होकर बहुत ही लचीले होते हैं।

'झिझिया' में भी एक विशेष प्रकार का नृत्य होता है। समय के प्रवाह में यह भी लोप होता जा रहा है। 'झिझिया' 'गरबा' से मिलती–जुलती चीज है।

'झूमरा' भी एक प्रकार का लोकनृत्य है। इसे आदिवासी लोग सभी उपलक्ष्यों में गाते हैं।

बिहार–झारखंडवासी आदिवासियों के लोकगीतों के तीन प्रमुख श्रोत माने जाते रहे है–संस्कार, प्रकृति एवं त्योहार। इन गीतों की अभिव्यक्ति के भी तीन ही सशक्त माध्यम हैं– गायन, वादन और नृत्य। संस्कार गीतों के सम्बन्ध में जन्म से मृत्यु तक की विभिन्न क्रियाओं का विस्तृत विवेचन इस पुस्तक का प्रमुख विषय रहा है। परन्तु आदिवासियों के बीच प्रकृति, देवी–देवता एवं त्योहारों से सम्बन्धित अनेक ऐसे लोकगीत हैं, जिन्हें हम संस्कार गीतों का पूरक कह सकते हैं। इनकी व्याख्या भी शोध की अनिवार्यता है। यहाँ माँ मनसा देवी के सम्बन्ध में कुछ कहना अनिवार्य प्रतीत होता है।

मनसा देवी के संस्कार गीत–चम्पक/सुचम्पक नगर में चन्द्रधर नाम का एक अत्यन्त धनाढ्य सौदागर थे जो शिवजी के अनन्य भक्त थे। उनकी धर्मपत्नी सनका बड़ी ही लावण्यमयी और सुन्दरी थी, जो छः पुत्रों की जननी थी। सनका की सेवा के लिये एक "नेड़ा" नाम का नौकर तथा "ढ़ेंगा" नामक एक नौकरानी थी।

माँ विषहरि मनसा देवी ने चन्द्रधर सौदागर के हाथों अपनी पूजा करवाने की अभिलाषा से चम्पक नगर में अपनी पूजा के प्रचार–प्रसार की एक योजना बनाई जो इस प्रकार है–

उस चम्पक नगर में जोगाई नामक एक धीवर (मछुआरे) की पत्नी निछोनी बड़ी ही धार्मिक महिला थी। उसके गर्भ से झालू–मालु नामक जुड़वां पुत्रों का जन्म हुआ। मनसा देवी के आशीर्वाद से वे दोनों जल्दी ही बड़े हो गये। वे नित्यप्रति जाल लेकर जलाशय में मछली पकड़ने के लिये जाते थे। माँ मनसा ने उस जलाशय के जल में धातु निर्मित दो कलशों को छिपाकर रख दिया। जब झालु–मालु ने जाल फेंका तो वे दोनों कलश जाल में फँस गये। दोनों भाईयों ने इन कलशों को लाकर अपनी माँ निछोनी को दे दिया। पूण्यवती निछोनी भक्तिभाव से उन कलशों को स्थापित करके विधिवत् नित्यप्रति मनसा देवी की पूजा करने लगी। बेचारी धीवर पत्नी निछोनी बहुत ही निर्धन थी और उसका घर भी एक साधारण झोपड़ी थी। इधर मनसा देवी संतुष्ट हुई और उसकी कृपा से पुण्यवती निछोनी की झोपड़ी एक आकाशचुम्बी अट्टालिका बन गई और धन–धान्य से परिपूर्ण हो गई तथा सभी सुख और शान्ति से रहने लगे। यह देखकर नगर के सभी लोग आश्चर्यचकित हुए और जब सबों को ज्ञात हुआ कि यह माँ मनसा देवी की अनुकम्पा है तो नगर के सभी लोग माँ विषहरि की पूजा करने लगे। और देवी की कृपा से नगर के सभी लोग सुख–शान्ति से जीवन व्यतीत करने लगे।

चन्द्रधर की पत्नी सनका भी स्वर्ण कलश स्थापित कर माँ मनसा देवी की भक्तिभाव से पूजा अर्चना करने लगी। यह देखकर उनका नौकर नेड़ा ने यह समाचार चन्द्रधर सौदागर को सुनाया। समाचार सुनते ही सौदागर ने क्रोधित होकर उस कलश को लात–मारकर छिन्न–भिन्न कर दिया और अपनी पत्नी सनका को भी बहुत तिरस्कृत किया। सौदागर कहने लगा मैं भगवान शंकर का अनन्य भक्त हूँ और उनकी कृपा से धन–धान्य और पुत्रादि का कोई अभाव नहीं है। इसलिये मैं उस चेंगमुड़ी कानि (मनसा देवी) की पूजा कदापि नहीं करूँगा और न ही तुम्हें करने दूँगा।

इधर मनसा देवी चन्द्रधर पर रुष्ट हो गई और उसको विविध प्रकार से कष्ट देने लगी। देवी ने वाणिज्य में गये हुये उनकी माल सहित नावों को समूद्र में डूबो दिया और सौदागर के छहों पुत्रों को मार डाला।

सौदागर के जब नौकायें (जहाज) डूब गये और उनके पुत्र मारे गये तो बेचारा चन्द्रधर असीम कष्ट झेलते हुये इधर–उधर भटकने लगा। कभी जंगल में जंगली फल–मूल खाकर दिन काटने लगे, भीख मांगकर जीवन निर्वाह करने लगे और कभी तो कई दिनों तक अनाहार और प्यासे ही रह गये। फलतः उनका शरीर अत्यंत ही दुर्बल हो गया। उसके केश व दाढ़ी बहुत बड़े–बड़े हो गये। कपड़े जीर्ण (फट) हो गये। इस शोचनीय अवस्था में भटकते हुये अपने महल के समीपवर्ती केले के बगीचे में आ पहुँचा। इधर अंधकार छा गया था। सौदागर ने एक केले के पेड़ के नीचे बैठना चाहा उस समय केले के पत्ते हिल उठे और कुछ सरसराहट की सी आवाज सुनाई पड़ी, ठीक ऐसे ही समय सनका की नौकरानी झेंगा केले के बगीचे में किसी कारण आई तो केले के पत्ते को हिलते देखकर

और सरसराहट की आवाज सुनकर चोर–चोर कहकर जोरों से चिल्ला उठी। झेंगा की चिल्लाहट सुनकर सनका ने अपने नेड़ा को तुरंत भेजा। नेड़ा हाथ में लाठी लिये तुरंत दौड़ पड़ा तथा उसे पकड़कर पीटने लगा तथा उसके बड़े–बड़े केश और दाढ़ी को पकड़कर विविध प्रकार से पीड़ा देने लगा। सौदागर अपना परिचय क्षीण स्वर से बताना चाहता है किन्तु नेड़ा स्वीकारना नहीं चाहता और पुनः पीटते–पीटते उसे धराशायी कर दिया।

इधर विलम्ब देखकर सनका भी उस स्थल पर आ पहुँची और जब ज्ञात हुआ कि उनका पति चन्द्रधर है तो झेंगा से जलता हुआ एक दीया मंगवाया और दिये की रोशनी से अपने पति को पहचाना और उसकी दुर्दशा देखकर रोने लगी। तथा अपने नौकर नेड़ा को धिक्कारने लगी। तत्पश्चात् सौदागर को यत्नपूर्वक महल में लाकर स्नान कराया और तेल उबटन उसके शरीर में लगा दिया तथा नये वस्त्र धारण करवाए। इसके बाद विविध व्यंजनों के साथ भरपेट भोजन कराया। भोजनोपरांत शयनकक्ष में पलंग पर सौदागर को सुलाकर सनका उनकी थकावट दूर करने के लिये पुनः तेल मालिश करने लगी और उनके गर्भ से जन्में सातवें पुत्र लखिन्दर के विषय में कहने लगी। लखिन्दर अब दिव्य कान्ति युक्त एक सुन्दर नवयुवक हो गया है। उसके विवाह के प्रबन्ध के लिये सनका अपने पति से कहने लगी। साथ में मनसा देवी से द्वेष त्यागकर उनकी भक्ति भाव से पूजा अर्चना करने का अनुरोध करने लगी किन्तु चन्द्रधर अभी भी मनसा देवी की पूजा अर्चना करने के लिये प्रस्तुत नहीं था। वे कहने लगे, मैं साँताली पर्वत पर विश्वकर्मा से एक लोहे का भवन बनवाऊँगा, जिसमें दरवाजा व खिड़की आदि लोहे के होंगे। वायु के आवागमन की पूर्ण व्यवस्था रहेगी। उस भवन में एक चींटी तक भी प्रवेश नहीं कर सकेगी। सर्प आदि के लिये तो वहाँ प्रवेश बिल्कुल असंभव होगा। सौदागर के आदेश से विश्वकर्मा इस प्रकार के लौह भवन का निर्माण करके अपने घर लौट ही रहे थे कि मार्ग में माँ विषहरि ने उसे रोककर कहा कि तुम हमारे एक सर्प के लिये उक्त भवन में प्रवेश द्वार बना दो और मोम से बन्द कर दो। विश्वकर्मा ने देवी की आज्ञा का यथावत् पालन किया।

इधर चन्द्रधर सौदागर ने नौकर नेड़ा के द्वारा अपने पुरोहित को बुलाया और यथावत् आदर सत्कार करने के पश्चात् पुरोहित दैवेज्ञ जर्नादन को नेड़ा के साथ अपने पुत्र लखिन्दर के लिये एक सुयोग्य कन्या की खोज में भेजा। पुरोहित एवं नेड़ा देश–देशान्तर भ्रमण करने के बाद निछोनी नगर के बड़े ही धनवान साई सौदागर के यहाँ पहुँचे, उन्हें देखकर साई सौदागर ने उनका अतिथि सत्कार किया और समाचार पूछा। पुरोहित ने समाचार सुनाया तो बड़े ही संतुष्ट और पुलकित होकर अपनी कन्या बेहुला को उनके समक्ष उपस्थित किया। कन्या बेहुला की तरह–तरह से ज्ञान–विज्ञान, संगीत, नृत्य आदि की परीक्षा लेने के बाद नेड़ा और पुरोहित अत्यंत संतुष्ट हुए। लखिन्दर के साथ विवाह के लिये ज्योतिष शास्त्र के अनुसार गणना की गयी और देखा कि ऐसा राजयोग्य मिलन बड़ा दुर्लभ

है। पुनः बेहुला की हस्तरेखा का अध्ययन करके बताया कि यह कन्या सावित्री की भाँति सती है, जिसने अपने मृत पति सत्यवान को अपनी पतिव्रता के बल पर यमालय से पुनः जीवित करके लायी थी। पूर्णतया आश्वस्त होकर पुरोहित एवं नेड़ा चन्द्रधर के निकट आकर सभी बातें बताई, तो चन्द्रधर भी अति पुलकित हुये और बेहुला की सतीत्व का परीक्षा हेतु अपने कुटुंबों के साथ निछोनी नगर पहुँचे। परीक्षा के लिये चन्द्रधर ने अपनी भावी पुत्र वधु को लोहे के चने पकाने के लिये कहा।

बहुला गगरी लेकर निकट के तालाब में स्नान करने के लिये गई। तालाब की सीढ़ी के नजदीक पहुँचकर वह ज्योहिं उछलकर स्नान करने लगी और तैरते समय हाथ पैरों को झाड़ने लगी तो ऐसे समय में माँ विषहरि ने अपनी योजना को सफल बनाने के उद्देश्य से एक बिडम्बना की। माँ विंषहरि एक वृद्धा ब्राह्मणी के वेष में तालाब की उस सीढ़ी पर आकर बैठ गई जिससे उसके शरीर पर वेहुला के पैरों के पानी के छींटे पड़ गये। पैर का पानी पड़ते ही क्रोधित होकर वृद्धा ब्राह्मणी ने अभिशाप दिया कि तुम विवाह की पहली रात्रि में ही विधवा हो जाओगी। बेचारी बेहुला आकर उनके पैरों पर गिर पड़ी और क्षमा प्रार्थना की तथा उनका परिचय पूछते हुये उस अभिशाप से मुक्त होने का उपाय भी पूछा।

माँ विषहरि अपना परिचय देने के पश्चात कहने लगी "पूर्वजन्म में तुम बानासुर की कन्या थी और तुम्हारा पति श्रीकृष्ण का पौत्र अनिरुद्ध था जो शिवभक्त था। एक दिन शिवमंदिर में तुम दोनों शिवाजी की पूजा कर रहे थे, उस समय शिवजी ने अनिरुद्ध से पूछा की उसे सर्प दर्शन से भय होता है या नहीं?

वह दंभ से बोल उठा, मैं बिल्कुल नहीं डरता, तब शिवजी ने क्रोधित होकर उसे अभिशाप दिया कि हमारे मंदिर में आकर इस प्रकार दंभ दिखा रहे हो, इसलिये तुम अगले जन्म में विवाह की रात्रि में ही सर्प दंश से मर जाओगे।

माँ विषहरि पुनः बोली–तुमने सांई सौदागर की पुत्री बेहुला के रूप में और तुम्हारे पति अनिरुद्ध चन्द्रधर के पुत्र लखिन्दर के रूप में जन्म लिया है और दोनों का विवाह निश्चित हो रहा है, माँ विषहरि ने बेहुला को बताया कि मृत पति को केले के मन्दास नाव के द्वारा स्वर्गपुरी पहुँचने पर अपने पति को प्राप्त कर लोगी। इधर बेहुला ने भी उनसे प्रतिज्ञा कराई कि जब भी उनका स्मरण किया जाये, तो किसी भी विपत्ती से बेहुला को मुक्त करेगी।

बेहुला स्नान के बाद गगरी में पानी भरकर अपने घर लौट आई और पिताजी से कच्चा मिट्टी का बर्तन मंगवाया और कच्चा मिट्टी का ही चूल्हा बनाकर कच्चा सरकंडा (कस फूल) के पौधे से आग जलाई और कच्चे बर्तन में लोहे के चनों को पानी में पकाने लगी। साथ–साथ माँ विषहरि का स्मरण करने लगी कि इस विपत्ती से रक्षा करे। थोड़ी देर में ही लोहे के चने साधारण चने की तरह पक

गये और अपने पिता और भावी श्वसुर चन्द्रधर को खाने के लिये परोसा। खाने के बाद दोनों संबंधी आश्चर्य चकित और पुलकित हुए। चन्द्रधर ने आगामी आषाढ़ मास के शुक्ल पक्ष की त्रयोदशी तिथि को गोधुली बेला में विवाह का समय निश्चित करके घर लौट आये और बारात प्रस्थान की सभी तैयारियाँ करने लगे। विवाह मुहुर्त के कुछ पूर्व बारात निछोनी नगर में बड़े धूम–धाम से आ पहुँची और गोधुली के शुभ मुहुर्त में बेहुला–लखिन्दर का विवाह संपन्न हुआ। विवाहोपरान्त सभी आगत बारात व कुटुम्बजनों को यथेष्ट भोजन कराया। भोजन से सभी लोग संतृप्त हुये और उल्लसित होकर लौटने की तैयारी करने लगे। विदाई मांगने पर साँई सौदागर बोल उठें कि विवाह की रात में ही विदाई उचित नहीं होगा। किन्तु चन्द्रधर ने कहा विषहरि मनसा देवी मेरी प्रतिवादी है और मेरा अनिष्ट करने में सतत् प्रयत्नशील है। इसलिये विदाई कीजिये, मैं वर–वधू को साँताली पर्वत पर निर्मित लौह भवन में सुरक्षित रखूँगा। सभी बड़े धूम–धाम से नव दम्पति को साँताली पर्वत पर लाये और उस भवन में नवदम्पत्ति ने प्रवेश किया। इधर भवन के चारों ओर सभी लोग मशाल और तरह–तरह की बत्तियाँ तथा हाथ में लाठी तथा अन्य अस्त्र–शस्त्र के साथ पहरा दे रहे हैं। दिन की तरह यह रात मालूम हो रही है। एक चींटी तक भवन के चारों ओर नहीं दिखाई पड़ रही है।

इधर रात बीत रही है। सबेरा होने में मात्र एक प्रहर बाकी है। रात बीत जाने पर लखिन्दर यदि जीवित रहे तो उसे मारना मानसा देवी के लिए असंभव कार्य होगा। इस दुश्चिन्ता से घबराकर अपनी सहेली नेता धोबिन से सलाह माँगी तो उसने सलाह दी की आप इन्द्रपुरी में जाकर महाराज इन्द्र से बादल लाइये और साँताली पर्वत पर आँधी–तूफान गरजते हुये बादल एवं चमकती हुई बिजली से सभी लोगों को भगाइये उसके बाद काली नागिन को वहाँ भेजकर विश्वकर्मा द्वारा निर्मित मोम से बंद छिद्र द्वार से भीतर प्रवेश कराइये और सोते हुये लखिन्दर को दर्शन कराइये। मनसा देवी ने वैसा ही किया। आँधी–तूफान और मूसलाधार बारिश और अतिशीतल हवा के कारण सभी लोग भाग गये। काली नाग लौह भवन के निकट आकर माँ विषहरि के निर्देशानुसार इस छिद्र के पास आकर पहुँची और अपनी साँस की हवा से मोम को पिघलाकर छिद्र को साफ किया। किन्तु काली नाग का विशाल शरीर उस छोटे से छिद्र में कैसे प्रवेश करेगा। वह इस चिन्ता में किंकर्तव्यविमूढ़ हो गई।

अन्तर्योगिनी माँ विषहरि ने नागिन की यह विषम परिस्थिति जानकर उसे धागे के समान छुद्रकाय बना दिया तब उसने लौह भवन में प्रवेश किया और सोते हुये लखिन्दर के पैरों के निकट बैठ गई। बिना अपराध के उसे वह कैसे डसेगी?

बेचारी पुन. सोच में पड़ गई क्योंकि बिना अपराध के किसी को डँसना महापाप है। ध्यान में मनसा देवी ने यह जाना और छटपटाने के लिगे उन्होंने लखिन्दर को एक बाण मारा तब लखिन्दर अपने पैरों को छटपटाकर झाड़ने लगा और जब उसके पैर से नागिन को आधात पहुँचा तो उसने

लखिन्दर को डँसा। नागिन के डसते ही लखिन्दर छटपटाने लगा और इधर भागती हुई नागिन की ओर अपने हाथ का सरौता फेंका जिससे नागिन की पूँछ कट गई और बेहुला को जगाया। बेहुला अपने मन्त्रबल से झाड़ने लगी किन्तु उधर माँ बिषहरि के बाण के कारण वह अपने पति को विषमुक्त नहीं कर सकी। तब वह ऊँचे स्वर से रोने और बिलखने लगी। इधर प्रभात होने के पहले ही चन्द्रधर ने अपने घर में एक स्वप्न देखा कि उसके पुत्र को साँप ने डँस ही लिया है। तब नेड़ा को भेजना चाहा किन्तु बेचारे सभी लोग बारिश के कारण तबाह होकर अपने–अपने घर में जाकर सो रहे थे। और इसलिये नेड़ा ने कहा कि सबेरा होने पर जाऊँगा। सबेरा होने के साथ ही चन्द्रधर और नेड़ा लौह भवन में ज्योहिं पहुँचा। सभी घटना ज्ञात हुई। चन्द्रधर के सभी कुटुंबजन आकर रोने–बिलखने लगे। किन्तु अब लखिन्दर जीवित नहीं है। भीषण विष के ज्वाला से वह मर गया है। और उसका शरीर नीले रंग का हो गया है। चन्द्रधर सौदागर ने लखिन्दर का अंतिम संस्कार करना चाहा किन्तु सती बेहुला ने उन्हें आश्वासन दिया कि मैं केले में मंदास (नाव) द्वारा अपने मृत पति को स्वर्गपुरी तक ले जाकर माँ विषहरि की कृपा से छः महीने पूरे होने के बाद पुनः जीवित लौटा लाऊँगी।

इसके अतिरिक्त पहले ही जिन छः पुत्रों की मृत्यु हुई है, वो भी जीवित हो उठेंगे। सौदागर ने इसे बकवास बताकर इन्कार किया। किन्तु बेहुला पुनः प्रार्थना करने लगी। तब तरह–तरह की सतीत्व की परीक्षाएं लेकर केले का मंदास तैयार कर दिया और उस पर बेहुला अपने मृत पति को साथ में लेकर गाँगुड़ी नामक नदी मन्दास द्वारा गुजरने लगी। विभिन्न घाटों (तटों) में गुजरते समय सती बेहुला को तरह–तरह की विपत्तियाँ झेलनी पड़ी जो माँ विषहरि के स्मरण मात्र से उन विपत्तियों से मुक्त हुई। सुरपुरी तक पहुँचने में जो विशेष घटनायें घटीं, उनका उल्लेख इस प्रकार है–

कुँवरचन्द्र घाट (तट) पार होने के पश्चात जब आलोगंगापुर संध्या के समय आ पहुँची तो उसका मन्दास टूट कर छिन्न–भिन्न हो गया, बेचारी बेहुला ने केले के एक ही तने का अवलम्बन करके अपने पति को पकड़ रखा था। इधर मगरमच्छ, सियार, कछुआ, जोंक आदि आकर शव को काट कर खाने लगे। सती बेहुला इस विषम विपत्ति से बचने के लिये कातर स्वर से बारंबार माँ विषहरि की प्रार्थना करने लगी। माँ विषहरि ने प्रसन्न होकर मन्दास को पूर्ववत् बना दिया और इन जन्तुओं से लखिन्दर के शव को बचा दिया।

मन्दास लेकर अग्रसर होने लगी और कुछ दिनों के बाद बोआली घाट में आ पहुँची। यहाँ हजारों प्रकार की मछलियाँ उछल रही हैं। सहसा राघव बोआल नामक एक बोआरी मछली आकर लखिन्दर के पैर के घुटने की चक्की खा कर भाग गई। तब सती बेहुला ने उसे अभिशाप दिया कि तुम धीवर के जाल में फँस जाओगी और तुम्हारे पेट को फाड़कर उस चक्की को निकाल लूँगी।

काँकड़दह, हाथीदह, रामेश्वर घाट, कालीदह, व्याघ्र घाट आदि पार कर रजकदह घाट

पहुँची। यहाँ एक रजकिनी को कपड़ा साफ करते हुए देखा उसने अपने शिशु पुत्र को मारकर एक जगह रख दिया है। पुनः कपड़ा धोने के बाद पुत्र को जीवित करके अपने घर ले जा रही है। कई दिनों तक यह निरीक्षण कर बेहुला आश्चर्यचकित हुई। इधर एक वृद्धा कुदाल लिये खड़ी देखी। बेहुला ने उसे प्रणाम किया और धोबीन की घटना बताई। वृद्धा ने उसे धोबीन का परिचय देते हुये सलाह दी की उस धोबीन का नाम "नेता" या "श्री नेतानी" है, उसकी शरण में जाओ। वही तुम्हारे पति को जीवित कर देगी। तब तक के लिये तुम अपने पति को यहीं हमारे कुदाल से गड्ढा खानकर गाड़ के सुरक्षित रखो। वृद्धा कुदाल रखकर अंर्तधान हो गई। वृद्धा माँ विषहरि थी। यह बेहुला को मालूम हो गया। दूसरे दिन बेहुला उस नेतानी से बोली कि मुझे कुछ कपड़े दे दो मैं साफ कर देती हूँ। पहले तो नेतानी राजी नहीं हुई किन्तु पुनः प्रार्थना करने के कारण उसे कई वस्त्र फिचकारने के लिये दे दिये जब नेतानी साफ किये वस्त्रों के साथ बेहुला द्वारा साफ किये हुये वस्त्र देवताओं को दिये तो उसे देखकर देवताओं ने नेतानी से पूछा कि ये वस्त्र किसने साफ किये हैं?

नेतानी वेहुला को यहाँ (सुरपुरी) ले आओ। आज्ञा पाकर नेतानी बेहुला को देवताओं के निकट ले आई। बेहुला का रूप सौन्दर्य देखकर देवतागण अति प्रसन्न हुए और उनका परिचय पूछने के बाद पुनः पूछा कि यदि नृत्यगीत प्रस्तुत कर सकती हो तो अपनी कला प्रदर्शित करो।

देवताओं के आदेश पाकर बेहुला अतिशय पुलकित हुई और नृत्यगीत प्रस्तुत करने के लिये तैयार हो गई। देवताओं ने उसे नृत्योपयोगी नववस्त्र और आभूषण आदि धारण करवाए। सती बेहुला की रूप सुषमा की तुलना त्रिभुवन में विरल है–ऐसा प्रतीत हो रहा था नृत्य गीत से देवताओं को मन्त्र–मुग्ध कर दिया। देवतागण अति प्रसन्न होकर बेहुला से यहाँ आने का कारण पूछने लगे। उन्होंने समस्त घटना बताई। तब देवाधिदेव महादेव ने पूछा तुम्हारा मृत पति कहाँ हैं?

उन्हें यहाँ ले आओ। बेहुला ने वैसा ही किया। मृत पति की केवल अस्थियाँ ही बची हुई थी। उसे यथास्थान संयोजित किया। इधर महादेव ने मनसा देवी को जीवित करने के लिये कहा। पिता की आज्ञा पाकर मृत लखिन्दर का निरीक्षण करने लगी। अपने पिता को यह शिकायत करने लगी कि चन्द्रधर सौदागर मेरी पूजा अर्चना करता नहीं है। मुझे मारने के लिये सदैव उद्दत रहता है, मुझे 'चेंगमुड़ी कानी' कहकर गाली देता है। इन कारणों से मैंने उनके सभी पुत्रों का संहार किया। बेहुला माँ बिषहरि की बातें सुनकर कहने लगी कि आपने प्रतिज्ञा की थी कि अमरपुरी में मेरे पति को जीवित कर देगी। इतना होते हुए भी यह छलना क्यों? मैं आपके चरणों में बारंबार प्रणाम करती हूँ कि मेरे पति को जीवित कर दें। मैं अपने स्वसुर चन्द्रधर सौदागर को आपकी पूजा अर्चना करने के लिये बाध्य अवश्य करूँगी। फिर भी यदि वे आपकी पूजा अर्चना न करे तो उन्हें समुचित दंड दीजियेगा। मनसा देवी इस आश्वासन पर संतुष्ट होकर लखिन्दर के शरीर का विष मन्त्र द्वारा उतार दिया और जीवित कर दिया। भगवान शंकर के वरदान से लखिन्दर उठकर खड़ा हो गया और चलना चाहा

किन्तु पैर के घुटने में चक्की न रहने के कारण चल नहीं सका तब राघव बोआरी मछली को मछुआरे से पकड़वाकर यहाँ लाया गया और उसके पेट को फाड़कर घुटने की चक्की को निकाला और यथास्थान स्थापित कर दिया। अब पूर्ण स्वस्थ्य होकर लखिन्दर चलने लगा। मनसा देवी ने दम्पति को स्वर्गपुरी से मर्त्यभूमि में जाने के लिये कहा। बेहुला ने पुनः प्रार्थना की कि उनके पति के छहों भाइयों को भी जीवित कर दें और माल सहित जो नावें डुबोई थी, उन्हें पुनः प्रदान करें। प्रतिबद्धतानुसार माँ विषहरि ने ऐसा ही किया। आनन्द विह्वल होकर बेहुला, लखिन्दर एवं अन्य छहों भाइयों के साथ डुबे हुए धन सम्पति को लिये अपने ससुराल चंपक नगर में आ पहुँचे। उन्हें देखकर चन्द्रधर तथा उनकी पत्नी सनका आनन्द से गद्‌गद्‌ हो गये और सती बेहुला की जय–जयकार से सम्पूर्ण नगर मुखरित हो उठा। इधर चन्द्रधर ने बड़े धूम–धाम से माँ विषहरि की पूजा अर्चना का आयोजन किया। पूजा प्रारम्भ हुई, पुष्प निवेदन करते समय माँ विषहरि से क्षमादान की भिक्षा मांगी कि मैं अपने दाहिने हाथ से भगवान शंकर की पूजा करता आया हूँ और उन्हीं के लिये मेरा दाहिना हाथ समर्पित है। इसलिए मैं आपकी पूजा बाएं हाथ से कर रहा हूँ। चन्द्रधर के इस पूजन के साथ ही संपूर्ण नगर व संपूर्ण झारखण्ड क्षेत्र में माँ विषहरि की पूजा अर्चना की प्रथा व्यापक रूप से प्रचलित हुई।

माँ विषहरि की मनोबांछा पूर्ण हुई। परिणामतः रोपणी कार्य की समाप्ति की खुशी में श्रावण मास की संक्रान्ति के दिन जनजाति समुदाय के प्रत्येक गृह में माँ बिषहरि मनसा देवी की पूजा अर्चना अनिवार्य रूप से होने लगी।

उत्तम भोक्ता बोठि महाशय, शुक्ल पोढ़ि धुति,
ईष्ट देवेर पूजा महाशय कोरि नित्य ईष्टेर ध्यान,
शिव दिये छिलेन कुर्मि बोले आमादिके नाम।।

धरम पूजा गीत–आदिवासी समुदाय का एक महत्वपूर्ण संस्कार "धरमपूजा" है। धरम से देवताओं का तात्पर्य भगवान सूर्यदेव से है। जिनकी कृपा से ही समस्त स्थावर, जंगम व प्राणी जगत जीवित रहते हैं। आदिवासी समुदाय में शिशु के जन्म के लिए सूर्य देवता मानसिक (मनैता) किया जाता है। शिशु जन्म के बाद ही धरम–पूजा (सूर्य पूजा) या सूर्जाही पूजा अनिवार्य रूप से करनी पड़ती है। परिवार के प्रथम पूत्र के जन्म के उपलक्ष्य में इस पूजा का विधान है।

यह पूजा दक्षिणी बिहार में साधारणतः अगहन, माघ, फाल्गुन और वैशाख माह के शुल्क पक्ष के शनिवार के दिन की जाती है। कोई–कोई शिक्षित परिवार "मित्र सप्तमी" जो अगहन माह में होता है। उस तिथि में पूजा की जाती है। इसमें शनिवार का होना आवश्यक नहीं है।

धरम पूजा गोष्ठी पूजा है। इसमें एक गोत्र के सभी लोगों की उपस्थिति अनिवार्य है। पूजा

के पहले दिन अर्थात् सामान्यतः शुक्रवार को गोत्र के सभी सदस्य उपवास रहते हैं और सारी रात जागते हैं। सारी रात एक विशेष प्रकार का गीत गाया जाता है, जिसे माहरा, (महाराय महाराज) गीत गाने का प्रचलन है। इसे नागपूरियाई संस्कार गीत भी कहा जा सकता है।

शनिवार के दिन सूर्योदय के पूर्व (उषाकाल) में ही गोत्र के सभी लोगों को स्नान करना अनिवार्य है। स्नान के बाद सभी शुक्ल (सफेद) वस्त्र धारण करते हैं। सूर्योदय के लग्न में ही पूजा प्रारम्भ की जाती है। इस पूजा में कोई ब्राह्मण पुरोहित नहीं रहते हैं। इसमें कोई मंत्रोच्चारण भी नहीं होता है। परिवार का गृहस्वामी ही इसका पुरोहित होता है। यह पूजा कोई सरना में सम्पादन करते हैं और कोई–कोई नदी या तालाब जैसे–जलाशय के किनारे भी सम्पादन करते हैं। जिसे "आखड़ा" कहा जाता है। जिस पुत्र के उपलक्ष्य में की जाती है। उसका एवं अन्य सभी पुरुष वर्गों का मुंडन होता है। इस पूजा में तुलसी पत्र, अरवा चावल, दूध, फल, मिष्ठान आदि से वैष्णवी पूजा करने के पश्चात् पांठाली दी जाती है। यह मुंडन संस्कार है।

धरम पूजा का जो भोज है, वह भी गोष्ठी भोजन कहलाता है। गोत्र में सभी सदस्यों को पंक्तिबद्ध होकर इस भोज में सम्मिलित होना पड़ता है। भोज के ठीक पूर्व परिवार का वयोवृद्ध व्यक्ति गांव के रास्ते में खड़े होकर जोरों से पुकारता है "भोज शुरू हो रहा है, गांव के सभी लोग जहां भी हों, आकर पंक्ति में सम्मिलित हो जाएं, अन्यथा आज से उन्हें गोत्र या जाति से निकाल दिया जायेगा। पतित किया जावेगा। इस प्रकार को "धरमडाक" कहा जाता है। गोत्र या जातिच्युत होने के भय से सभी व्यक्ति गोष्ठी भोज में सम्मिलित हो जाते हैं।

धरम पूजा के उपलक्ष्य में गाये जाने वाले महाराय गीत का कथासार निम्न प्रकार हैं। महाराज गीत भी एक संस्कार गीत है।

गंगामाही नामक राजा की एक मात्र कन्या चान्दाधोनी ने पृथ्वी के सर्वश्रेष्ठ वीर युवक को अपने मनोवांछित पति के रूप में पाने के लिए बारह वर्ष तक धरम देवता की तपस्या की थी। राजा गंगामाही ने अपनी कन्या के स्वयंवर के लिए गांगूनापित (हजाम) के द्वारा चारों ओर देश–विदेश में आमंत्रण भेजा। राजा के सर्वश्रेष्ठ हस्ती (पाट हाथी) के ऊपर सर्वश्रेष्ठ वीर के चुनाव का दायित्व सौंपा गया।

किसी देश में मानकी समुदाय के प्रधान के चार भाई रहते थे। छोटे भाई का नाम पिठाती था। जिसकी कोई सन्तान नहीं थी। इसलिए सभी लोग उसे निःसंतान (आंटकुड़ा) कहकर निन्दा करते थे, जिसके कारण बेचारे स्त्री–पुरुष दोनों ही बड़ा दुखी रहा करते थे। मन की व्यथा के कारण दोनों पति–पत्नि दूर देश में जाकर बस गये। वहां गांव के गौ आदि मवेशियों को चराकर चरवाहे का काम करके अपनी जीविका निर्वाह करने लगे। परन्तु वहां भी उन्हें शान्ति नहीं मिली। निःसंतान होने के कारण वहां भी निन्दा अवमानना सहनी पड़ती थी। तब पिठाती ने अपनी पत्नी के पेट पर कपड़े लपेट कर उसे कृत्रिम गर्भवती के रूप में प्रस्तुत किया।

संयोगवश कुछ दिन बाद गोष्ठ मैदान में दो सधजात शिशुओं को असहाय अवस्था में पाया। तब पिठाती ने प्रचार किया कि उसकी पत्नी ने दो जुड़वां पुत्रों को जन्म दिया। इन दोनों पुत्रों का नाम सांउरू और धांउरू रखा गया। वे दोनों ही अत्यंत शक्तिशाली वीर एवं सार्वभौव शक्ति सम्पन्न हो उठे। इधर इन दोनों भाइयों को भी उपर्युक्त चांदाधोनी के स्वयंवर सभा का समाचार प्राप्त हुआ एवं दोनों भाई उस स्वयंवर सभा में उपस्थित हुए।

स्वयंवर सभा में राजा गंगामाही के पाट हस्ती ने सांउरू के गले में वरमाल्य पहना दिया अर्थात् सांदरू को पृथ्वी के सर्वश्रेष्ठ वीर के रूप में वरण किया। इधर चान्दाधोनी ने भी अत्यन्त आनन्द से गद्‌गद् होकर सांउरू को अपने मनोवांछित पतिदेव के रूप में स्वीकार कर अपना वरमाल्य पहना दिया। राजा गंगामाही की एक भतीजी से धांउरू का भी विवाह सम्पन्न हुआ।

राजा गंगामाही के मरणोपरान्त सांउरू उस देश के राजा बने तथा धरम पूजा का प्रचार प्रसार किया।

धरम पूजा के उपलक्ष्य में इसी कथा वस्तु को महाराय गीत के रूप में पूजा के पूर्व दिन (उपवास के दिन) सारी रात गाया जाता है। इस रात्रि को जागरण की रात्रि भी कही जाती है।

"धरम" कुछ आदिवासी समुदायों के कुल देवता या गोत्र देवता है। धरम पूजा में गाये जाने वाले गीत को माहरा गीत या माहराय गीत कहते हैं।

माहराय गीत

हरे राम राम राम राम रे रामेकेरा नाम,
आरे प्रथमे वन्दना कोरि बसमाता माय,
आरे तारपरे वन्दना कोरि गणेशेर चरण,
तारपरे वन्दना कोरि शिबेरी चरण हो राम।
आरे राम राम राम राम रे सामेकेरी नाम,
आरे पाताले वन्दना कोरि बासकीर चरण,
आरे आकाशे वन्दना कोरि चान्दन सुरूज,
सरगे वन्दना कोरि इन्देरी चरण हो राम।
आरे राम राम राम राम रे रामेकेरा नाम,
आरे पुरूबे वन्दना कोरि गंगा रे चरण,
आरे पोच्छिमें वन्दना कोरि गंगा रे चरण,

आरे पोच्छिमें वन्दना कोरि वीर हनुमान,
ओर दखिने वन्दना कोरि ठाकुर जगन्नाथ,
उत्तरे वन्दना कोरि कालीर चरण हो राम।
आरे राम राम राम राम रे रामेकेरा नाम,
आरे कैलाशे वन्दना कोरि गौरिरो चरण,
आरे अजोध्याय वन्दना कोरि राजा दशरथ,
आरे सुमित्रा सन्तान बोन्दि भरत शत्रुघ्न,
श्री राम लखन बोन्दि कोरि नमस्कार हो राम।
आरे राम राम राम राम रे रामेकेरा नाम,
आरे तारपरे वन्दना कोरि छागलेकर माय,
आरे तारपरे बन्दना कोरि हाड़ीर के माय,
तारपरे वन्दना कोरि निजेकेरा माई हो राम।
आरे राम राम राम राम रे रामेकेरा नाम,
आरे आनिगाय वन्दना कोरि धर्म रे चरण,
आरे सुरूज वन्दना कोरि आनिगार भीतर।
आरे सागरो वन्दना कोरि कोरि नमस्कार,
पंचदेवता कोरि नमस्कार हो राम,
आरे राम राम राम राम रे रामेकेरा नाम,
आरे गुरूकेरा नाम लेबोइ उठइते–बसइते,
आरे आमार कण्ठे गुरूदेव देबेन भाराभार,
आरे तोमार घरे गाहिये गुनाबोइ हो राम।
आरे राम राम राम राम रे रामेकेश नाम,
आरे आजेकेरा गीता माहादेब आजे राखिदेव,
आरे पेछुकाए गीता माहादेब पेछुंइ राखि देब,
माझेर गीता माझेय गावाय देबे हो राम।।

पर्व गीत

1. यस्याश्चतस्त्रः प्रदिशः पृथिव्या यस्यामन्नं कृष्टयः संर्वभूकः।
या बिभर्ति बहुधा प्राणदेवत्सा नो भूमिर्यो घ्यप्यन्ने दधातु।।4।।

अर्थात् चारों दिशाओं से खुली हुई वह भूमि जिसमें कृषक अन्न उपजाते हैं और जो समस्त खेतन प्राणियों का पोषण करती है। धन, धान्य और पशुओं से परिपूर्ण हो।

2. सा नो भूमिस्त्विषिं बलं राष्ट्रेदधातूत्तमे। (अथर्वेव–12/01/08)

अर्थात् त्विषिं (आभा) बलम शक्ति, बल और रास्ट्रम् बलवान राष्ट्र इस सब की उत्पत्ति कृषि से होती है।

वैदिक साहित्य के उद्भट विद्वान पं. गंगाप्रसाद उपाध्याय, एम. ए., भूतपूर्व चीफ जस्टिस, गढ़वाल ने अपने वैदिक कल्चर ग्रंथ में उपर्युक्त अथर्वेद के पृथ्विसूक्त के प्रार्थना मंत्रों में कृषि की महिमा की व्याख्या करते हुए ऋग्वेद के एक सम्पूर्ण सूक्त में कृषि का वर्णन बताया है जो निम्नप्रकार हैं–

**1. क्षेत्रस्य पतिमा वयं हितेनेव जयमसि।
ग्माश्वं पोषपित्वा स नो मृडातीदृशें।1।**

**2. क्षेत्रस्य पते मधमन्तमूर्भि धेनुरिख प्यो अस्मासु धुक्ष्य।
मधुश्चुतं घशतमिव सुपूत मृतस्य नः पतयो मृडयन्तु।2।**

**3. मधुमतीशेषधीछवि आपो मधुमन्नो भवत्वंतरिक्षम,
क्षेत्रस्य पतिर्मधुमान्नो अस्त्वरिष्यन्तो अन्वेरंचरेम।3।**

**4. शुनं वाहा शुनं नरः कृषतु लंगव्लम्।
शुनं वस्त्रा बध्यन्तां शुनमष्ट्रामुदिंगव्यं।4।**

**5. शुना सीराविभां वाचं जुषेथां यधिवि चक्रथः पयः।
तेनेमामुपरिचतम्।5।**

**6. अर्वाची सुभगे भव सीते वन्दामहे त्वा।
यथा नः सुभगासिस यथा नः सुफलाससि।6।**

**7. इन्द्रः सीतां निगृह्नातु तां पूषानु यच्छतु।
सा नः पयस्वती दुहमुतशमुतरां समाम्।7।**

**8. शुनं नः फाला विकृषन्तु भमिं सुनं की नाशा
अभियन्तु बाहैः।**

भावार्थ– 1. हम क्षेत्रपति से गौ, भूमि, पोषक धन, अन्नादि सब प्राप्त करते हैं, वह हमें ऐसे पद पर विराजकर सब प्रकार से सुखी करें।

2. जिस प्रकार क्षेत्र का स्वामी कृषक अन्न समृद्धि को प्राप्त करता है और औरों को देता है, उसी प्रकार स्त्री–गृह आदि निवास योग्य पदार्थों के पालक पुरुष गौ को दूध के तुल्य हमें मधुर अन्न वचन आदि से युक्त आनन्द को प्रदान करे। घी के तुल्य उत्तम रीति से छने हुए शुद्ध पवित्र मधुर सुख देने वाले उत्तम पदार्थ को प्रदान करे।

3. हमारे लिए औषधियां मधुर गुणवाली हों। सब भूमि अन्न से युक्त हो। जलधाराएं सब मधुर जल वाली हो, हमारे लिए अन्तरिक्ष मधुर जल से युक्त हो, हमारे खेत का पालक अन्नो से युक्त हों।

4. हल खींचने वाले बैल, अश्व आदि पशु सुखपूर्वक हल चलावें। हल भी सुख से क्षेत्र को खोदें। रस्सियां सुखपूर्वक पशुओं को बांधी जावे।

5. हे सुखप्रद अन्नादि पदार्थ और "सीर" अर्थात हल के स्वामी क्षेत्रपति आप जो पोषणकारी अन्न को, आकाश के जल को सूर्य और वायु को तुल्य उत्पन्न करते हैं।

6. हे हल के अग्रभागफाली! हे उत्तम ऐश्वर्यवति तू भूतल के नीचे जानेवाली हो। तेरे ऐसे गुणों का हम वर्णन करें। जिससे तू सुख सौभाग्य देनेवाली हो।

7. ऐश्वर्यवान पुरुष वा भूमि में जल देनेवाली भूमि को हल से विदारण करने वाला कृषकजन हल की फाली को अच्छी प्रकार दबाकर पकड़े, इस हल की फाली को भूमि अनुकूल होकर ग्रहण करें। तब वह भूमि, जल और अन्न से परिपूर्ण होकर उत्तरोत्तर प्रति वर्ष दूध को प्रदान करती है।

8. हमारी हल की फालियां भूमि को सुखपूर्वक विभिन्न प्रकार आड़े बांके खोदें। कृषक लोग बैलों और घोड़ों से सुख पूर्वक चलें। मेंघ–मधूर अन्न से और जलों से पूर्ण होकर बरसें और सुखपूर्वक हल चलानेवाले कृषक सुखप्रद अन्न हम सब प्रजाओं के बीच धारण करें और दें।

इन ऋचाओं के पाठ से ऐसा अनुभव होता है कि कृषिपरक आदिवासी संस्कृति का गुणगान करके गौरवान्वित कर रही है। ऋग्वेद मानव पुस्तकालय का प्राचीनतम ग्रंथ होने के कारण आदिवासी संस्कृति प्राचीनतम वैदिक संस्कृति का अविछिन्न अंग है। यह कहने पर भी अतिशयोक्ति न होगी।

आदिवासी संस्कृति में जो पर्व त्योहार का अनुष्ठान होता है उसके मूल में शस्य एवं सन्तान की कामना की जाती है जो प्राचीनतम ऋग्वेद के निम्नोक्त ऋचा बडे ही अनुपम ढंग से दर्शाती है:

"येन तोकाय तनयाय धान्यं वहहवे अक्षितम्
असमम्यं तक्तन शुद्ध ईमहे राधो विश्वाशु सौभगम्।।

अर्थात् हे विद्वान पुरुष! जिस प्रकार से आप लोग उत्तम पुत्र और अगली सन्तति पौत्रादि को प्राप्त करने के लिए ज्ञाधान योग्य अक्षय अमोघ बीज को धारण करते हो उसको हम प्रजाजनों के कल्याण के लिए ही धारण करो और हमें भी धारण कराओ। जिस उत्तम ऐश्वर्य की हम आप लोगों से याचना करते हैं, वह जीवनपर्यन्त उत्तम सेवन करने योग्य कल्याणजनक है।

श्रद्धेय प्रो. डॉ. बंकिम चन्द्र महतो ने भी अपनी "झारखण्डेर लोकसाहित्य" पुस्तक में ऐसा ही मतपोषण किया है।

संसार का ऐसा कोई मनुष्य नहीं है जो कि विश्राम नहीं चाहता। हरेक सम्प्रदायों, जातियों और राष्ट्रों में किसी न किसी बहाने विश्राम चाहते ही हैं। कोई पर्व के बहाने तो, कोई उत्सव, तो कोई त्योहार, तो कोई होलिडे के नाम से विश्राम करते हैं। इसी तरह आदिवासी समुदाय में प्रत्येक पर्व–त्योहार को कृषि केन्द्रिक मानकर मनाते हैं, जैसे–हमारे नव वर्ष, पौष संक्रान्ति या मकर संक्रान्ति के दूसरे दिन जबसे सूर्य उत्तरायन में अवस्थान शुरू करता है। (कर्क रेखा की ओर अग्रसर होता है)

वर्तमान समय के बंगला सन् का प्रथम या पहला माघ या ई. सन् की पहली जनवरी को मनाया जाता है। उस दिन कृषक अपने हल–बैल की सहायता से अपने खेत को जोतना प्रारम्भ करता है। विधान के अनुसार कम से कम ढाई बार अपने खेत को विधिवत जोतकर कृषि कार्य की सूचना करता है। उसके बाद नवान्न की खीर बनाकर पूजा की जाती है। जो वैदिक कालीन नवशस्येष्टि का ही बचा–खुचा रूप है।

बसंत के विविध पुरुषों के साथ सरहुल का उत्सव होता है। बंगला जेठ महीने की 13 वीं तिथि को रोहिणी पूजा होती है। इस दिन धान का बीज खेतों में बिचड़े (चारा पौध) के लिए बोया जाता है। इस समय बीज बोने से इसका चारा नीरोग और सबल व पुष्ट होता है। ऐसा आदिवासी कृषकों का विश्वास है। इसी (रोहिणी पूजा) दिन से ही विष को हरने वाली देवी विषहरि या मनसा देवी की आराधना शुरू हो जाती है। संध्या के बाद से लोग एक अखाड़े में सम्मिलित होकर तरह तरह के मंत्र कहते हैं। जिसमें अधिकतर झाड़–फूंक के ही मंत्र होते हैं और मंत्र के साथ मनसादेवी या उनके पिता महादेव या शंकरजी का नाम भी जुड़ा है।

रोहिणी पूजा के पश्चात अषाढ़ मास में "अषाढ़ी पूजा" होती है जिसमें पीठा या पुआ पकाये जाते हैं और गृहस्थीजन कृषि कार्य में पूर्णतया लग जाने के लिए उत्साहित हो उठते हैं। धान्य रोपण का कार्य भी पूरी जोर–शोर से शुरू हो जाता है जो सावन मास तक समाप्त हो जाता है।

अब रोहिणी का कार्य सम्पन्न होने के साथ ही मनसा पूजा या विषहरि पूजा धूमधाम से मनाई जाती है। मनसा पूजा के बाद भाद्र मास के शुक्ल पक्ष के एकादशी तिथि को आदिवासी संस्कृति का महान पर्व करम पर्व बड़े हर्षोल्लास के साथ कुवांरी कन्याएं मनाती हैं। इस पर्व के उपलक्ष्य में जो लोकगीत गाये जाते हैं उन्हें करम गीत, जावा गीत आदि के नाम से पुकारा जाता है।

करम पर्व के बाद पुत्रवती माताएं अपनी सन्तानों के सुखमय दीर्घ जीवन की कामना करके जो पूजा करती हैं जिसे (जितिया पर्व) कहा जाता है। जो जीवत्–पुत्रिका व्रत के नाम से जाना जाता है। पूजा की रात, मंदिर, धमसा, ढ़ोल, करताल, बांसुरी आदि वाद्य–यंत्रों के साथ बड़े ही धूमधाम से गाकर पुरुष वर्ग रात्रि जागरण करते हैं।

जितिया पर्व समाप्त होने के पश्चात बांदना पर्व या सोहराय पर्व का आगमन होता है। यह पर्व आदिवासी संस्कृति का एक प्रमुख पर्व है जिसमें गो देवता की वन्दना की जाती है और बांदना शब्द वन्दना का ही अपभ्रंश शब्द है।

बांदना पर्व समाप्त होने के बाद इधर खेतों में फसल पकने लगती हैं जिसके कटने का समय आ जाता है। खेतों में लहलहाते धान देखकर कृषकों का मन हर्षोल्लास से परिपूर्ण हो जाता है और धान की कटनी के लिए समस्त प्रबन्ध कर लेता है। जिस दिन कटनी समाप्त होती है उस दिन परिवार का एक पुरुष व्यक्ति द्वारा संध्या के समय एक विशेष धान्य राशि खेत में से एक (वह पहले से ही छोड़ा रहता है) विधिवत् उखाड़कर माथे में लगाकर खलिहान लाई जाती है और धान के चाकी पर (पुआल सहित जो धान सजाकर रखा गया है) रखी जाती है और धूप--दीप आदि से पूजा की जाती है। इसे "डिनी" या "दिनी" कहा जाता है। उस दिन पीठा बनाया जाता है और खाकर परिवार के सभी जन मस्त हो उठते हैं। जो व्यक्ति इस "डिनी" को लाता है वह दूसरे दिन सम्पूर्ण विश्राम करता है। अर्थात् वह अन्य दिनों की तरह परिवार का या खेत खलिहान का कोई भी कार्य नहीं करता है। यह "डिनी मांकी शान्ति का सूचक माना जाता है। जब तक खंलिहान के धान पूरी तरह झाड़े नहीं जाते तब तक "डिनी माय" का अवस्थान अपरिवर्तित रहती है।

खलिहान का धान समेटकर घर के अन्दर रख लिया जाता है और सुगन्धित नये चावल के पूस पीठा बनाने का समय पौष महीना आ जाता है। कड़ाके की सर्दी व जाड़े में भी लोगों के मन में एक अभूतपूर्व उत्साह उमड़ पड़ता है। इसी समय टुसू पर्व का भी शुभारम्भ होता है, जो पौष संक्रान्ति के दिन बड़ी धूमधाम से टुसू पर्व की पारिसमाप्ति होती है। अन्त में चैत संक्रान्ति के दिन भगता पर्व होता है। करम पर्व, बांदना पर्व, मनसा पूजा और टुसू पर्व के अलावा अन्य अनुष्ठानों के गीत आदिवासी संस्कृति में नहीं मिलते हैं।

करम पर्व या जावा पर्व गीत–आदिवासी समुदाय का एक महान पर्व करम पर्व या जावा पर्व है। यह पर्व भाद्र मास के शुक्ल पक्ष की एकादशी तिथि को मनाया जाता है। इसका मुख्य उद्देश्य है– बहन द्वारा भाई के सुख और समृद्धि की कामना करना। इस पर्व को पूरे झारखंड क्षेत्र के आदिवासी रागुवाय की सभी कुंवारी कन्गाएं एवं युवतियां मानती हैं। अधिकांश कुंवारी कन्याएं ही इस पर्व को मनाती हैं।

इस पर्व में सबसे पहले "जावा" उठाया जाता है। जावा उठाने के समय साधारणतया भाद्र मास के शुक्ल पक्ष के तृतीया, पंचमी या सप्तमी को यानि विषम दिवस में उठाया जाता है। साधारणतः तृतीया और पंचमी तिथि को ही जावा उठाया जाता है। कन्याएं एवं युवतियां जावा उठाने के पूर्व उपवास रहती हैं और वे प्रातः नदी या तालाब में एक नये बांस की टोकरी में कुरथी, मूंग, जौ, चना और धान लेकर जाती है। वहां सभी जावा उठानेवाली कन्याएं स्नान करती हैं, तत्पश्चात भींगे हुए कपड़ों में ही उन दानों को हल्दी और तेल द्वारा रंगती हैं। उसके बाद दानों को टोकरी में बालू देकर बो देती है। उस टोकरी को "जावा डाली" कहते हैं। जावा डाली में दानों के बोने के पश्चात सभी कन्याएं युवतियां नदी या तालाब के तट पर एक दूसरे के हाथ पकड़कर जावा डाली के चारों ओर घूम–घूमकर गीत के साथ नृत्य करती हैं।

नदी या तालाब से घर तक आने के समय जगह–जगह पर "जावा डाली" को रखकर लड़कियां गीत गाती हैं। घर पहुंचने के बाद "जावा" को एक स्वच्छ जगह में एक छोटा–सा मचिया पर रखती है और सुबह और शाम जावा को एकादशी तिथि तक गीत द्वारा जगाती है।

जावा जगाते समय लड़कियां अखाड़े में गोबर से थोड़ा सा लीप देती है, जिसे मोड़ीली (मंडली) कहते हैं, उस मंडली पर जावा डाली को रखा जाता है, तत्पश्चात चारों ओर वृताकार घूम–घूम कर नाचती गाती हैं।

जावा जगाते समय सबसे पहले "जावा माय" जावा, किया जावा गीत से ही प्रारम्भ करती है, तत्पश्चात अखाड़े के ग्राम देवता चांद, सुरुज, आदि देवताओं की आराधना करती है। जो निम्न प्रकार हैं–

होरिहर गबरें आखड़ा निपब गो,
बासमोती धानाकेरी चोक पुरब,
सेहो चोकें राखोबो जावा गो डाली गो,
तबेरे वन्दना कोरि गांव गेराम।
किया तरे गेराम देवा खेलई जुआ साइठ गो,
गाई चरणें गेल्यों कांस नदी पार,
जाहे देहो जाहे देहो कांस नदी पार गो,
आवत भादर मास अनोबो घुराय।।

जावा उठाने के बाद कुछ नियमों का पालन करना पड़ता है, जो लड़कियां इस पर्व को करती हैं, उसे करमैतीनी या जवैतीनी कहते हैं। करमैती, साय, भूंजा, दही आदि खाद्य पदार्थो को वर्जित

करती है। उन लोगों को विश्वास है कि साग खाने से जावा काला हो जायेगा, भूंजा खाने से जावा मुर्झा जायगा। दही खाने से जावा सफेद हो जाएगा आदि उसी प्रकार स्नान करने के समय भी कुछ नियमों का पालन करती हैं, जैसे– नदी या तालाब में बालों को खोलकर नहीं नहाती हैं। वे कहती हैं कि बालों को खोलकर नहाने से उनका जावा भी तितर–बितर हो जायगा। इसी प्रकार इन नियमों को पालन करना पड़ता है।

इन नियमों को ध्यान में रखते हुए करमैतिनी सात दिन या नौ दिन तक नाचती गाती है। पूजा के पूर्व दिन करमैतिनी तब नापित (नाई) से नाखुन कटवाकर नदी या तालाब स्नान करने जाती है। स्नान करने के पहले दस तट पर झिंगा के पांच पत्तों पर पीसा हुआ हल्दी तेल युक्त और भगरूद पेड़ के पांच दतवन करम गोंसाई के नाम से चढ़ाती है। सम्भवतः करम गोसांई के मुख धोने के निमित यह विधि प्रचलित है। तत्पश्चात वे स्नान करती हैं और उस दिन हल्दी तेल अपने शरीर पर लगाती हैं। उसके बाद ही वे भोजन करती हैं। पूजा के पूर्व दिन "संजत" के नाम से पुकारती हैं तथा उपर्युक्त विधि–विधान करती हैं।

पूजा के दिन यानि शुक्ल पक्ष के एकदशी को उपवास रहती है और नये–नये वस्त्र पहनकर बालों में गेंदे के गजरा, पैरों में आलता, हाथों में रंग–बिरंगी चूड़ियां आदि सोलह श्रृंगार कर जितने दिन का जावा उठाती है, उतनी बार उपवास के दिन गीत के साथ नृत्य करती हैं। तत्पश्चात शाम को पूजा करने के लिए तैयार होती हैं। "सजत" दिन की तरह उपवास के दिन भी उसी नियमानुसार स्नान करती हैं, उसके बाद भाई द्वारा लाया गया करम डार को करमैतिनी अखाड़े पर गाड़ती हैं और उसकी पूजा करती है। पूजा सामग्री में गोटा खीरा, अन्यान्य फल, सिंदुर, प्रदीप, आरवा चावल आदि सामग्रियां द्वारा पूजा किया जाता है। पूजा के समय गोटा खीरा को प्रदीप द्वारा खीरा पर काजल बनाया जाता है और काजल को अपने भाइयों के आंखों में पहनाती है। उस खीरा को "खीरा बेटा" कहते हैं।

करमैतिनी पूजा करते वक्त गीत गाती है। तत्पश्चात श्रृंखलावद्ध खड़े होकर नाचती हैं। उसके बाद फलाहार करती हैं। दूसरे दिन प्रातः उठकर पुनः नृत्य करती हैं और अन्तिम विदा के लिए नदी विसर्जन करने जाती है। उस दिन करमैतिनी वंदना गीत न गाकर विसर्जन गीत गाती हैं–

आइज रे करम गोसांई घारे–दुआरे रे,
घारे–दुआरे रे।
काइल रे करम गोसांई कांस नदी पार।
जाय देहो, जाय देहो जाय छहो मास रे,

जाय देहो मास,

आवोतो भादर मास आनोबो घुराय।।

गीत गाती हैं तथा नदी तट पर विसर्जन के समय सभी करमैतिनी के मुंह से निम्नांकित गीत सुनने को मिलता है, तथा पूरे वातावरण को गीत द्वारा गुंजायमान कर देती हैं–

जाय देहो जाय देहोजाय छहो मास रे,

जाय छहो मास,

आवोतो भादर मास आनोबो घुराय।।

विसर्जन के बाद जावा से कुछ भाग उठाकर जावा डाली में लाती हैं और उस जावा को बगान के पेड़–पौधे पर छींट देती हैं। इन्हें विश्वास है कि इन जावा से अधिक फल होंगे। तत्पश्चात स्नान करने के बाद घर आकर बासी भात, बासी सबजी (झिंगी का) तथा साग खाती है। बासी भात, सब्जी खाने से करमैतीसबों का विश्वास है कि जावा हमेशा ठंडा रहेगा। करम देवता भी ठंडा रहेंगे। इसी तरह करम पर्व समाप्त हो जाता है। जावा या करम गीतों को कई प्रकार से विभाजित किया जा सकता हैं, जैसे–

1. वन्दना गीत
2. पर्व से संबंधित गीत
3. भाई और बहन की आपसी बातचीत के गीत
4. ससुराल के कष्टों के वर्णन से परिपूर्ण गीत
5. प्रेम गीत
6. पुत्र की मनोकामना से संबंधित गीत
7. विविध गीत
8. व्रत समापन या विसर्जन गीत।

बांदना या सोहराय गीत

"शारदीय शुभ शस्य सुहाई,

अद्‌भुत सुन्दरता सरसाई,

मुदग, माष, तिल, शालिचुलाई,

जन–मन भरते मोद–बड़ाई।

पावस ऋतु के आकाश में जब काले–काले घनघोर बादल छाये रहते हैं, बिजली चमकती रहती है। बादलों में भीषण गर्जन होता रहता है और उमड़–घुमडुकर मूसलाधार वृष्टि होती है। ऐसे प्रतिकूल वातावरण में भी आदिवासी समुदाय अपने चिरवांछित रोपणी के लिये खेतों को तैयार करने के लिये अपने हल और बैल लेकर खेतों को जोतते हैं। मानो प्रकृति की इस दुर्भाग्यपूर्ण अवस्था से संग्राम कर रहा है। और श्रावण मास के अन्त तक रोपणी का कार्य सम्पन्न कर लिया है। अब शरद ऋतु की समाप्ति हो रही है। खेतों में स्वर्णिम शस्य लहलहाते हैं। हमारा मन उन लहलहाते शस्यों को देखकर स्वतः नाच उठता है और आनंद से उद्भासित हो उठता है। भला इतने आनन्द और उमंग लिये हमारा मन उस शस्यों को अपने खलिहान में लाने की तैयारी में लगाना अत्यंत स्वाभाविक है। क्यों नहीं होगा? यह फसल हमारे भगीरथ प्रयत्न की चरम परिणति है और इस स्वर्णिम फसल की प्राप्ति में गो, बैल आदि मवेशियों का सहयोग मिलता है। इधर बरसात के कारण वायुमंडल तथा घर–बार विकृत मलिन और दुर्गन्धित हो गये हैं इसलिये उनकी संशुद्धि और स्वच्छता की आवश्यकता है। अतएव हम सब अपने घर–बार, खलिहान आदि को लीप–पोत कर स्वच्छ बना लेते हैं। इस स्वच्छ वातावरण से अपने जो बन्दना या बांदना या सोहराय पर्व की यथोचित प्रस्तुति करते हैं।

बांदना गीतों का वर्गीकरण–डॉ. चित्तरंजन लाहा ने बांदना गीतों को निम्नलिखित दो भागों में वर्गीकृत किया है–

(1) जागरनिया गीत। (2) डहरिया गीत।

डॉ. श्री लाहा कहते हैं–

आमावस्या राइते बरदा तके जागालिरे बाबूहो,
पतिपदे करई सिंगार।
आर दुतियारे रे बंदरा तके खूंटालिरे,
खेलि–खेलि आबोलो माताल।।

अर्थात् हे, गो देवता। हम लोगों ने कार्तिकी अमावस्या की रात को तुम्हें बांदना गीतों के माध्यम से रातभर जगवा, दूसरे दिन यानि प्रतिपदा के दिन तुम्हें विविध शृंगारों से विभूषित किया तथा द्वितीया तिथि के दिन खूंटा में बांधकर एक योद्धा के रूप में सुसज्जित कर तुम्हारे साथ वीरतापूर्ण खेल–खेला।

आगे डॉ. लाहा कहते हैं कि यदि जागरनिया गीत पूजा के गीत हैं, तो कहरिया गीत निश्चित रूप में विनोदपूर्ण मजाक के गीत हैं। इन दोनों श्रेणी के गीतों के ताल एवं सुर पृथक–पृथक हैं।

डहरिया गीत–डगर या रास्ते में चलते समय गेय गीत उल्लास एवं आमोद–प्रमोद के गीत हैं। इन डहरिया गीतों में सिर्फ रस–रंग का ही परिवर्तन नहीं होता, अपितु मृदंग (मांदर) के बोल में

परिवर्तन हो जाते हैं।

अब तक जागरनिया गीतों में मृदंग में बिलंबित लय के बोल बज रहे थे और गुंज रहा थाः किटि दांग किटि दांग ....।

प्रश्न–ओ काड़े! तुम्हारा जन्म कहां हुआ? कहां तुमने गृहवास लिया और किसने तुम्हें पाला–पोशा तथा किसने तुम्हारा नाम "भोरा" रखा?

उत्तर–कहा गया है कि तेरा जन्म पच्छिम में हुआ, पूरब में गृहवास लिया और किसान (गृहस्वामी एवं गृहस्वामिनी) ने तुम्हें पाला–पोषा एवं बागाल (गोरखिया) ने तुम्हारा नाम "भैरा" रखा।

सांगीतिक विश्लेषण– प्रस्तुत पारंपरिक जागरनिया गीत भी 4/4 छंद में निबद्ध है तथा स्वर संगतियों से राग जयजयवन्ती की स्पष्ट झलक प्रतीत होती है, जो कुरमालि धुन की विशेषता में प्रायः दृष्टिगोचर होता है।

यह स्मरणीय है कि जागरनिया गीतों में गा–जाति के जन्म वृतांत से लोक व्यवहार के सुख–दुख तक के विविध विषयों का अभूतपूर्व समावेश है। जिसका सम्पूर्ण उल्लेख विस्तारमय एवं अतिशयोक्ति दोष के कारण अभिप्रेत नहीं है। इसकी व्यापकता को ध्यान में रखकर स्वतंत्र रूप से बांदना गीतों का शोध कार्य वांछनीय है।

जगरनिया गीत समाप्त करने के पश्चात जब धिंगुआर किसान के घर से आनंदपूर्वक दूसरे किसान के घर प्रस्थान करते हैं तो रास्ते में छोटे–छोटे गीत गाये जाते हैं।

गने का लय द्रुत होता है।

डहरिया गीतों में कुछ गूढ़ अर्थवाले (चाचइर) तथा कुछ हल्के अर्थवाले विनोदपूर्ण गीत आते हैं।

टुसू गीत–कृषि परक आदिवासी संस्कृति के प्रमुख पर्व करम पर्व शस्यों के अंकुरण दर्शाने वाला सफल शस्योत्पादन का द्योतक है तो दूसरी ओर आदिवासी संस्कृति के टुसू पर्व मनोबांछित उत्पादित शस्यों की प्राप्ति के उपलक्ष्य में अकृत्रिम हार्दिक हर्षोल्लास का द्योतक माना जा सकता है। टुसू पर्व को सप्योत्सव नववर्षोत्सव, मकर पर्व या पीठा पर्व आदि विभिन्न नामों से अभिहीत किये जाते हैं।

डॉ. बंकिमचन्द्र महतो टुसू पर्व के संदर्भ में कहते हैं कि "साधारणतः अगहन संक्रान्ति तक फसल काटने का कार्य संपन्न हो जाता है इस अगहन संक्रान्ति को यहां चाउड़ी छोटा मकर के नाम से पुकारते हैं। इस दिन भी अनिवार्य रूप में पीठा तैयार कर खाने का विधान है। मकर के पूर्व दिन

जो पीठा बनाया जाता है उसे पूस पीठा, उंधी पीठा, बांका पीठा, गड़गइड़ा पीठा आदि नामों से पुकारते हैं। अगहन संक्रान्ति की शुभ संध्या की बेला में टुसू का अनुष्ठानिक उद्‌बोधन किया जाता है एवं टुसू गीत नियमित रूप से गाने का क्रम महीनों भर चलता रहता है। इस टुसू गीत की परिसमाप्ति पौष संक्रांन्ति या मकर संक्रांन्ति के दिन घटती है।

मकर संक्रान्ति के पूर्व दिन को बांउड़ी कहा जाता है। इस दिन मकर संक्रांति के उपलक्ष्य में पर्याप्त मात्रा में एक विशेष प्रकार के पीठे तैयार किये जाते हैं जिसके अन्दर तिल, नारियल आदि रहते हैं और इस पीठे को मिट्‌टी के नये बर्तन में विशेष विधि से भाप के द्वारा तैयार किये जाते हैं। इसे पूस पीठा, ऊँधी पीठा, बांका पीठा आदि नाम से जाना जाता है। इस रात में टुसू जागरण के लिये रात भर टुसू गीत गाये जाते हैं। मुख्यतः कुंवारी कन्यायें ही टुसू गीत गाती हैं। किन्तु उनके साथ महिलायें भी सहयोग देती हैं। टुसू गीत के सुर–झंकार से आकाश व संपूर्ण वातावरण मुखरित हो उठता है। मकर संक्रांन्ति के दिन ब्रह्म मुहूर्त की शुभ बेला से ही टुसू विसर्जन की तैयारी होती है। कुंवारी कन्यायें झुंड बांधकर सखी–सहेलियों के साथ टुसू गीत गाती हुई निकट की नदी में जाकर अपने–अपने टुसू को सूर्योदय के पूर्व विसर्जित कर देती हैं और मकर स्नान करती है। मकर स्नान सभी लोग करते हैं और स्नान के बाद सर्वप्रथम तिल या तिलकुट का भक्षण अनिवार्य रूप से करते हैं। इसके बाद ही अन्य कोई खाद्य पदार्थ का भोजन करते हैं। यह यहां की परंपरा है।

आह्‌वान गीत–

बहार बहार आइसबे टुसू,
बहार भाल बाइसबो गो।
एक बछर नाय आसिले,
कांदाये पाठाबो गो।।
रंग – बर देख्येछि छाता पोखोरे,
टुसूर बिहा दिबो मकरे।

स्थापना गीत–

राजा बले आगो रानी,
टुसू पाइत्‌ब महले,
तीन स टाका खरच कोर्‌ये
लेग्‌बे तुलीन शहरे।।

तुलीन राजा हले–डाले,
झाइलदार राजा पालाल्य,
भाग्ये छिल जयपुर राजा,
कागज साट्ये डांढ़ाल्य।।

विविध गीत–

पुरूलियाते देखे आल्यम तीन दी सखेर बेहुला,
कन् बेहुला लिबे टूसू खुल गलेर चांद माला।
ओमों केंदे गो जायस ना जननी,
आमि विदाई दिये दिन गुनि।
पुरूल्याते देखे आल्यम डालाय–डालाय,
दुधवाला, आमार टूसूर नाथ रे छेल्या,
कारे दिबो दूधवाला।
ओमा केंदे गो जाय्स ना जननी,
आमि विदाई दिये दिन गुनि।
चल टुसू चल खेलते जाबो, रानी गंजेर बड़तलाय,
खेलते–खेलते देखांय आइनब, कयला खादेर जलतुला।
कयला खोदर मयला जले, गा झिमझिम माथा धरा।
कांकोइड़ खायें कपसे लेसा, डाक्तार आन्ये हाथ देखा।
डाक्तार बाबू, डाक्तर बाबू, आर खाबे ना जल साबू,
आमार जन्ये आल्ये दिबे, पुरूल्यार कमला नेबू।
मानगो जाछि भाट्यालार बोठि,
आमरा चाल पाक्यारेंर लोक बोठि।

मनसा मंगल गीत–अब इस कथा को नाटकीय रूप देकर रंगमंच में युवकगण अभिनय करने लगे हैं। इसे मनसा मंगल कहते हैं। यह गीत जांत मंगल के नाम सभी परिचित है।

मनसा मंगल के कुछ गीत निम्न प्रकार हैं–

1. बोन्दिलाम गो मा ओमा जयविषहरि बोन्दिलाम,
2. मागो सर्वोदेय आगे बोन्दि, गणेश चरण।
3. मार्गो तारपरे वन्दना कोर गांयेर गेराम,
4. मागो तारपरे बोन्दि मागो मनसा मंगल।
5. मागो पुरूबे बन्दना कोरि उगन्त सुरज।

वन्दना गीत–

बोन्दिनाम गो मा ओमा जय विषहरि बोन्दिलाम।

1. मागो सर्वोदेव आगे बोन्दि गणेश चरण,
2. मागो तारपरे वन्दना कोरि गांधेरी गेराम,
3. मागो तारपरे बोन्दि मागो मनसा मंगल,
4. मागो पुरबे वन्दना कोरि उगन्त सुरूज,
5. पोछिमे वन्दना कोरि गयांय गवाधर,
6. उत्तरे बन्दना कोर बाबाय बैद्यनाथ,
7. दखिने कोरि सिरि जगन्नाथ,
8. सर्वदेव बोन्दि मागो जतो देवगण,
9. पातल बन्दना कोरि बासुकी नागिन।

अर्थात् मां विषहरि देवी की वन्दना करते समय सर्वप्रथम श्री गणेश वन्दना की जाती है। तत्पश्चात् चारों दिशाओं के देवतागणों की वन्दना की जाती है–

पूर्व में उगते हुये सूरज देव, पश्चिम में गया के गदाधर (श्री विष्णु), उत्तर में बाबा वैद्यनाथ, दक्षिण में श्री जगन्नाथ की वन्दना करते हैं; उसके बाद सभी देवताओं की वन्दना करते हैं। अन्त में पाताल के वासुकी नाग की वन्दना करते हैं।

आह्वान गीत–

छेवी एसो मां एसो गो हृदय कमले,
भक्ति भोरे पुजबो मागो प्रेम ओश्रुजले।

बेहुला जलाशय में तैरती हुई पैरों को पटक रही थी। उस समय मां विषहरि बिडम्बना करने

के लिये एक वृद्धा ब्राह्मणी के वेश में आकर घाट पर बैठ गई और उसके शरीर पर बेहुला के पैरों का पानी पड़ गया। तब वृद्धा ब्राह्मणी क्रोधित होकर बेहुला को अभिशाप देने लगी कि विवाह के दिन रात्रि में ही तुम्हारे पति को सांप डंसेगा और मर जायेगा। फलतः तुम विधवा हो जाओगी। बेहुला भयभीत होकर उसके चरणों में गिर पड़ी और उनका परिचय जानना चाहा तो निम्नलिखित गीत में उल्लेख किया गया है–

घाटे के के मां. आनि नाहिं जानि।

केगने लागिद्दे मागो पायेर छिंटा बानि।।

अब निम्नांकित गीत में बेहुला का गुण और रूप सौंदर्य का वर्णन मिलता है–

रानी कि बोलिझ गो गुनेरो काहिनी,

माथा बांधा केश जेमन काल भुजींगिनी।

अर्थात्– चन्द्रधर रानी, बेहुला का गुणों की कहानी क्या सुनाऊँ। यह अतुलनीय है। उसी प्रकार रूपों में भी है। क्योंकि उसकी माथे की केश की चोटी (बेणी) काल भुजगनी अर्थात् काली नागिन की तरह दीख पड़ती है।

विविध प्रकार के बाद्य बजाते हुये बारात का आगमन का वर्णन निम्न गीत में मिलते हैं।

झांइ गुड़गुड़ बाजना बाजे,

कन गेरामेर बर

चांद राजार बेटार बिहा,

बालाय लखिन्दर।

अर्थात्– कन्या पक्ष की प्रथम महिलाओं का दल कहता है– झांइ गुड़गुड़ वाद्य बजते किस गांव का वर आ रहा है?

महिलाओं का दूसरा दल'चांद राजा का पुत्र लखिन्दर का विवाह होगा, उसी की बारात पूरे वाद्य यन्त्रों के साथ आ रही है।

नेता धोबिन की सहायता से स्वर्गपुरी में अपनी अभूतपूर्व गीत एवं नृत्यकला से बेहुला ने सभी देवताओं को सन्तुष्ट किया तब वहां उपस्थित भगवान शंकर ने अपनी बेटी मनसा देवी को बुलाया और मृत लखिन्दर को जीवित करने के लिये कहा। आज्ञा पाकर मनसा देवी मृत लखिन्दर के शरीर से विष उतार रही है–

ओ विष नाम रे धीरे–धीरे,

झाड़ छे देवी नियज विषहोरि।।

अर्थात्–मां विषहरि स्वयं कहती है– ओ विष तू धीरे–धीरे उत्तर जा। मैं स्वयं तुम्हें मंत्र द्वारा उतार रही हूं।

विवाहोपरान्त नवदम्पति बेहुला लखिन्दर संताली पर्वत पर लौह भवन में जब शयन कर रहे थे तब काली नागिन ने आकर लखिन्दर को डंस दिया। छटपटाता लखिन्दर अपनी नववधू बेहुला को निम्न गीत के माध्यम से कह रहा है–

ओ सांपे दंगसिल दंगसिल सदागरेर नन्दिनी।
बांची की ना बांची केई जानी

अर्थात्–हे सांई सौदागर की पुत्री मुझे सांप ने डंसा। मैं बचुंगा या नहीं, मैं नहीं जानता।

अब मां विषहरि की कृपा से लखिन्दर पुर्नजीवित हो उठा, जिसका वर्णन नीचे उल्लेख किया गया।

लखाय बांचिल रे बेहुला हांसिलरे।
कतोई आनन्देर बांसी बाजिल रे।।

अर्थात्–लखिन्दर जीवित हो उठा, आनंद से गदगद होकर बेहुला हंस उठी। सभी लोग प्रफुल्लित होकर हंसने लगे और आनंदलहरी के स्वर बांसुरी से बजने लगे।

यहां लखिन्दर जीवित हो उठता है। यह आनंद या हर्ष का ही समय है। इसलिये ऐसा होना स्वाभाविक है और समयोपयोगी धुन अपना विशेष महत्व रखता है।

भोक्ता पर्व गीत–भोक्ता पर्व के उपलक्ष्य में आदिवासियों द्वारा गाये जाने वाले कुछ गीतों के उदाहरण–

गाजन नाचा गीत–

1. किबा निये आली रे मन,
   किवा निये हे गेली,
   पथेर मांझे होरि नाम हे,
   हीरालाल किंचिक ना लिले।।
2. के के जाबे गंग सिनाने,
   धरा तेलेर हे बाटी,
   पेछुले–पेछुले पड़े हे प्राणनाथ,

कांरवेरी कालोसी।।

3. उपरे सुरूजेर छटा,
नामय ताता हे बाली,
चोलिते ना पारेन सीता हे, प्राणनाथ,
कोरिछेन बिकोली।।

4. भांगो लक्खन तरू डाल,
धर सीतार माथे,
तहारि छायाते सीता हे, प्राणनाथ,
चलेन धीरे–धीरे।।

भावार्थ–ढाक शुद्धि के बाद गाजन नाच का अनुष्ठान होता है। उस समय यह परमार्थ विषयक गीत गाया जाता हैं, जिसका आशय इस प्रकार है–

हे संसार के जीव या भक्तगण तुम लोग मर्त्यलोक में जन्म लेकर हरि (उपास्य देवता) का नाम नहीं लिया जो तुम्हारे जन्म को सार्थक करने वाला है। गीतकार (हीरालाल) का कहना है कि अपने उपास्य देव का नाम अवश्य जपना चाहिये तभी जन्म सार्थक होता है, अर्थात् मोक्ष की प्राप्ति होती है। यहां शिवजी (हर) के नाम के जप की ओर संभवतः संकेत किया गया है।

कुछेक महिलायें गंगा स्नान (नदी) करने के लिये जा रही हैं, कोई एक महिला कह उठती है कि तेल का कटोरा पकड़ो क्योकि मेरी कांख की (पीतल की) गगरी सरक रही है। वह एक हाथ से सम्भाली नहीं जाती। गंगा स्नान धर्म की दृष्टि से मोक्ष प्राप्ति का साधन है। किन्तु साथ में तेल की कटोरी एवं कांख की गगरी कुछ बाधक रूप में साथ है। तात्पर्य यह है कि बिना बाधा विघ्न के मोक्ष प्राप्ति नहीं हो सकती, प्रयत्न अत्यावश्यक है। यह गीत इसी भाव का द्योतक है।

ग्रीष्म कालीन सूर्य की प्रखर किरणों से ऊपर आकाश तो गर्म है ही नीचे की रेतीली भूमि भी काफी उतक्त हो गई है। इस कारण सीताजी ऊपर एवं नीचे दोनों जगह की गर्मी के कारण चल नहीं पा रही है। तब लक्ष्मणजी को वृक्ष की एक पत्तेदार डाली तोड़कर सीताजी के माथे के उपर छाया करने के लिये कहा जा रहा है ताकि सीताजी को कुछ राहत मिले और चल सके।

इस प्रकार विविध विषयों पर गीत गाये जाते हैं और भक्तगण हर्षोल्लास से नृत्य करते हैं।

गाजन नाचा गीत–

1. परास नाथेर पहाड़े केवा काटे गो झांटि,

बाह्ये बाछये झांटि काट्यों हे ओ सोई,
जेमन दातन काठि।

2. दुपहरे दातन काठि, तीन पहरे गो बासि,
आमार मां–बाप के बोल्ये दियो हो ओ सोई,

3. बारह हाथेर कापड़ कानि, तेरह हाथेर गो रोसी,
पिछुले पिछुले पड़े हे, ओ सोई कांखरी कोलोसी।।

भावार्थ– इस गाजन नाचा के गीत में विविध विषय का समावेश दिख पड़ता है। पारसनाथ पहाड़ में कोई महिला झाड़ियों को काट रही है, तब उसकी सहेली कहती हैं कि कौन झाड़ी जो दातुन की तरह सुन्दर हो।

दोपहर के समय दातुन से मुंह धोती हूं और नास्ता करती हूं क्योंकि तीसरे प्रहर में वह खाद्य माना जाता है अर्थात् हमारे ससुराल में यथासमय भोजन करने की प्रथा है। इसलिये मैं यहां बहुत सुख–चैन से जीवन निर्वाह कर रही हूं। मेरे माता–पिता को कह देना। सखि पुनः कहती है कि मैं बाय हाथ (छः गज) की साड़ी पहनती हूं और मेरे हाथ में तेरह हाथ की रस्सी और कांख में गगरी लेकर कुएं से पानी लाने के लिये जा रही हूं और जाने के समय कांख की गगरी बार–बार फिसल रही है।

ससुराल की धन संपत्ति की संपन्नता का परिचय अपनी सहेली को दे रही है, इस प्रकार प्रतिदिन की घटनाओं का वर्णन करते हुये इस गीत को गाया गया है।

नृत्यगीत एवं नाट्यगीत

झूमर संगीत–ये गौरवमय आदिवासी संस्कृति की एक अनुपम देन है। झूमर संगीत को एक सशक्त प्रभावोत्पादक विद्या के रूप में परिभाषित किया जा सकता है। झूमर गीत के आरंभ होते ही कलाकारों के साथ–साथ जन–मानस के ह्रदय उल्लास से भरपूर हो जाता है और पैरों में थिरकन पैदा हो जाती है तथा लोग उमंग से गाने के साथ–साथ नाचने भी लगते हैं। ऐसा प्रतीत होता है कि समस्त दर्शक मंडली ही इस नृत्यगीत में सक्रिय प्रतिभागी है और सम्पूर्ण क्षेत्र एक रंगमंच हैं। प्रो. वीणापाणि महतो के अनुसार "झूमर झारखण्ड के रक्त की उष्मा है।"

श्री किरीटी महतो बंगला भाषा के "झुमर संगीत ओ साहित्य" नामक ग्रंथ में कहते हैं कि "भारतीय संगीत जगत के संगीतज्ञों ने संगीत को दो भागो में विभक्त किया है–

1. उत्तर भारतीय संगीत
2. दक्षिण भारतीय संगीत।

संगीत के मूल वैशिष्ट्य के आधार पर यद्यपि झूमर को किसी एक पर्याय में पूर्ण रूप से नहीं रखा जा सकता। तथापि हिन्दुस्तानी संगीतों के लक्षण इसमें विद्यमान है। भारत के विभिन्न प्रदेशों में प्रचलित आंचलिक लोक संगीतों की तुलना में विषय सुर व तालों के वैचित्य एवं काव्य संपदा से सम्न्वित कुरमाली झूमर अन्यतम है। यह बात निःसंदेह कहा जा सकता है। कुरमाली झुमर ही इस संस्कृति का विभिन्न नृत्य एवं गीतों का स्त्रोत है। छो नाच, काठि नाच, नटुआ नाच, डेहो--नाच, माछानी तथा ऐसे कोई भी नृत्य व गीत नहीं है जिन पर झूमर का प्रत्यक्ष या परोक्ष प्रभाव न पड़ा हो। इतिहास की मूलधारा के साथ प्रवाहित होकर हिन्दुस्तानी संगीत के संमिश्रण के झूमर संगीत एवं धुपदी संगीत का जो समन्वय हुआ है वह एक स्वतंत्र संगीत धारा के रूप में प्रकट हुआ है। भाव, भाषा व सुरों में आंचलिक वैशिष्ट्य को अक्षुण रखते हुये लोक संगीत के प्रवाह को स्वीकारते हुये ध्रूपदी संगीत का चलन इसमें परिलक्षित होता है।

इन चीरित्रिक गुणों के कारण जैसी दिनोदिन झुमर संगीत की श्री वृद्धि हो रही है उसी प्रकार जिस किसी भी संगीत की लोकप्रियता के साथ मुकाबला करने में सक्षम होगा, ऐसा मेरा विश्वास है।

डॉ. संतोष कुमारी ने लिखा है कि आदिवासी झूमर की नृत्य शैली आदिवासियों एवं कुरमाली भाषी क्षेत्र की अन्य जातियों के झूमर नृत्य को प्रभावित किया है। डॉ. जैन पुनः कहती हैं कि "झूमर झूम--झूम कर गाये जाने वाले गीत है जिसके साथ विभिन्न वाद्य--यन्त्रों की ताल पर गायकों के पदतल भी थिरक उठते हैं। यों, तो झूमर बारहों महीने गाये जा सकते हैं लेकिन उनके गाये जाने का असल समय आषाढ़ से दशहरे तक का है। इन गीतों में शृंगार रस की अद्भूत व्यंजना हुई है। झूमर गीत की कली (दो पंक्तियों) पुष्प की कलियों की भांति सौंदर्य के रस से सराबोर हुआ करती है। एक गीत में कई कलियां होती है। प्रायः एक गीत में चार--पांच कलियाँ होती है लेकिन अधिक कलियों वाले लंबे झूमर भी प्राप्त है। प्रायः सभी कलियां एक ही वर्ण्य विषय के श्रमिक विकास से आपस भें एक दूसरे से संबद्ध होती है। इसके अतिरिक्त गीत की सभी कलियां एक ही टेक से आपस में जुड़ी हैं। टेक को दुहराने की प्रक्रिया को धुबा उठाना कहा जाता है। झूमर गीतों में राधा और कृष्ण का वर्णन अत्यधिक होता है।

झुमर गीत का उद्भव एवं विकास--श्री कीरिटी महतो के शब्दों में "झूमर संगीत के उद्भव एवं पृष्ठभूमि के संदर्भ में विभिन्न गवेषकों में प्रायः मतैक्य दृष्टिगोचर होता है। प्राचीन कुरमाली लोकगीत में झूमर की राग--रागिनी एवं ताल की उत्पति के संबंध में कहा गया है--

1. कांहा--कांहा उपजल रिंझाकेरि अड़, माठा केरि उड़,

कांहा–कांहा उपजल सांउरि रे,

आखड़ाइ उपजल रिंझाकेरि अड़, माठाकेरि अड़...

गायेक कंखे उपजल सांवरी रे।।

जिसका का अर्थ है– आनन्द एवं माठा का अर्थ रूप या सौंदर्य से है। रिझा–माठा एक झूमर राग है जो छः मात्रा में निबद्ध ताल में गेय है।

प्रचलित लोक मान्यता एवं लोकोक्ति की चर्चा करते हुये सुप्रसिद्ध झूमर गवेधक गिरीश पडन्ता ने कहा है कि द्वापर युग में भगवान श्री कृष्णजी ने वृन्दावन में झुमर के स्वर में बांसुरी बजाई थी और राधा एवं गोपियों ने झूम–झूम कर मंडलाकार में नृत्य किया था।" निःसंदेह कहा जा सकता है कि झूमर का उद्भव वैष्णवीय युग में हुआ है। लोकसंगीत की सृष्टि किसी विशेष एक व्यक्ति या घटना विशेष के द्वारा संभव नहीं है। गोष्ठी चेतना या जागृति ही इसकी उत्पत्ति का स्रोत है।

झूमर का वर्गीकरण–संगीत के विचार से झूमर को मुख्यतया दो भागों में वर्गीकृत किया जा सकता है–(क) भादरिया या डांइरशाला और (ख) वरबारी या नाचनीशाला झूमर।

(क) भादरिया या डॉइरशाला झूमर– भादरिया या डॉइरशाला झूमर को आदिरूप कहा जा सकता है। संभवतः भाद्र में भादरिया झूमर व्यापक रूप से गाया जाता था। इस कारण इसे भादयि कहा जाता होगा।

इस झूमर के साथ नृत्य अपरिहार्य था। वह नृत्य नारी एवं पुरुष दोनों ही साथ–साथ नाचते थे। इसे झूमर नाच कहा जाता था। पुनः पंक्तिबद्ध होकर नाचने के कारण इसे पांता नाच या डॉइर नाच भी कहा जाता है। संप्रति झूमर नृत्य में नारियों का अंश–ग्रहण क्रमशः लुप्त हो रहा है तथापित पुरूलिया जिले के झालदा अंचल में, रांची जिला एवं उड़िसा प्रांत में झूमर नृत्य में नारियों का अंश–ग्रहण संक्रिय रूप से दृष्टिगोचर होता है। करम पर्व में करम डाल को वेष्टन करके इस नृत्य का प्रथम सूत्रपात हुआ था, इस कारण इसे करम नृत्य भी कहा जाता है। नृत्य के परिप्रेक्ष्य में इसकी अंग भंगिमा आदि करम नाच के साथ अपूर्व सादृश्य है। गीत के परिप्रेक्ष्य में भी बहुतेरे करम गीत झूमर के रूप में गाये जाते हैं।

इस परिचर्चा से यही निष्कर्ष निकलता है कि करम नाच या करम गीत ही झूमर की उत्सभूमि है।

भादरिया झूमर ही झूमर का आदि रूप है। विषय की सरलता एवं विचित्रता, स्वर की चपलता एवं वित्रिता एवं चन्द्र की मधुरता में सचमुच ये झूमर अनुपम है। अपूर्व स्वर वैचित्य एवं चमत्कार के लिये दरबारी झूमर से यह अत्याधिक जनप्रिय है। केवल डाइर नाव के क्षेत्र में ही नहीं बल्कि दरबारी (नाचनी नृत्य) के महफिल में भी इसकी प्रधानता दिख पड़ती है। महफिल जब फीकी पड़ने लगती

है तब एक छोटा–सा भादरिया झूमर गाकर महफिल को पुनः सजीव एवं उमंग से भरपूर किया जा सकता है। विषय और स्वर–लहरी का वैचित्य ही इसका प्रमुख आकर्षण है। भादरिया झूमर के स्वर को भाद्रमास के प्रकृति के अकृत्रिम शस्य श्यामल रूप के उज्जवल आवेग जो लहलहाती फसलों को तरंगाइत करने वाले हवा की लहरों एवं पहाड़ी नदी के साथ तुलना की जा सकती है। पहाड़ी नदी की तरह इसके स्वर सहसा उच्च स्वर से शुरू होकर तीव्र गति से नीचे उतर आती है, पुनः नीचे से सहजतया उपर उठ जाता है।

भादरिया झूमर को स्वर की भिन्नता एवं आंचलिकता के आधार पर निम्नांकित कई विभागों में विभाजित किया जा सकता हैं। जिनमें से कुछेक के उदाहरण नीचे प्रस्तुत किये जा रहे है–

(क) झिंगाफूला (ख) भादरिया (ग) मुदियाली

(घ) मल्हरिया एवं (ड़) विविध झूमर।

(ख) दरबारी झूमर–भादरिया झूमर भाषा एवं आकृति में जितना छोटा सहज एवं सरल होता है किन्तु दरबारी झूमर के क्षेत्र में ऐसा नहीं है। शब्द, स्वर एवं ताल की दृष्टि से यह दरबारी झूमर अत्यंत जटिल एवं उच्चांग संगीत का परिचय देता है। प्रसंगतः कहा जा सकता है कि प्राचीन भादीय झूमर के आधार पर बंगला कीर्तन, विष्णुपुर घराने के धुपद संगीत एवं विभिन्न राग–रागनियों के समिश्रण से ही दरबारी झूमर की सृष्टि हुई है।

उदाहरणार्थ झूमर के प्रसिद्ध चेपा महतो एवं उनकी नृत्यांगना (नाचनी) सिन्धुबाला का नाम विशेष रूप से उल्लेखनीय है। इन्होंने दरबारी झूमर में युगांतकारी परिवर्तन लाया और इन्हीं के पद चिन्हों का अनुसरण आधुनिक रसिकगण भी कर रहे हैं। प्रथमावस्था में इस दरबारी झूमर का लालन–पालन विभिन्न राजदरबार एवं नृत्यांगनाओं (नाचनी) की महफिलों में हुआ था। इनमें से उड़ीसा के मयुरभंज के राजा पूर्णचंद्र भज एवं प्रताप चंद्र भंज सराईकेला के उदित नारायण सिंहदेव, सिल्ली के राजा पशुपति सिंहदेव, उपेन्द्रनाथ सिंहदेव एवं पंचकोट के राजा ज्योति प्रसाद सिंहदेव ने दरबारी झूमर की संक्रिय पृष्ठ पोषकता की थी। ये अपने भी उच्चकोटि के झूमर गायक एवं संगीत रसिक थे। इनके अतिरिक्त बहुत से छोटे–बड़े जमींदार, सामंत एवं महतोगण लाखों की संपत्ति दान कर नृत्यांगनाओं (नाचनी) का भरण–पोषण करते थे। राजदरबार में ही इस झूमर की उत्पत्ति एवं पृष्टपोषकता के कारण ही इसे "दरबारी झूमर" से अभिहीत किया गया है। दरबारी झूमर का संबंध नाचनी नाच से है–नृत्यांगनाएं (नाचनीगण) दरबारी झूमर गाती हुई अपना नृत्य प्रस्तुत करती है। इस कारण दरबारी झूमर को नाचनीशाला झूमर से भी जाना जाता है।

दरबारी–झूमर नृत्य (नाचनी नाव) के उद्भव के संदर्भ में उड़ीसा के प्रसिद्ध झूमर गवेषक श्री गिरीश चन्द्र महन्ती कहते हैं कि पुरी के मंदिरों में देवदासी प्रथा के उच्छेद के कारण देवदासीगण अपनी जीविका की खोज में देव मंदिर से बाहर निकलने के लिये बाघ्य हुई और तभी से इस नाचनी–नाच का प्रचलन शुरू हुआ।

झुमर–

झिंगाफूल्या झूमर के उदाहरण–

ऐहो झिंगाफूल मने राखिहा,

समये–समये देखा दिहा गो। झिंगाफूल................

ए भाई झिंगाफूल मने राखिहा,

समये–समये देखा दिहा गो, झिंगाफूल................

हामें कुसुबेक कलि तहें बनमाली,

झिंगाफूल मने राजिहा,

समये–समये देखा दिहा गो,

झिंगाफूल................ ।।

भावार्थ– इस पारंपरिक झिंगाफूल्या झूमर में झिंगाफूल को याद रखने के लिए कहा गया है। वह झिंगाफूल शाम को प्रस्फूटित हो सारी रात अपनी शोभा देकर सबेरे सूर्योदय के साथ–साथ मूर्दा जाता है अर्थात् इसकी सुन्दरता रात भर के लिए ही रहती है। कवि इसलिए इसे बार–बार याद रखने के लिए आग्रह करता है और कहता है कि इस झिंगाफूल को समय–समय पर सदा याद रखना चाहिए। कभी न भुलना चाहिए।

झिंगाफूल कहता है कि मैं फूगल की कली हूं और तुम सखियों को मुग्ध करने वाले बनमाली (श्रीकृष्ण) हो। मेरे अल्पकालीन सौन्दर्य को फिर भी याद रखे। इस गीत में झिंगाफूल को नायिका के रूप में दर्शाया गया है। यही इस गीत का भाव है।

झिंगाफूल झूमर–

कनठिने फूटये फूल डिंगला झिंगाफूल,

कनठिने फूटे लाल सालूकेर फूल।

बादार तले फूटये फूल डिंगला झिंगाफूल,

मलादहे कुबे लाल सालूकेर फूल।

कनक डाले कुइलिनी कूहुके,

काला चांद कन डाले तारी बासा हो

ऊपरे डाले कुइलिनी कूहुके,

काला चांद मोध्ये डाले तारे बासा हे।

ढाइरटि के मारोखो, छा दुटि पारोबो,

मलाचांद माध्ये डारेय तारे बासा हे।

भावार्थ– यह पारंपरिक झिंगाफूल्या गीत प्रश्नोत्तर शैली में है। प्रश्न में पूछे गये कि सुन्दर कलियों वाले झिंगाफूल कहां प्रस्फुटित होते हैं और कहां सालूक (कुमुद) फूल प्रस्फुटित होते हैं?

उत्तर में कहा गया है कि लकड़ी के बने झांक में फैली हुए लताओं में सुन्दर कलियोंवाले झिंगाफूल शाम के समय प्रस्फुटित होते हैं और सुबह सूर्य की किरणें लगते ही वे मुर्झा जाते हैं तथा सालूक या कुमुद फूल भी चांदनी रात में ही तालाब या पोखर, झील में प्रस्फुटित होते हैं। इन दोनों फूलों की प्रकृति एक सी है।

पुनः प्रश्न किया गया है–कोयलिया कैसी डाल पर बैठकर कू–कू बोलती है और काला कौआ कैसी डाल पर अपना घोंसला बनाता है?

उत्तर में कहा गया है कि वृक्ष की सबसे उपर की डाली में कोयलिया अपने मीठे स्वर में कू–कू बोलती है और काला कौआ कैसी डाल पर अपना घोंसला बनाता है?

पुनः कहा जाता है कि मादा कौआ को खदेड़ कर उसके दोनों बच्चों को घोंसले से उतार लिए जाऐगें। मादा कोयल कौए के घोंसले में अण्डा देती हैं और कौआ के द्वारा ही अण्डों से बच्चे निकलवाती है। कोयल कभी अपना घोंसला नहीं बनाती। चतुर कौआ को भी कोयल इस प्रकार ठगने में कामयाब होती है। गायक रसिक कौए के बच्चों को घोंसले से बाहर निकालने के बाद ही मादा कोयल वहां अण्डा दे सकेगी और कोयल की वंश–वृद्धि होगी एवं कोयल के मधुर गीत रसिक जनों को उपलब्ध होगा।

विरह गीत–

पयार (शेयर) धुई बार तरे रानी मत्स दिल जले,

अमनी सकल मत्स जिये गेल जले,

मायाकरि मत्स सोनि हरण करिल,

विस्मय मानिया चिन्ता विरेहं कांदिते लागिल।।

अभागिनी चिन्ता कांदे रे, भाषि आंखि जले,

पड़ा मत्स धूते एलाम चले गेल जले,

आमार कि आछे कपाले................ आमार कि आछे कपाले................

बिनाहियाय कांदे सती गो, कोड़ि भूमि कोले,

कि बोलिबेन महाराज ए कथा बोलिले,
आमार कि आछे कपाले..................

भावार्थ– इस विरह गीत में श्री वत्स राजा और उनकी पत्नी महारानी चिन्ता जंगल में शनि के श्राप के कारण भटक रहे थे। क्षुधा निवृति के लिये राजा नदी से कुछ मछलियां पकड़कर लाया था, जिन्हें झुलसाने के बाद चिन्ता उस नदी के तट पर उन मछलियों को धोने के लिये गई थी। नदी के जल में मछलियों को ज्योहिं धोना चाहा कि वे जीवित होकर जल में भाग गई। इस पर महारानी चिन्ता विलाप करती हुई बोल रही है। शनि के अभिशाप के कारण ये मछलियां भी जल में चली गई। अब मैं राजा को क्या बोल कर सांत्वना दूं। मेरी बात पर राजा कभी विश्वास नहीं करेंगे और मुझे ही कोसेंगे कि मछलियां खूद खा ली है। और मुझे प्रताड़ित कर रही है, अब मैं क्या करूं। चिन्ता इतना चीख–चीख कर रो रही थी कि उसके विलाप से पाषाण भी पिघल गया, किन्तु शनि महाराज की दया उस पर नहीं हुई, वे छल से मछलियों को ले गये।

त्रिपदी गीत–

1. ओहे कानन निवास काले एकाधी पांचाली बले,
धन्य–धन्य पतिव्रता नारी।
रमापति जार बस, ऋषि गाय तार जस,
ए रूपे गौरबे कय कथा।
संगे छिलेन दर्पहरि अकालेते साथ कोरि
कृष्ण रे करालो दरशन,
ओहे शेत वाहन हेर आम्र अकाले सृजन।।

2. छी–छी पार्थ की कोरिले केन मतिच्छन्न होले,
त्रिबुद्धि प्रलअंग नीति शास्त्रे कप।
वीर धनन्जय केन हेन ज्ञान तब हय।।

3. ऋषि श्रेष्ठ संदीपनी ताहार आश्रम खानी,
तप बले नीति आम्र हय,
प्रातः काले मुकु सायं काले पाके फल,
तप होते आसे ऋषि से फल भक्खन,
फल ना पाइले ऋषि कोरिबेन भस्म राशि

सुत मात्र जादू गोयेर कांपिल हृदय,
वीर धनन्जय केन हेन ज्ञान तब हय।।

ये गीत श्री जादू गोप, सुअरिया बाघमारा (धनबाद) से प्राप्त हुआ है।

भावार्थ–पांडवगण द्रौपदी के साथ जब वनवासी थे उस समय एक दिन पांचाली और अर्जुन संदीपनी ऋषि (श्री कृष्ण और बलराम के गुरू) के आश्रम के निकट पहुंचे। वहां असमय आम के फल दिखाई पड़े। द्रौपदी के कहने पर एक फल अर्जुन ने तोड़ना चाहा तब उसे किसी ऋषि ने यह कहकर धिक्कारा कि हे वाहन धर्नुधर अर्जुन! तुम्हारी बुद्धि इस प्रकार भ्रष्ट कैसे हो गई। संभवतः द्रौपदी के स्त्री–बुद्धि से प्रेरित होकर तुम यह घोर अन्याय करने जा रहे हो। तुम अभी भी सावधान हो जाओ क्योंकि महामुनि संदीपनी के तपोबल से इस आम्र वृक्ष में प्रातःकाल मुकुल होते हैं और सांयकाल फल पक जाते हैं और तपस्या के पश्चात महामुनि इस फल का शाम के समय भक्षण करते हैं। यदि कभी आम्र फल नहीं मिला तो महामुनि सबको भस्म कर देंगे। अतः हे अर्जुन! तुम ऐसा दुस्साहस मत करो।

नाट्य गीत (छो नृत्य)–कृषि परक उज्जवल आदिवासी संस्कृति के सर्वोत्कृष्ट अनुपम दोनों में से झारखण्ड क्षेत्र के सुसमृद्ध छो नृत्य या छो–नाच अन्यतम है। इस गौरवमय छो नृत्य के उत्कर्ष एवं उच्चकोटि के गुणवता को स्वीकारने लगे जब कई दशकों पूर्व छो–नृत्य के सुप्रसिद्ध मूर्धन्य कलाकार एवं अंतरराष्ट्रीय ख्याति प्राप्त पुरूलिया (पं. बंगाल) के श्री धुंधा महतो सुदूर अमेरिका आदि पाश्चात्य देशों में भी अपनी कला का प्रदर्शन किया। मार्च 1991 के अखिल भारतीय आदिवासी महासभा के 37वें महाधिवेशन के अवसर पर जमशेदपुर में प्रदर्शित इस सर्वोत्कृष्ट छो–नृत्य की कला को देखकर विश्वविख्यात कत्थक नृत्य सम्राट पं. उदय शंकर की सह–धर्मिणी श्रीमती अमला शंकर ने विह्वल होकर कहा था 'आपकी ये लोक कलाएं पूरे विश्व की लोक कलाओं में सर्वश्रेष्ठ है। मैंने पूरे विश्व में घूम–घूमकर संसार की लोक कलाओं का अध्ययन किया और मैं गर्व के साथ कहती हूं कि आपके नृत्य गीत का भंडार विश्व में सबसे समृद्ध है। इसे इसके अपने वास्तविक रूप में ही सहेजकर रखिये। इसमें आधुनिकता के प्रदुषण का प्रवेश मत होने दीजिये।

ये संसार में सर्वश्रेष्ठ है। आज संसार के नगरों में भारत उत्सवों में जिन लोक–नृत्यगीतों का स्थान प्रमुख है और उनमें अधिकांश कलाकार पारंपरिक लोक–नृत्यों और लोक–गीतों के माध्यम से पूरे भारत का गौरव संसार में बढ़ा रहे हैं।

छो नृत्य की परिभाषा, उद्देश्य, अनुष्ठान के समय आदि के विषय में खोजपूर्ण विवेचन करते हुये डॉ. बंकिम चन्द्र महतो कहते हैं– झारखण्डी उपभाषा (कुरमाली) में नृत्य चिरकाल से ही छः नाच से ही परिचित है। बंगला भाषा की उच्चारण रीति के अनुसार इसे "छो–नाच" किन्तु कदापि छो–नाच नहीं कहा जा सकता है। कुरमाली में (छः) का अर्थ है अंगों को विभिन्न मुद्रा की सहायता

में विषय को समझाना। छो–नाच में अंगो को विभिन्न मुद्रा की सहायता से तथा विशिष्ट छंद व ताल में जीवन के किसी घटना विशेष को या पौराणिक कथा को नृत्य में रूपांतरित कर प्रदर्शन किया जाता है।

छो–नृत्य साधारणतः बंगला चैत्र संक्रान्ति या भगता पर्व से तेरह ज्येष्ठ (रोहिणी) को अनुष्ठित होता है। परंतु आजकल अधिक लोकप्रियता के कारण बारहो मास (वर्ष भर) इस छो–नृत्य का प्रदर्शन होता रहता है।

झारखण्ड निवासियों का अटल विश्वास है कि रोहिणी पर्व के दिन अनिवार्य रूप में वर्षा होगी और इस रोहण के समय बोये गये बीज से अनिवार्य रूप से अधिक फसल उत्पादित होगी और कृषिजीवी सुख और शान्ति से अपना जीवन निर्वाह करेगा। इसी उद्देश्य की पूर्ति करने के लिये झारखण्ड क्षेत्र में चैत्र संकान्ति से रोहिणी तक इस छो–नृत्य का अनुष्ठान होता है।

यह नृत्य संपूर्ण झारखण्ड क्षेत्र में प्रचलित है और इसकी उत्पति भी इसी झारखण्ड क्षेत्र में हुई है। ऐसा यहां के निवासियों का विश्वास है।

दक्षिणी–बिहार के धनबाद, रांची, सिंहभूम के सरायकेला, पं. बंगाल के पुरूलिया तथा उड़िसा के मयुरभंज के उझर क्षेत्र में प्रचलित है।

डॉ. संतोष कुमारी जैन के अनुसार "इसकी तीन मुख्य शैलियां आदिवासी भाषा–भाषी समुदाय ने अपनायी हैं जिन्हें स्थान विशेष के आधार पर क्रमशः मयुरभंज और सरायकेला शैली कह कर पुकारा जाता है।

बंगाल शैली के अन्तर्गत पुरूलिया, धनबाद, रांची आदि क्षेत्रों में बड़े–बड़े मुखौटों का व्यवहार करते हैं। सरायकेला शैली में अपेक्षाकृत छोटे मुखौटो का व्यवहार करते हैं। कभी–कभी मुखौटों का व्यवहार बिल्कुल नहीं किया जाता है परन्तु तीनों शैलियों में वाद्ययंत्रों के व्यवहार में पूर्ण समानता दिख पड़ती है।

छो नृत्य–अभिमन्यू–वध–

अभिमन्यु साजलो रणे, अर्जुन तोर पितारे,
मृत्यु काले मश्त्यु काले, नो हइलो देखारे।।
उत्तरा कातर अति बोलिछेन पतिर पति,
आज पति राखडे मिनति।
आजकार कु स्वपनेर निशि आकाशेर चन्द्र पड़े खसि,
आमार हृदय विदुर्ण हय नाथ से स्वपन देखिते,
नाथ हे–नादिबो जाते, अशुभ हेरे छि नाथ आज स्वपनेते।।

तुमि जानोना रणेर तन्त तिलेक ना हव हेर खान्त,
बुझा, जाबे रणेर सने द्रोणे–
द्रोण करेछे चक्रव्यूह, भेदित नारिबे केह, तुमि के परिबे नाथ से गुह भेदिते–
नाथ हे–नादिबो जाते, अशुभ हेरे छि नाथ आज स्वपनेते।
युद्धे जोदि जाओ हे नाथ, अग्रेकर आमाय हत, तार पर जाइ होक तोमार–
निश्चय पोड़िबे नाथ स्त्रीवध पापेते–
नाथ हे, ना दिब जाते–
जयद्रथ पथ रूधे बाण मारे राधार सूते।
आर मारे गुरूरो नन्दन–
ओजे सप्तरोथि बाण मारे। रक्खा केह नाहिं करे।
आमर एई समय नाथ हे बंधुजन–
ओ बड़ विपदे पोड़िछि होरि हे, आमाय दाउ हे दरशन।
कोथाय पिता पार्थवीर, कोथाय धर्मयुधिष्ठिर,
कोथाय रोइलेन मातश्सूत, आजकार रणे होलाम हत।
कोथाई रोइलेन हे मामा श्री मधुसूदन।
बड़ विपदे पड़े छि होरि हे, आमाय दाउ हे दरशन।
आगे जोदि जानताम मने, रणे तबे आसताम केने,
हाय विधि एकि विड़ंबने।
भने अतुले बले आजकार महा रणे।
शेषे शिशु हाराल्य जीवन।
बड़ विपदे पड़े छि होरि हे दाउ हे दरशन।।

भावार्थ–"अभिमन्यु वध" शीर्षक नाट्यगीत के रचयिता श्री अतुल चन्द्र महतो (मानिक डीह) पुरूलिया शोक विह्वल होकर कहते हैं कि अर्जुन पुत्र वीर अभिमन्यु चक्रव्यूह तोड़कर रणभूमि में जाने के लिए प्रस्तुत हो रहे हैं, आज इनकी मृत्यु अनिवार्य है। इस मृत्यु की घड़ी में पिता अर्जुन उपस्थित नहीं है।

युद्ध के लिए प्रस्तुत अपने पति को उत्तरा मना करते हुए कह रही है कि आज मैंने बड़ा ही दुःस्वप्न देखा–आकाश से चन्द्रमा धरती पर गिर पड़ा। इस दुःस्वप्न का संकेत आपकी पराजय की

ओर कर रहा है। आप गुरू द्रोण द्वारा रचित चक्रव्यूह के अन्दर प्रवेश तो कर जाएंगें किन्तु जयद्रथ, कर्ण आदि सप्तरथि के साथ युद्ध करके कभी भी सकुशल लौटकर नहीं आ सकेंगे अर्थात् आपकी मृत्यु अवश्यंभावी है। इसलिए हे नाथ! आप रणभूमि में आज न जांए और यदि जाना ही है तो पहले मेरी हत्या कर दें।

अपनी पत्नी उत्तरा के इस नारी सुलभ कथन की उपेक्षा करते हुए वीर अभिमन्यु ने यह कहकर ठुकरा दिया कि तुम नारी हो और युद्ध का महत्व तुम नहीं समझ पाओगी। इधर वीर अभिमन्यु ने चक्रव्यूह तोड़कर व्यूह के अन्दर अपनी वीरता का प्रदर्शन किया किन्तु द्रोण, कर्ण, जयद्रथ आदि सप्तरथि के समवेत अस्त्र प्रहार से बाण विहीन हो गये और विलाप करने लगे कि इस मृत्यु की घड़ी में मेरे दिग्विजयी पिता अर्जुन, महाबली भीम तथा धर्मवीर युधिष्ठिर आज कहां है। तुम लोग मेरी रक्षा करने के लिए क्यों नहीं आ रहे हो। मामा श्री मधुसुदन (श्री कृष्ण) तुम आज कहां चले गये हो, तुम आकर मेरे ऊपर दया करो और मेरी रक्षा करो। इस प्रकार विलापते हुए वीर बालक अभिमन्यु वीरगति को प्राप्त हुए।

विविध गीत–भारत के अन्य लोकगीतों की तरह हमारे कुरमाली लोकगीतों में भी खेलगीत, लोरीगीत आदि का भी भंडार है। उदाहरणार्थ नीचे कुछ गीत दिये गये हैं–

रेगैंनि रेगैंनिं कन् रेगेनि,
ढेला एसन फूल फूटये सेइ रेगैनि।

भावार्थ–हमारे झारखण्ड क्षेत्र के ठांड़ में एक प्रकार के कांटेदार पौधे होते हैं जिसके छोटे–छोटे गोल–गोल फल होते हैं, जो पकने पर पीला हो जाता है। इसी पौधे को रंगैनि कहा जाता है। इसी पौधे पर हमारे यहां के लड़के–बच्चे इस गीत को गाते हुए एक प्रकार का खेल खेलते हैं।

उपर्युक्त खेल में पैरों द्वारा पांच गोलाकृति बनाते हैं एवं गोलाकृति बीच में रहती है तथा उसके चारों ओर (कुछ फासले पर) चार गोलाकृतियां बनाती है। बीच में एक लड़का रहता है और उसके चारों ओर लड़के रहते हैं और आपस में सभी एक दूसरे की गोलाकृति पर आते–जाते हैं। इसी बीच अगर बीच वाले लड़के किनारे वाले फिर गोल आकृति में प्रवेश करता है तो दूसरा लड़का चोर बन जाता है।

ये सभी खेल गीत इस प्रकार के हैं, जो खेलते हुए गाए जाते हैं।

झिमझिमालू झिमालू, मायें बापे खाडुतू,
हामके नाहिं देखलू, गुजुर घूम, पाइरा पाखिर घूम।

उपर्युपत गीत में छ. बच्चे–बच्चियां रहते हैं जिनमें से एक को बुढ़ी बनाती हैं और वे म नहीं मन अपने हाथ के कोई एक अंगुली के जोड़े को छिपाकर बजाती है (फूटाती है) तत्पश्चात पांचों लड़के पांचों उँगलियां को पकड़कर उपर्युक्त गीत को गाते हैं। गीत समाप्त हो जाने के बाद जो

लड़का बजाई (फूटायी) गई उँगली को पकड़ता है उसे (चोर) की संज्ञा दी जाती है तथा उसे वहीं रोककर रखा जाता है और बाकी चारों दौड़कर कुछ दूर चले जाते हैं। बूढ़ी चोर को बैठाकर उसकी आंखों को अपनी हथेली से बन्द करती है और कहने के लिए कहती हैं– भात केमन चोर कहता है–डूब–डूब, चेसाती केमन–छेंग–छेंग, दाइल केमन–खेत–खेत, इतना कहने के बाद कहती है। कहा गाछे क कील? तब चोर एक या दो कील कहता है। जब एक या दो कील (मुक्का) मारती है, तब चोर भागते हुए उन चारों लड़कों को छूने का प्रयास करता है।

जब तक वह किसी दूसरे को नहीं छूता है तब तक वह चोर बना ही रहता है और इसी प्रकार खेल का यह सिलसिला जारी रहता है।

लोरी गीत–

आव गे बनचरैंयां डिमा पाड़ि दे,

तर डिमाय आइग लागल नूनू घुमाय दे,

नूनू सूत रे, बाबू सूत रे।

भावार्थ–सम्पूर्ण झारखण्ड क्षेत्र में प्रचलित यह लोरी गीत महिलाओं द्वारा शिशु को सुलाने के लिए गाया जाता है। गीत का विषय वस्तु है–जंगल से चिड़ियां को बुलाते हुए कहा जाता है कि तुम अपने घोंसले में अण्डा दो, पुनः कहा जाता है कि तुम्हारे घोंसले में आग लग गई और नूनू को सुला दो। यह भाव इस गीत में निहीत है। इस गीत को गाते हुए शिशु को सस्नेह सुलाया जाता है। लोरी गीत का अन्य उदाहरण–

नूनू घुमाल्य पाड़ा जुड़ाल्य,

बोरगी आल्य देशे,

पाइख पाखुड़े धान खाएंछे,

खाजना दिबो किसेर।।

यह भी एक पारंपरिक आदिवासी लोरी गीत है। शिशु को सुलाते हुए यह गीत अकसर महिलाओं के कंठ से सुनाई पड़ता है। शिशु सो जाता है तो पड़ोस में भी शान्त वातावरण हो जाता है। पशु–पक्षियों ने खेत का अनाज खाकर समाप्त कर दिया है, किसान के पास अब इतना भी अनाज नहीं रह गया, जिससे जबरदस्त मालगुजारी वसूलने वाला उदण्ड बर्गी (अंग्रेज) शासकों को मालगुजारी दिया जा सके। गीत का यही भाव है।

झारखण्ड के लोकजीवन में आदिवासी संस्कार गीतों का महत्व

लोकगीतों के गहन अध्ययन से इस निष्कर्ष पर पहुंचा गया कि झारखण्ड क्षेत्र में आदिवासी भाषा–भाषी जनता की संख्या सर्वाधिक होने के कारण यहां के लोगों पर आदिवासी लोकगीतों का व्यापक प्रभाव पड़ा है और इसका अपना विशेष महत्व है। लोकगीत को संस्कृति की आत्मा कहा

जाता है इसलिए साधारण जनों पर इन गीतों का प्रभाव नैसर्गिक है। जाति सम्प्रदाय निर्विशेष से सभी जनता पर्व–त्योहार या प्रत्येक अवसरों पर इन गीतों को गाते हैं और आनन्दोल्लास से आह्लादित हो उठते हैं।

झारखण्ड क्षेत्र के बाहर से आकर अन्य सम्प्रदाय वाले लोग भी आदिवासी लोकगीतों को अपनाते हैं और अपने लोकगीतों के अतिरिक्त संस्कार गीतों की धुनों में अपने लोकगीतों को बड़ी रुचि से गाते हैं। करम पर्व के समय यह दृश्य प्रायः देखा जाता है। इस प्रकार विवाह के अवसर पर भी ऐसे लोग आदिवासी लोकगीतों में बड़े चाव से सम्मिलित होकर गाते हैं। इस प्रकार आदिवासी लोकगीतों का अन्य जनजीवन पर भी अनुकुल प्रभाव विस्तार करते हैं और आपस में भाईचारे का वातावरण तैयार करते हैं। इस प्रकार हम कह सकते हैं कि आदिवासी लोकगीत अपना विशिष्ट महत्व रखता है।

आदिवासी संस्कार गीतों पर आज की वर्तमान प्रगति का प्रभाव

वर्तमान वैज्ञानिक युग में प्रगति की गति इतनी शक्तिशाली है कि वर्तमान प्रगति से कोई भी जाति या सम्प्रदाय अछूता नहीं रह सकता। प्रगति के प्रभाव से सभी लोग अपनी सभ्यता एवं संस्कृति को त्यागकर अन्य (पाश्चात्य) देशों की सभ्यता और संस्कृति को अपना रहे हैं।

आदिवासी संस्कृति पर भी इसका प्रभाव अनिवार्य रूप में पड़ रहा है जिसके फलस्वरूप आदिवासी लोकगीतों पर प्रतिकूल प्रभाव पड़ रहा है। लोग इन गीतों को भूलते जा रहे हैं और विवाह आदि अवसरों पर आदिवासी विवाह गीत के स्थान पर फिल्मी विवाह गीत के ओडियो कैसेट बजाना प्रारंभ कर दिया है। इतना होते हुए भी आदिवासी लोकगीतों को सवांरकर मौलिक रूप में सुरक्षित रखने के लिए कुछ गायक कलाकार व संबंधित समिति एवं आदिवासी भाषा प्रेमी सभी पर्व–त्योहार विवाहादि के ओडियो कैसेट तैयार कर चुके हैं एवं व्यापक रूप से प्रचार करने में प्रयत्नशील है। यह प्रगति का शुभ संकेत माना जा सकता है।

इस प्रकार आदिवासी लोकगीतों के व्यापक रूप से ऑडियो कैसेट या रिकार्डिंग कराकर आकाशवाणी व दूरदर्शनादि के माध्यम से व्यापक प्रचार प्रसार करने का प्रयत्न किया जा सकता है। इस महान कार्य के लिए सरकारी अनुदान या सहायता के लिए जनजागृति अत्यावश्यक है। सरकारी सहायता उपलब्ध न होने के कारण बड़े पैमाने पर सहयोग समिति का गठन कर इस पुण्य कार्य का सुचारू संपादन किया जा सकता है। इस प्रकार प्रयत्न करने पर इन गीतों की मौलिकता को सुरक्षित रखने में समर्थ हो सकेगें।

5 अध्याय

आदिवासी संस्कार गीत – एक धरोहर

यह बार–बार उल्लेख किया गया है कि झारखण्ड क्षेत्र में आदिवासी भाषा बोलने वालों की संख्या करोड़ों में है। स्वभावतः आदिवासी गीतों का प्रचार–प्रसार इतना व्यापक है कि इन गीतों को मौलिक रूप में सुरक्षित रखना नितान्त आवश्यक है। झारखण्ड क्षेत्र के बाहर से आकर यहां बसने वाले लोग भी इन गीतों को अपनाकर एवं गाकर एक अनुपम आनंद का अनुभव करते हैं।

इन गीतों का कैसेट बनाकर इनकी मौलिकता को सुरक्षित रखा जा सकता है। प्रसन्नता का विषय है कि आकाशवाणी, दूरदर्शन के माध्यम से कुछे गीतों का प्रसारण यदा कदा होता है। बड़े पैमाने पर गीतों का संकलन करके उनके कैसेट तैयार कर उन्हें संग्रहालय में रखा जाना चाहिए।

कुछ आदिवासी गीत प्रेमी–गायक कलाकारों ने इन गीतों के कैसेट तैयार करवाये हैं एवं तैयार कर रहे हैं, जो बड़ा ही सराहनीय एवं महत्वपूर्ण कार्य है। इन लोकगीतों को सदा से उपेक्षा की दृष्टि से देखा जा रहा है। इनके संरक्षण और सम्वर्द्धन के लिए निम्न सुझाव दिये जा सकते हैं।

(1) आदिवासी संगीत–नृत्य अकादमी की स्थापना करके इन गीतों को एक धरोहर के रूप में संरक्षित किया जा सकता है जिससे कि इन गीतों पर शोध किया जा सके और इन्हें एक समृद्ध संगीत श्रेणी में स्थापित किया जा सके।

(2) आदिवासी लोकगीतों के व्यवसायीकरण हेतु बड़े पैमाने पर कैसेट, सी.डी. आदि का निर्माण किया जाय एवं इसे बड़े बाजारों तक उपलब्ध कराया जाय ताकि विश्व के अन्य लोकगीतों की तरह इन गीतों का विस्तारीकरण संभव हो।

(3) आदिवासी लोकगीतों के विकास के लिए सरकारी स्तर पर सकारात्मक प्रयास किये जाने की आवश्यकता है। सरकारी अनुदान एवं तकनीकी सहायता आदि के माध्यम से इन गीतों के स्वरूप को आधुनिक स्वरूप प्रदान किया जा सकता है, ताकि वैश्वीकरण के युग में ये गीत भी व्यापक मंच प्राप्त कर सकें।

(4) आदिवासी लोकगीतों की विडबना है कि उसके लिखित स्वरूप का अभाव है, अतः प्रकाशन की समुचित व्यवस्था हो ताकि अधिक लोग इससे परिचित हो सके और परवर्ती आदिवासी संगीतकारों को भी विरासत का लाभ मिले।

(5) जनजातीय संगीत से जुड़े कालाकारों को प्रोत्साहित किया जाय एवं विद्यालयों में इस संगीत की शिक्षण व्यवस्था हो।

इन्द्रधनुष की भांति संगीत के भी सात स्वर होते हैं। सम्पूर्ण जगत संगीत सरगम के इर्द–गिर्द ही घूमता है। संगीत आत्मा का भोजन है। तनाव–मुक्त होने का सरल साधन है संगीत। संगीत एक यौगिक प्रक्रिया है। इसकी दिव्य शक्ति पर मन मस्तिष्क नतमस्तक हैं। संगीतशाला में दुश्मनों का भी मेल होता है। वास्तव में यह एक ललित कला है। कर्णप्रिय संगीत सुनने से थकावट और तनाव दूर भागते हैं।

संगीत मानवीय व्यवहार का अद्वितीय स्वरूप है। इससे गाने और सुनने वाले की मनोदशा में परिवर्तन होना अनिवार्य है। मानसिक रोगी भी संगीत से स्वस्थ किया जा सकता है। यह शरीर के संतुलन को प्रभावित करता है, श्वास एवं रक्तचाप को नियंत्रित करता है। रेल, बस की ओर बरबस ही आकर्षित हो जाता है।

वैज्ञानिकों ने सिद्ध किया है कि रेल की पटरी के साथ वाले खेतों की उपज ज्यादा होती है क्योंकि खेत ट्रेन की लगातार प्रतिध्वनि एवं सीटियों की मधुर ध्वनि को सुनते रहते हैं। वैज्ञानिक श्री जगदीश बसु ने प्रयोग द्वारा यह सिद्ध भी किया था कि सभी पौधे न केवल सुनते हैं बल्कि दुख–दर्द भी महसूस करते हैं।

संगीत मानव की सुषुप्त चेतना को जागृत करता है, स्नायुमंडल को झंकरित कर डालता है। एक पागल, विकृत, विक्षिप्त, व्यक्ति में भी संगीत सुनकर परिवर्तन हो जाता है। कुछ खास बंदिशें दर्द घटाती हैं, निंद्रा बढ़ाती है। अवसाद, असफलता अथवा हीनता की भावना हो तो संगीत जरूर सुनें।

कण्ठ संगीत तथा वाद्य संगीत दोनों का प्रभाव अलग–अलग होता है। कोई भी रोग दूर करना हो तो इसे नियमित सुनना पड़ता है। संवेदना, संवेग स्वर साधना द्वारा संस्कारित होते हैं। इसके विपरीत एक प्रफुल्लित मन वाला व्यक्ति राग विलावरी सुनकर आंसू भी बहा सकता है। अलग–अलग राग अलग रस के होते हैं।

वैज्ञानिकों ने सप्तक के सात स्वरों के वैज्ञानिक मनोप्रभाव की खोज की है। सा (षडज) वीर रस और गुलाबी रंग का प्रभाव छोड़ता है। रे (ऋषभ) शांतिप्रियता का द्योतक है और हरे रंग में परावर्तित करता है। ग (गंधार) शांतिप्रिय और स्वर्ण रंग का प्रतीक है। म (मध्यम) हास्य रस और

गुलाब का प्रभाव डालता है। प (पंचम) श्रृंगार रस और लाल रंग प्रतिपादित करता है। द्य (द्यैवत)–रौद्र रस और पीले रंग का अनुभव कराता है। नि (निषाद) करुण रस, लालिमा युक्त है। सा गम व पितनाशक है। जहां तानसेन ने मल्हार राग गाकर अपने शरीर को झुलसा लिया था, वहीं तानी ने मल्हार राग गाकर बारिश करके तानसेन के शरीर को शीतलता पहुंचाई थी। मां की लोरी से बच्चा सो जाता है। संगीत को गाने से, मोर झूम उठते हैं, जैसे कृष्ण की बांसुरी से सभी गायें, पशु–पक्षी उनके पास आ जाते थे।

राग हिंडोल, मारवा मलेरिया रोग में लाभदायक है। राग असावरी वीर्य रोगों को नष्ट करता है। सुस्ती को दूर करना हो तो राग बसंत सुनें। पागलों को बागेश्वरी एवं बहार सुनाकर उनके जीवन में बाहर लाएं। श्रोताओं की प्रकृति को और समय को ध्यान में रखकर गाया जाए तो अवश्य ही स्वर साधना सफल होती है।

संगीत की भाषा अन्तरराष्ट्रीय है। संगीत की दिव्य शक्ति पर हम नतमस्तक हैं। तबले पर विशेष ताल बजाकर भी भिन्न–भिन्न रोगों को ठीक करने में सहायता ली जा सकती है। दीपचन्दी ताल, रूपक, कहरवा से सुस्ती एवं नपुंसकता भाग जाती है। झूमरा एक ताल तिलवाडा से बुखार शांत हो जाता है। धमार शूलताल चारताल से सिरदर्द गायब हो जाता है। 'शास्त्रीय संगीत सुनकर सिर झूम उठता है। पाश्चात्य संगीत सुनकर पैर थिरकते हैं।' यह कथन उस्ताद बिलायत अली खां के हैं, जो उन्होंने जालंधर में हरिवल्लभ संगीत सम्मेलन में कहे थे।

स्वर लहरियों के छेड़ने से अणु विस्फोट का सा प्रभाव पड़ता है। वर्षा ऋतु में राग मेघ और मल्हार अच्छे लगते हैं। इसी प्रकार बसंत ऋतु में राग बसंत मन को भाता है। जैसे हर भाव में शराब पी जाती है, दुख में, सुख में, गम भुलाने में, गम याद रखने में, ठीक उसी प्रकार खुशी के गीत, गम के गीत, जन्मदिन, शादी, त्यौहार, खेत, किसान, बंजारे, सावन के गीत अलग–अलग होते हैं। मानव का हर मनोवेग स्वर लहरियों के रूप में बाहर निकलता है। भारत के हर प्रदेश के अपने–अपने लोकगीत हैं, जो उसकी संस्कृति में से स्वतः ही फूट पड़ते हैं। गणतंत्र दिवस व स्वतंत्रता दिवस जैसे अवसरों पर इनका दर्शन विभिन्न सांस्कृतिक कार्यक्रमों में किया भी जा सकता है। आज हम शास्त्रीय संगीत से दूर और विभिन्न रोगों व बीमारियों के निकट जा रहे हैं। रोगों में लगातार वृद्धि हो रही है। आज जरूरत है शास्त्रीय संगीत के प्रचार एवं प्रसार की। यह एक कला है, इसे सीखें और इसके चमत्कारिक प्रभावों की अलौकिकता का आनंद लें।

निष्कर्ष–आदिवासी समाज का सुख–दुख, आनन्द, क्रोध, भाव–विह्वलता, आशा–निराशा आदि ने उनकी जीवन शैली को जिन पारम्परिक माध्यमों से अभिव्यक्त किया जाता है, वे माध्यम ही हैं–यही संस्कारगीत आदिवासियों का साहित्य है, दर्पण है, आदि काल से अर्जित धरोहर है।

शादी–ब्याह, पर्व, उत्सव, मृत्यु आदि अवसरों पर गाया जाने वाला गीत ही आदिवासी संस्कार गीत है, और उसे ही हम आदिवासी साहित्य की संज्ञा भी दे सकते हैं। उत्सवों पर गाये जाने वाले गीत, काम करते समय गाये जाने वाले श्रमगीत, देवी–देवताओं को पूजने वाले पूजन गीत, नृत्य, विविध प्रकार के समूह गीत, सामूहिक नृत्य या संगीत ही आदिवासी जनजातियों के संस्कार गीत हैं और संस्कृति तथा साहित्य के ये गीत अथवा साहित्य ही उनके जीवन का दर्पण है। ऐसे ही संस्कार गीतों या साहित्य के माध्यम से अपने जीवन की रागिनी को व्यक्त करते–करते अनायास ही अपनी संस्कृति को वे समृद्ध कर जाते हैं। एक अच्छे संस्कार से गीत समय की पहचान होती है, वह समय के साथ यात्रा करते–करते समय का शिलालेख बन जाती है। वह आदिवासी चेतना का प्रतिक बन जाती है। कारण कि इन गीतों में संवेदना और शिल्प दोनों ही सुन्दर होती है तथा अक्षर और रमणीयता इन गीतों की प्रमुख विशेषता है और व्यंगात्मकता इसका सौन्दर्य। इसलिए ये आदिवासी संस्कार गीत युग संवेदना को वाणी देने वाले, अपनी आंचलिक संस्कृति को प्रबुद्ध करने का एक सशक्त माध्यम है और इसीलिए इन गीतों को दर्पण और पहचान का प्रतिक माना गया है।

आज आदिवासी समाज़ की संस्कृति, संस्कार और इनके संस्कार गीत भी चौतरफे दबाव में है। यह वर्तमान में एक विचारणीय विषय है। यह दबाव कई स्तरों पर है। यह आरोपित अभियोग मात्र नहीं है। इनके संस्कार गीतों का श्रोत–प्रकृति है, और प्रकृति पर ही अंग्रेजों के आने के बाद से ही दबाव बढ़ने लगा। सर्वप्रथम 1865 में वनों के लिए कानून बनाकर जनजातियों को जंगल के परम्परागत अधिकारों से वंचित किया गया। 1878 में भारतीय वन अधिनियम के माध्यम से वन को तीन वर्गों में विभाजित किया गया–(क) आरक्षित वन, (ख) ग्रामीण वन एवं (ग) संरक्षित वन। आरक्षित वनों से सर्वप्रथम आदिवासियों को निर्वासित करने की योजनाबद्ध मुहिम चलायी गयी। अन्य प्रकार के वनों के अधिकार पूर्णतः सरकार के पास सुरक्षित कर दिये गए। पुनः 1890–91 में आदिवासियों के वन संबंधी अधिकार को सीमित कर दिया और सन 1927 में वन प्रबंधन अधिनियम में पाँच संशोधन किये गए। तदनुसार आरक्षित जंगलों से एक निश्चित समय के बाद आदिवासियों को हटने के लिए बाध्य किया गया। 1935 के बाद यह राजकीय विषय बन गया और जमींदारों के हाथों इसे आदिवासियों के शोषण के लिए इसे अस्त्र के रूप में प्रयोग किया जाने लगा। 1952 की नई वन नीति ने तो आदिवासियों की कृषि योग्य भूमि को भी वन क्षेत्र घोषित कर दिया। परिणामतः आदिवासियों की आजीविका ही खत्म हो गई। वनों के भीतर बसे गाँव उजड़ने लगे और आदिवासी अस्मिता ही दबाव–युक्त हो गई।

आदिवासियों की पहचान वन, जमीन और स्त्री है। उपरोक्त कारणों से वनों से यह आदिवासी समाज विमुख हुए और जमीन तो पहले अंग्रेजों के हाथ, फिर राजा और जमींदारों के हाथ और अंत में साहुकारों के हाथ हस्तांतरित होती रही और बेचारे आदिवासी 18वीं और 19वीं सदी तक

आन्दोलन ही करते रह गए। इस अवधि में जो बड़े जनजातीय आन्दोलन हुए हैं, उनके मूल में आदिवासियों में भूमि संबंधी असंतोष ही था।

डॉ. कुमार सुरेश सिंह ने बड़ा ही रोचक ढंग से एक तत्सामयिक व्यवस्था का चित्रण किया है–"अगर जागीरदार को एक घोड़ा चाहिए, तो उसका मूल्य आदिवासी चुकाएगा। अगर जागीरदारों को पालकी चढ़ने की इच्छा हुई तो पालकी आदिवासी ही खरीदेगा और आदिवासी ही जमींदार को पालकी पर बिठाकर कंधों पर उठाकर सर्वत्र घुमाएगा। जागीरदारों के मनोरंजन के लिए गायन, नृत्य, पान, आदि की व्यवस्था आदिवासी करेगा और पूरी व्यवस्था का मनोरंजन मूल्य भी वही चुकाएगा। जागीरदारों के यहाँ कोई मर गया, तो आदिवासियों पर मृत्यु कर यदि जागीरदारों के यहाँ विवाह है, तो विवाह कर यदि जागीरदारों पर अंग्रेजों द्वारा कोई अतिरिक्त कर लगाए गए तो उसका भी वहन आदिवासियों को ही करना है। यह प्रकरण तब तक चलता रहा, जब तक आदिवासी भाग खड़े नहीं हुए।"

वर्तमान झारखंड में भूमि से संबंधित तीन रैयती कानून लागू है। (क) छोटानागपुर काश्तकारी कानून (टीनेन्सी एक्ट)–1908, (ख) संथाल परगना काश्तकारी कानून, (ग) अनुसूचित क्षेत्र अधिनियम–1969। इन तीनों कानूनों में सभी प्रावधानों का एक ही लक्ष्य है कि आदिवासियों को नाजायज ढंग से उनकी जमीनों को छीना न जा सके। टीनेन्सी एक्ट तो यहाँ तक कहता है कि उपायुक्त ही आदिवासियों का अभिभावक, संरक्षक और प्रहरी होगा। परन्तु आज सामने परिणाम क्या है? औद्योगिकीकरण, खनन परियोजनाओं के कारण संपूर्ण आदिवासी समुदाय ही विध्वंश के कगार पर खड़ा है। एक कृषक संस्कृति के ध्वंसावशेष पर औद्योगिक संस्कृति की कचरा पट्टी दुर्गंध के साथ फैल रही है।

यदि आदिवासियों के संस्कार गीतों की भाषा पर विचार किया जाय, अथवा आदिवासियों की जीवन शैली पर विचार किया जाय तो यह स्पष्ट जान पड़ता है कि अविभाजित झारखंड के संपूर्ण क्षेत्र (उड़ीसा, बंगाल, मध्य प्रदेश, बिहार एवं छत्तीसगढ़) का सांस्कृतिक इतिहास बंगलाभाषी समाज की संस्कृति थी। स्त्रियों में साड़ी पहनने का ढंग एवं शैली, पुरुषों में धोती का प्रचलन, विचारों के आदान–प्रदान का माध्यम, पर्व–त्योहार पर बंगाली परिवेश की छाप आदि अनेक ऐसे प्रमाण उपस्थित हैं जिससे यह सिद्ध होता है कि अविभाज्य झारखंड की मूल संस्कृति एवं संस्कार बंगाल या बंगला से प्रभावित था।

औद्योगिकरण, नगरीकरण, खनन, सिंचाई और विद्युत परियोजनाओं के कारण वृहत पैमाने पर झारखंड के आदिवासियों का विस्थापन हुआ, रोजगार के पद अप्रवासियों ने हड़प लिए, अदूरदर्शितापूर्ण वन नीति के कारण, अफसरों और ठेकेदारों की मिलीभगत से वन व्यापारियों ने

जंगल उजाड़ दिये, औपनिवेशिक, अर्थतंत्र के तहत परम्परागत अर्थतंत्र अर्थात् आत्म निर्भर ग्रामीण व्यवस्था छिन्न–भिन्न हो गई, इस क्षेत्र के सामाजिक–सांस्कृतिक मूल्य ही संकटग्रस्त हो गए, समतामूलक समाज संबंधों में ढील और स्त्रियों की परम्परागत स्वतंत्रता पर ही पारिस्थितिक प्रतिबंध प्रारंभ हो गया। फलतः आदिवासी संस्कार और उनके संस्कार गीत सर्वानुमति के लिए अपने ही द्वार पर याचक बनकर खड़ा है। इसलिए इस आयुधि समस्या का विवेकसम्मत समाधान यह है कि आदिवासी जनजातियों के संस्कार गीतों की अस्मिता की रक्षार्थ पारंपरिक जनजातीय परिवेश के आलोक में ही लोकतांत्रिक उपाय किये जाएँ।